불굴의 아리랑

김경성 지음

BOOK STAR

머리말

　북한 사회는 빠르게 변화하견서 국제사회에 합류하기를 갈망하고 있다.
　필자가 북한의 강경수를 만나 지 금년에 햇수로 8년이 된다. 스포츠를 통해 만났지간 우린 동지가 되었고 친구 이상의 가족이 되어 있었다. 참으로 많은 일을 함께 추진하면서 성과와 좌절, 희망과 절망이 교차했다. 남북의 환경 변화에 우리는 기다림으로 또는 위험한 드리블을 하며 잡은 손을 놓지 않았다.
　몇 년 전 북한의 파트너들과 북한식당에서 새벽까지 술을 마셨다. 내게 경계심이 없었던 그들은 식당 여종업원들까지 춤을 추고 노래했다. 마이클 잭슨의 춤, 브레이크댄스 등 못 추는 춤이 없었다. TV를 통해 배웠다고 들었지만, 그들은 그렇게 변하고 있었고 더 큰 변화를 준비하고 있었다.
　중국과의 접경 지역에 있는 황금평, 위화도, 그리고 함경북도 온성도까지 중국을 통해 개발을 빠르게 진행하는 북한 사회는 새로운 경제개발을 다방면으로 시도하고 있다.
　우선 외국인 투자법을 대폭 개정하여 외국인들의 투자를 통해 생필품, 의류 등 기본적인 소비품은 수입을 하지 않고 자체 생산품으로 대체할 수 있도록 생산시설을 갖추고 있다.

또한, 북한과 사업해서 돈 벌었다는 사람 또는 기업이 나오게 하라는 최고지도자의 뜻에 따라 투자자들의 자산 보호 및 수익 창출이 될 수 있도록 제도적인 지원을 적극적으로 하고 있다고 한다.

지금의 남북관계는 최악의 상황이며 회복될 기미가 보이지 않는다. 훗날 남북관계가 개선되어 우리의 기업이 북한과의 합작사업을 하려고 할 때 이미 중국 및 동유럽 기업들이 자리를 잡고 있다면 우린 설 자리를 잃게 된다. 지금 북한과의 경제협력은 북한을 돕는 것이 아니라 남한 기업, 즉 우리 경제의 경쟁력을 높이는 것이다.

남북관계가 '5·24 조치'란 정치적인 논리로 인하여 지금 대북사업가들에게는 중국 또는 제삼국에서조차 북한 파트너들과의 접촉이 금지되어 있다. 그러니 북한에 대한 정보도 없고 변화에 대한 준비도 없는 것이다. 정치가 모든 경제까지 대신해줄 수는 없다. 만일 훗날, 중국에 다 넘어간 북한과 통일에 대한 문제를 우리의 후손들에게 물려준다면 지금 현실의 상황을 어떻게 설명할 것인가!

국가를 사랑하고 위하는 방법은 다를 수 있다고 생각한다. 지금 북한이 옳다고 주장하는 것은 아니다. 다만, 정치적 논리로 스포츠, 문화, 경제협력사업 등 민간 교류까지 꽁꽁 묶어 놓고 조금 잘못 표현하면 종북·친북으로 몰아가는 현 상황이 매우 우려되고 걱정스러운 것은 사실이다.

우리의 기업들은 저렴한 인력을 쓰기 위해 중국과 동남아에 진출하며 인력 운영에 애를 먹고 있다. 북한은 이미 수만 명의 인력이 중동과 아프리카로 수출되고 있다. 이런 구조가 왜 생겨났는지 고민해보지 않겠는가!

바다는 낮은 곳에 있기 때문에 모든 물을 다 받아들인다. 지금 우린 너무 높은 곳에 있지 않나 생각해본다.

필자는 최악의 남북관계 속에서도 중국 법인을 통해 축구화 공장을 설립했고, 그곳에 우수한 북한 기술자들이 들어와 축구화를 생산하고 있다.

평양 시내 사동 구역엔 10만 평의 공단 개발이 남북관계 개선이 되기만을 기다리고 있다.

필자는 이 책을 통해 그동안 내가 걸어왔던 사실을 그대로 전달하여 남북관계를 개선하고, 남한 기업들이 막연하게 갖고 있는 대북사업의 불안감을 덜어주고 남북이 같이 잘사는 길을 찾고자 한다.

필자는 이 글을 통해 나와의 사업을 통해 고생이 많았던 이경남, 이선임 등 직원들에게 미안하고 고마운 마음을 전하며, 책을 완성해준 박정태 회장님과 광문각 임직원들에게도 감사드린다.

2012년 가을
저 자

글 싣는 순서

제1장 나의 발자국이 훗날 이정표가 되리니 / 11

오늘의 남북 관계, 그리고 나의 갈 길 ································· 13
정치와 민간 교류는 구분되어야 한다 ································ 18

제2장 함께 가면 길이 된다 / 29

나의 성장기 ··· 31
포천축구센터 이사장에 취임하다 ······························· 51
중국 인사들과의 인연 ··· 56
홍타 스포츠센터를 운영하다 ······································· 60

제3장 우리의 만남은 꽃처럼 피어나리라 / 67

북한 선수단과의 첫 만남 ··· 69
첫 번째 시련 - 북한의 핵실험 ····································· 72
새로운 희망, 새로운 출발 - 북한 선수단 사상 최초 한국 방문 ············· 79
사상 최초 남북 친선경기 ··· 90

제4장 진달래꽃은 북상하고 단풍은 남하한다 / 119

북한축구협회 대표로 선임되다 ·· 121
남북 유소년팀 상호 교환경기의 시작 ······························ 124
MBC 리토국제축구학교 설립 ··· 131
2007 FIFA 세계청소년(U-17) 월드컵대회 ······················· 134
강진군 국제유소년(U-15) 축구대회 ································· 146
평양에서 남북 축구 꿈나무들의 경기 ······························ 150
북한 축구에 대한 이해 ·· 159

제5장 물은 낮은 곳으로 흘러 바다가 된다 / 163

평양공단 개발사업 추진 ·· 165
경평축구 재개를 위한 실무회담 ······································· 188
두 번째 시련 - 금강산 관광객 사망 사건 ······················· 195
2008 FIFA 여자청소년월드컵 대회 북한 우승 ··············· 203
남북 교류사업은 중단할 수 없다 ····································· 206
마지막이 된 평양 방문 ·· 213

제6장 밤이 깊을수록 별은 더욱 빛난다 / 217

세 번째 시련 - 북한의 광명성2호 발사- ································ 219
그래도 멈출 수 없는 남북 교류 사업 ································ 226
새로운 희망을 품어 보다 ································ 240
네 번째 가장 큰 시련 - 천안함 사건 ································ 250

제7장 봄은 먼 들판에서 먼저 온다 / 261

꺼지지 않는 희망의 불씨 ································ 263
남북 협력사업, 단둥 축구화 공장 탄생 - 중단할 수 없는 남북 합작사업 ········ 270
6·15 공동 선언 기념 행사 ································ 299
남북의 평화와 번영을 바라는 사람들 ································ 305
마지막 고비를 넘어서 ································ 317
나의 비전, 스포츠 그리고 평양공단 ································ 321
나의 희망, 평양공단 개발 ································ 324
진달래꽃은 북상하고 단풍은 남하한다 ································ 327

■ 에필로그 ································ 334

제1장
나의 발자국이 훗날 이정표가 되리니

– 오늘의 남북 관계, 그리고 나의 생각

오늘의 남북 관계, 그리고 나의 갈 길

남북은 언젠가 만나야 하고, 만나게 된다

언젠가 우리는 바다에서 만난다.
가장 높은 곳에서 흐르는 물줄기는
가장 깨끗하지만
어떤 물도 만날 수 없다.
또 하나의 물을 만나 도랑을 이루고
몇 개의 물을 만나 시내를 이루고
더 많은 물을 만나 강을 이룬다.
작은 강은 수많은 물을 만나 큰 강을 이룬다.
큰 강의 끝은 바다에 있다.
모든 물은 계곡 꼭대기에서 시작되어 바다에서 만난다.
바다는 가장 낮은 곳에 있기 때문에 모두 만날 수 있는 것이다.
남북은 지금 도랑에서 개천에서 싸우고 있다.
더 낮은 곳으로 내려가지 못하기 때문에

본인만 깨끗하다고 더러운 물을 만날 수 없다고 더 낮은 곳으로 가지 않기 때문에……

그러나 남북은 언젠간 바다에서 만나게 된다.

바다는 가장 낮고 가장 깊고 가장 깨끗하고 모두가 같이 사는 곳이다.

나의 경험을 통해 본 남북 축구 교류 전망

축구 꿈나무들의 정기적 교류는 남북 단일팀 구성의 시작이다. 2006년 나는 북한의 4·25 체육단과 체결한 남북 체육교류계약서에 의해 역사적 처음으로 남북의 어린 축구 꿈나무 선수들이 북한의 평양과 남한 도시를 정기적으로 상호 방문하며 전반적인 체육 교류를 확대 발전시켜 나갔다. 2009년부터는 남북 관계 악화로 남북한 도시에서 체육 교류를 하지 못하고 중국에서 교류를 이어나갔다. 지금은 중국에서조차 스포츠 교류를 하기가 어려운 상황이다.

스포츠는 전쟁 기간 중에도 당사자 국가들이 국제대회 명목으로 교류하는 평화의 상징이다. 이제부터라도 남북 문제는 정치적으로 상황이 악화되더라도 스포츠 교류는 막지 말아야 한다. 스포츠 교류는 최악의 상황 속에서도 유지되어야 할 평화의 창구이다. 남북 축구는 우선 중단되었던 꿈나무 축구선수들의 정기 교류전이 다시 시작되어야 한다. 이념과 정치가 무관한 어린 축구 꿈나무들이 남·북한을 서로 왕래하며 미래의 꿈을 같이 키워갈 때 우리의 앞날에 평화를 선물하게 되는 것이다.

나는 인천 숭의 축구전용경기장 개장 기념으로 인천유나이티드 프로축구단과 북한 4·25 축구 종합팀과의 경기를 진행할 예정이다.

북한으로부터는 이미 동의를 받아 놓았다. 또한, 민족 최대의 스포츠 이벤트인 경평축구를 부활시켜 서울과 평양의 시민이 매년 축제를 통해 민족의 동질성을 회복하는 것이다. 이렇게 되면 2014 아시아경기대회에서 개·폐막식 동시 입장과 부분적 남북 단일팀 구성은 아무런 문제가 없이 진행될 것이다.

남북이 같은 팀을 만들어 다른 나라와 경기를 하면 남북은 단일팀을 같이 응원하게 되고, 그렇게 되면 우리는 하나가 되어 같이 손잡고 여러 분야에서 같이 잘살 길을 찾게 될 것이다. 현재 남북의 어려운 여건 속에서도 2014 아시아경기대회 협력 문제는 꾸준히 진행되고 있다.

남한에는 프로축구 K리그가 운영되고 있으며 북한에는 갑급리그가 있다. 북한은 최근 갑급리그 우승팀을 아시아 챔피언스리그에 내보내기 위해 절차를 밟고 있다. 남북은 우선 남한 프로리그 우승팀과 북한 갑급리그 우승팀을 매년 교류하여 진정한 한반도 우승팀을 가리는 경기를 통해 신뢰를 쌓은 다음, 남북 리그를 통합해 운영한다면 아시아에선 가장 인기 있는 축구 리그가 될 것으로 생각한다. 그렇게 되면 북한축구선수들도 비싼 몸값을 받으며 남한 프로팀 유니폼을 입고 지역 팬들의 응원 함성을 듣게 될 것이고, 그것이 곧 남북이 하나가 되는 길일 것이다. 나는 충분히 실현될 수 있는 길이라 생각하며 꾸준히 노력할 것이다.

대만과 중국의 관계에서 교훈을 얻자

대만과 중국은 1992년 구두상 합의인 "하나의 중국, 각자 해석"이라는 원칙을 세웠고 이를 자국에 유리하게 해석하는 방식으로 분쟁을 막으면서 평화를 유지하고 있다.

현재 양국은 "상호 존중과 사법 협력 등" 모두 15개 합의 사항을 이행하고 있다. 양국은 1주일에 500편 이상의 직항로를 이용하여 하루에 7,000명 이상의 중국인 관광객이 대만을 찾고 있다.

양국은 중국과 대만의 경제 협력 활성화를 위해 경제 협력 기본협정(ECFA)을 체결하였으며, 이로 인해 더욱 많은 대만 기업들이 중국에 투자하거나 중국에서 사업을 하고 있다. 이것은 향후 양국의 경제 협력을 위한 든든한 기반이 될 것이다. 이미 대만에는 중국의 신화통신, 인민일보, CCTV 등의 기자들이 제한적 범위 내에서 활동하고 있으며 조만간 약간의 남아 있는 제한도 풀릴 것이라 한다. 대만 기자들도 중국에서 보도 활동을 하는 건 마찬가지이다. 또한, 양국의 유학생 교류는 수만 명에 이르고 있다.

탱고를 추려면 두 사람이 필요하다. 대만과 중국은 문화, 체육, 관광, 경제 등 쉬운 것부터 단계적으로 해결하고 있으며, 아직 정치적 문제는 논의하지 않고 있다. 현재 우리는 정치적 판단으로 북한과의 교류를 전면 중단하고 오로지 정치적으로 해결하려는 소득 없는 세월을 소비하며 기회의 땅 북한의 경제 개발을 다른 나라가 하는 것을 바라만 보고 있다.

대만과 중국의 사례에서 보듯이 정치적 협력은 가장 어려운 부분이고 나중에 해결할 부분이다. 현재 정부는 모든 남북 교류를 중단시키고 가장 어렵고 나중에 해결해야 할 정치적 문제를 가장 앞에 내세워 남북 관계를 악화시키고 후퇴시키고 있다.

인구 숫자가 적고 대외 의존도가 높은 한국은 장기 플랜이 없으면 극히 위험하다. 한반도의 문제를 남북이 함께 공조해서 해결해야 할 이유이다.

중국의 저명한 북한 문제 전문가 김경일(金景一)은 "한반도에 대해서는 '지정학적(地政學的)' 접근이 아닌 '지경학적(地經學的)' 접근만이 남·북한의 공존을 보장하고 강대국 간 대립과 충돌이 아닌 화해·협력 구도를 실현시킬 수 있다."고 지적한 바 있다.

정치와 민간 교류는 구분되어야 한다

　남북은 그동안 정치, 군사적 갈등이 있을 때마다 경제·사회 부문 민간 교류까지 중단시켰다. 남북한은 현재의 정전협정이 평화협정으로 전환되기까지는 지난 시간에도 그랬듯이 앞으로도 크고 작은 군사 및 정치적 갈등과 충돌이 불가피할 할 것이다.
　아무리 남북 관계가 일시적으로 좋아진다 하더라도 정치와 경제·사회문화 교류에 대해 신뢰 있는 정책으로 분리하여 추진하지 않으면 정부의 대북정책 변화에 대한 취약성을 우려한 기업들은 대북사업을 하지 않을 것이다.
　이명박 정부의 대북 압박 정책은 북한의 경제를 개방하고 핵 개발을 중단시키려는 의도였지만 북한은 핵실험, 군사력 대치 강화로 대응했다. 또한, 북한은 우리와 교류하던 빈자리에 다른 나라의 기업들에게 좋은 조건으로 경제 개방을 추진하고 있다. 결국, 정부의 대북정책으로 우리 기업만 도산하였으며, 향후 정권이 바뀌어도 대북사업의 재개를 원하지 않을 만큼 심각한 타격을 입게 되었다.

이미 북한은 작년 한 해 동안 15개 국가의 306개 기업으로부터 14억 3,700만 달러의 투자를 유치하였으며, 28개 나라와 투자장려보호협정을 체결했고, 12개 나라와 이중과세 방지 협정을 체결하였다. 또한, 올해 들어서는 같은 기간에 10배 이상의 투자 유치를 하였으며, 중국·러시아·중동·아프리카에 10만 명 이상의 인력 수출을 하는 등 경제 개방과 함께 다방면으로 경제개혁을 추진하고 있다.

더구나 북한에 진출한 외국 기업들은 북한 근로자에게 월 30유로(원화 약 4만 원)의 인건비를 지급하고 있다.

우리 기업들은 중국, 동남아로 저렴한 인력을 구하며 생산에 애를 먹고 있으며 최하 300달러(원화 약 35만 원)를 월 인건비로 지급하면서도 생산성은 북한 노동력의 절반에도 미치지 못한다고 한다.

더구나 북한은 경제 개혁을 서두르면서 외국 투자 유치를 확대하기 위해 "북한과 사업해서 돈 벌었다는 기업 나오게 하라."는 최고지도자의 뜻에 따라 외국 투자자들에게 행정적인 지원을 아끼지 않고 있어 북한에 진출한 외국 기업들은 우리 기업들에 비해 경쟁력이 더 생기는 것이다. 결과적으로 우리 기업만 더 희생되고 있는 것이다.

북한은 벌써 금년들어 상반기에 100억 달러 이상의 외국인 투자를 유치했다는 소식들이 전해지고 있다. 이제는 가면 갈수록 북한 땅엔 외국인 기업들이 자리를 잡을 것이다.

이런 상황에서 북한의 제재 수단인 금강산 관광 중단과 '5·

24 조치'가 의미가 있을까? 이제 우리도 그간의 문제점들을 되돌아보고 경제·사회·문화 교류 방안에 대한 새로운 방안이 제시되어야 한다.

중국과 대만은 정치·군사적 갈등을 겪으면서도 경제·사회 부문의 교류 협력 등은 지속적으로 추진해 오늘날 상당한 수준의 경제 및 사회 공동체를 이루었다. 중국은 대만 기업의 투자로 경제 발전에 도움이 되었으며, 대만 기업들은 많은 돈을 벌어들였다. 결국, 대북사업은 앞으로 군사 및 정치적 갈등과 충돌을 있더라도 경제, 사회 문화 등 민간 교류는 영향을 받지 않도록 신뢰 있는 정책이 제시되어야 한다.

남북 관계 발전을 위한 나의 생각

이명박 정부는 정부의 인허가 절차를 거친 대북사업의 당사자인 민간 기업의 투자 손실 등에 대해 뚜렷한 대책을 내놓지 않으면서 경영난의 고통을 기업 혼자 감수토록 방치하고 있다.

통일부 자료에 따르면, 개성공단을 제외한 남북 교역의 규모는 2007년에 7억 9,000만 달러였지만 2011년에는 400만 달러로 줄었다고 한다. 이런 교역 감소는 정권이 바뀌어도 기업가들이 대북투자를 주저하게 할 결정적 요인으로 되고 있다. 따라서 대북정책은 기업에게 이러한 불안감을 해소시킬 수 있는 보다 신뢰 있고 안정된 정책이 제시되어 남·북한의 경제 협력이 정치를 끌고 갈 수 있는 새로운 시대를 맞이해야 된다.

그러려면 우선 정부의 인허가 승인을 받고 정부의 조치 때문에 대북사업에서 투자 손실을 본 민간 기업에 대해 손실 보상책을 마련하여 정치적 결정으로 민간 기업만 손해를 보는 문제점을 해소시켜 줘야 한다. 이것은 남북 당국 간 협의를 거친 상황에서 기업이 정부를 신뢰하고 대북투자 등을 추진한 점에서 반드시 해결되어야 할 것이다.

북한은 압록강 주변의 황금평, 위화도, 온성도까지 중국에 넘겨줘 중국은 이 땅을 활용하여 외국 투자를 받으며 적극적으로 개발하고 있다. 중국은 북한의 나진, 선봉을 활용하여 꿈에 그리던 동해안 진출을 하게 되었으며 엄청난 물류비용을 절약하며 큰 경제적 이익을 얻고 있다. 중국이 북한을 돕기만 하는 것일까? 중국은 경제적으로 더 많은 이익을 가져가게 될 것이다.

훗날 우리의 후손들이 통일에 대한 문제를 다룰 때 북한에 진출한 외국 기업들이 큰 걸림돌이 된다면 지금 우리는 역사에 큰 짐을 주고 있는지도 모른다. 따라서 정치와 민간 교류를 분리하는 것을 법으로 제정하여 시행한다면 북한의 경제적 최고의 파트너는 우리 기업이 될 것이다. 그러면 우리 기업은 경쟁력을 키우게 되고 북한의 경제도 발전하게 되어 다가오는 통일시대에 통일비용을 절감할 수 있는 것이다. 정치적으로 북한이 밉다고 같이 잘살 수 있는 기회를 우리가 차단해서는 안 된다고 생각한다.

나는 그동안 북한과 스포츠를 통해 신뢰를 쌓고 정부의 '5·24 조치' 속에서도 남한 투자, 중국 경영, 북한 기술이 합작한 새로운 패러다임의 남북 경제협력 사업을 추진하였다. 중국 단둥에 설립한 축구화 공장의 성공은 작지만 큰 의미가 있다. 남북이 꽁꽁 얼어붙은 상황에서 단둥 축구화 공장의 성공은 대북사업의 희망의 꽃을 피우는 것이다. 그것은 남북 관계가 개선되면 그동안 내가 개발하다 정부 정책으로 중단되고 있는 평양공단에 단둥 축구화 공장을 이전하고 평양공단에 많은 남한 기업이 들어가게 하는 기회를 살리는 길이기도 하다.

평양 능라도에 가면 '김경성 초대소'가 있다. 이 초대소는 남북 관계가 좋아지고 평양공단이 개발되기 시작한다면 평양 공단에 투자를 하게 될 남한 기업들이 사용하게 되어 보다 안정적으로 편의를 제공받을 것이다.

정부 통계에 의하면, 개성 이외 지역에서 북한과 교역하거나 북한 내에서 영업 중인 남측 기업은 2008년에 399개였지만 2010년엔 171개로 줄었고, 현재는 거의 존재하지 않은 상태가 되었다. 다만 북한에서 유일하게 가동 중인 평화자동차는 사주가 미국 시민권을 획득해 북한 왕래가 자유롭기에 사업 유지가 가능했다.

나는 지금 5·24 조치로 매우 어려운 조건에서 북한과의 협력사업을 이어가고 있다. 그것은 남북 협력사업이야말로 21세기 최고 경쟁력 있고 가치 있는 사업이라 생각하기 때문이다. 또한, 대북사업은 북한을 돕는 것이 아니라 우리 기업의 경쟁력을 키우는 것이라는 것을 확신하고 있기 때문이다.

그동안 대북사업을 하면서 어려움을 겪고 극복하면서 고난에 대한 면역력이 생긴 것 같다. 책만 읽어서는 아무것도 얻지 못한다. 시련을 통해서만 알 수 있는 것이다. 나는 단둥 축구화 공장에서 이익을 내서 경제적으로 어려움도 해소하고 대북 사업가들에게 희망을 주고 투자 의욕을 충족시켜 줄 것이다. 이제 더는 북한의 자원과 시장이 외국 기업들에게 넘어가는 것을 방치해서는 안 될 것이다. 결국, 북한의 최고 경제 파트너는 우리 기업이 되어야 한다. 그러려면 시대에 맞는 정책이 제시되어야 한다. 더구나 금년도에 북한은 이미 새로운 지도자로 새로운 정책들이 추진 중이며, 남한과 중국 또한 새로운 지도자로 교체하는 시기이다. 따라서 이러한 변화 시기에 지금의 대북정책을 고집하고 새로운 시대를 준비하지 못하면 또다시 좋은 기회를 놓칠 수 있다.

정치적 문제는 정치적으로 계속 압박하더라도 민간 교류는 다시 재개하여 북한의 경제 개방에 우리 기업이 주역으로 참여하면, 우리 기업도 돈을 많이 벌고 북한 경제도 발전시키게 되는 서로에게 필요한 것을 주게 되는 것이다. 이러한 것이 진정으로 통일비용을 절감하는 요인이며 남북이 경제 협력을 해야 할 이유이다.

사실 남북의 경제 협력은 엄청난 시너지 효과가 있다. 남한의 자본과 기술, 북한의 자원과 노동력의 만남은 우리 기업에게 최고의 경쟁력을 주게 되는 것이다. 또한, 북한을 통과하여 육로로 물류를 보내게 되면, 해상을 이용할 때 60일 걸리는 기간을 15일로 크게 줄일 수 있어 비용 절감의 효과가 아주 클 것이다. 북한을 통과해서 절감되는 물류비용은 연간 20조 원의 경제적 효과가 있다고 한다. 러시아에서 수입하는 가스도 러시아에서 전기를 생산하여 북한을 통과하여 가져오게 되면, 우리의 경제적 효과는 이루 말할 수 없을 정도로 클 것이다. 이러한 경제 협력이 서로의 이익에 도움이 되는데 모든 것이 정치적 판단으로 추진되지 못하고 있다.

남북의 경제 협력이 강화되면 북한도 경제 문제를 정치적으로 끌고 갈 수 없게 되고, 결국 경제가 정치를 이끌고 가는 시대가 올 것이다. 그렇게 되면 남북은 안정적으로 화해와 평화의 시대를 맞이하게 될 것이다. 남북 협력 사업은 책만을 읽어서는 아무것도 알지 못한다. 오로지 시련을 통해서만 얻을 수 있다.

2006년 10월 9일, 북한의 핵실험!

첫 번째 시련은 내게 큰 파도로 다가와 나의 모든 재산과 회사까지 집어삼켰다. 자살을 생각해 봤다. 그러나 그것은 가장 쉬운 선택이며 가장 비겁한 방법이라 생각했다. 나는 더욱 냉정해 졌다.

2008년 7월 11일, 금강산 관광객 사망 사건

두 번째 시련은 내게 거대한 태풍으로 불어닥쳐 새롭게 시작한 평양공단 사업을 위기로 몰아갔다. 그러나 내겐 뜻을 같이 하는 동지들이 있었다.

2009년 4월 5일, 북한의 광명성2호 발사

　세 번째 시련은 세찬 토네이드로 몰려와 평양과의 사업 전부를 날려버렸다. 나는 평양과의 교류를 중국으로 이전하며 이어나갔다.

2010년 3월 26일, 천안함 사건

　네 번째 시련은 엄청난 쓰나미로 내 모든 것을 덮쳐 버렸다. 그래도 포기할 수 없었다. 수많은 시련을 통해 대북사업의 어려움을 겪기도 하였고 많은 성과를 얻기도 하였다.

　그동안 바람을 타고 때로는 순풍에 질주했다가 역풍을 만나 불구덩이에 떨어지기도 했으며, 바람이 끊기려고 한 적도 있었다. 그래서 결심했다. 강해지기로……!

　첫 번째 시련은, 그동안 내가 지원해온 북한 선수단이 세계 대회에서 우승하는 등 국제 무대에서 좋은 성적을 거두어 김정일 위원장에게 인정을 받고 남들이 할 수 없는 사상 최초의 남북 체육 교류를 성사시키면서 위기를 호기로 만드는 기회를 갖게 되었다.

　두 번째 시련은, 평양공단 투자자가 다 떠날 때 나를 인정하고 신뢰하는 동지들의 뒷받침으로 위기를 넘길 수 있었다.

　세 번째 시련으로 평양공단 개발은 멈췄지만, 사상 최초로 남·북이 함께 2010 남아공월드컵 본선에 진출한 것을 계기로 남북 체육 교류를 성사시켜 위기를 넘겼는데, 경기도에서 많은 도움을 주었다.

네 번째 시련은 내 모든 것을 중단시켰으나, 남과 북에서 할 수 없는 사업을 중국을 통해 '단동 축구화 공장'을 설립하고 새로운 패러다임의 변형된 남북 협력사업으로 위기를 극복했는데, 인천광역시에서 큰 역할을 해 주었다.

인간은 자주 만나는 사람에 대해서는 그 사람이 뭘 원하는지, 뭐가 필요한지 알 수 있다. 그것은 상대가 원해서 알 수도 있으며 느낌으로도 알 수 있는 것이다.
북한과의 교류가 없으면 그들이 무엇을 하는지, 무엇을 원하는지, 어떤 계획으로 살고 있는지 정보가 없다. 북한과의 교류가 많으면 그들을 통해 많은 이익을 얻을 수도 있고, 그들에게 많은 이익을 줄 수도 있으며 그들을 변화 시킬 수 있다. 남북은 정치를 통해 경제 교류를 해결할 수 없으며, 오히려 경제 교류를 활성화하고 경제 교류의 확대를 통해 정치를 이끌고 가야 한다.

탱고는 두 사람이 필요하다. 북한과 교류도 해보지 않고 책을 통해 북한에 대한 정보만 갖고 정책을 만든다면, 그것은 북한이 원하는 내용이 빠져 있을 것이다. 내 생각만 하고 내가 아주 좋은 것을 줄 테니 무대 위로 나오라고 할 때, 상대가 나오지 않는다면 그것은 상대에게 좋은 것이 아니고 내게만 좋은 것이다. 프러포즈는 상대가 원하는 걸 주는 것이다.
우린 여유가 있다. 상대가 원하는 것을 먼저 주면서 내가 원하는 것은 나중에 받으면 된다.

　나는 오랫동안 북한과 교류를 해오면서 많은 시련을 겪었고 많은 성과를 냈다. 시련을 통해 해결책을 터득했으며, 성과를 통해 안정되게 이어가는 방법도 알게 되었다.

　남북 관계가 가장 약화되었을 때도 남들이 할 수 없는 단둥 축구화 공장을 설립했으며, 평양공단을 잃지 않고 유지시켰다. 나는 누구보다도 북한을 잘 알기에 그들과 함께 할 수 있었고, 앞으로 가는 길에 대해 확신을 갖고 추진할 수 있다.

　평양공단 개발은 반드시 남한 기업이 돈을 많이 버는 계기를 만들게 될 것이며, 북한 경제 발전에도 크게 기여할 것이다. 내가 꼭 해야 할 사업일 것이다.

　나는 평양공단 개발을 통해 얻어진 수익은 북한 스포츠 발전에 기여하는데 사용할 것이다. 그것이 남북 스포츠의 균형을 맞추는 일이며 남한을 위하는 것이라 생각한다. 남북 스포츠가 균형을 유지할 때 남·북은 모든 스포츠에서 단일 리그를 함께 할 수 있으며, 그러면 스포츠를 통합할 수 있는 것이다. 스포츠 통합이란 사회적 통합을 이루는 창구가 되는 길이며, 그것은 통일비용 없이 자연스럽게 같이 살 수 있는 평화적 통일을 이루는 계기가 되는 것이라 생각한다.

제 2 장
함께 가면 길이 된다
— 나의 성장기, 그리고 축구와의 인연

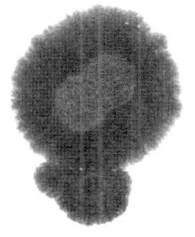

나의 성장기

유년 시절

경기도 포천시 일동면 수입리의 작은 산골 마을에서 태어난 나는 새마을운동이 시작되기 전 중학교 다닐 때까지 전기가 들어오지 않아 호롱불 밑에서 공부해야 했다.

부모님은 6·25전쟁 때 지금의 북한 땅인 강원도 철원군 금화읍에서 피난 내려와 포천에 정착했다. 포천에는 아버지의 형님이신 큰아버지께서 살고 계셨는데, 큰집 외엔 일가친척이 없어 명절 때는 외로움이 더 컸다.

내가 태어난 마을 '서내지'는 일본 강점기에 탄광촌 마을로 100여 가구가 모여 살았다. 해방 이후 탄광이 폐쇄되고 논밭 농사를 중심으로 살고 있었으며, 마을의 절반은 박씨고 절반은 이씨가 모여 사는 전통적인 씨족마을이었다. 우리 집간 김씨 성을 가진 것이다.

설 명절이나 추석 때는 이씨와 박씨 집안 모두 모여서 차례를 지내고 음식을 나눠 먹는데 우리 집은 일가친척이 없어 올 사람도 갈 곳도 없어 명절이 더 외롭게 느껴지는 어린 시절을 보냈다.

초등학교를 졸업할 무렵 축구를 잘하는 친구 삼웅이가 내가 사는 마을로 이사를 왔다. 마음이 통해 금방 친해졌다. 우리 둘은 늘 같이 붙어 다녔다. 등하굣길에 학생들을 괴롭히는 불량배들과 대처하며 우정을 키워나갔다.

초등학교 동창생이 9명이지만 중학교를 진학한 건 삼웅이와 나 둘뿐이었다. 다른 친구들은 가난해서 진학을 못한 게 아니라, 농사 짓는 사람이 공부는 뭐 하려 하느냐는 식의 전통적인 사고방식에서 벗어나지 못한 까닭이 더 컸다.

중학교에 들어간 삼웅이는 축구를 계속했고 나는 열심히 공부하며 각자 미래에 대한 꿈을 키웠다. 삼웅이는 국가대표 선수가 되려면 서울의 축구 명문학교로 진학해야 했고, 나는 좋은 대학을 가려면 서울로 고등학교 진학을 해야 했으나 우리 둘의 집안 형편은 꿈도 꿀 수 없을 만큼 가난했었다.

삼웅이는 중3 때 청주로 가서 울산의 학성고 축구부에서 선수로서 재능을 인정받았다. 하지만 집안 형편상 운동을 계속할 수 없어 군에 입대해 장기복무를 하면서 사회에 나오지 않았다.

삼웅이와 나는 열정과 재능이 있는 고향 후배들이 가정 형편으로 자신의 능력을 펼칠 기회를 버리지 않도록 우리가 커서 돈을 벌어 고향에 축구학교를 세우자고 맹세했다.

학창 시절

학창 시절, 나는 학교에서 가장 집이 먼 아이였다. 초·중·고를 다니면서 30리 길을 매일 뛰어다녔다.

고등학교 다닐 때 마라톤 대회가 있었는데 연습도 하지 않고 정식 마라톤 선수들과의 경기에서 전체 2등을 했다. 그 당시 학교 선생님들은 나를 독한 놈이라 했다.

중학교 때 학원에 다니면서 주산 6단과 부기 2급 자격증을 획득했는데, 그 수준은 상업고 졸업생과 맞먹을 정도의 꽤 높은 수준이었다.

돈이 없어 서울로 진학하지 못하고 고향에 있는 일동상고에 진학하면서 한동안 공부를 하지 않은 적도 있었다. 공부를 하지 않아도 이미 졸업할 수준의 자격증도 갖췄고, 학급 반장으로서 늘 1등을 하여 경쟁이 없는 시골 학교에 다니는 내 처지를 한탄하곤 했다.

나는 선생님 대신 반 친구들을 가르치기도 하였다. 고2 때는 고1 후배를 가르치며 주산 부기 자격증을 따게 해주면서 과외비를 받아 교복도 사입고 용돈으로 쓰기도 하였다.

교련 시간 때는 학년 중대장으로 활동했고 2학년 때는 지도부장으로 교문을 지키며 중·고 학생들의 규율을 선도하였다.

지도부와 밴드부는 늘 충돌하였는데 싸우면 언제나 지도부가 밴드부에 졌다. 한번은 나 혼자서 밴드부 7명과 싸우다 집단폭행으로 앞니가 부러졌다. 순간 내가 기회를 잡았다는 생각이 스쳐 지나갔다. 그 당시 교칙에 의하면 지도부장인 나의 이를 부러뜨린 것은 무기정학 아니면 퇴학감이다.

지도부장이었던 나는 이를 부러뜨린 밴드부와 협상을 하였다. 내가 없던 일로 해주는 대신 밴드부는 지도부 규율에 절대적으로 따르는 것으로 조건을 달았다. 처벌이 두려웠던 그들은 내 말을 따랐고, 그 후 지도부장인 내게 맞서는 학생들은 없었다.

우리들의 우상 대진 형!!

고2 때의 일이다.

내가 성장하면서 가장 영향을 많이 받은 일이었을지도 모른다.

군대를 제대한 복학생이 같은 반으로 들어왔다. 우리보다 일곱 살이 많았다. 그 형은 서울로 유학을 갔는데 싸움을 너무 잘하다 보니 여러 사건에 휘말려 몇 번 고향으로 와서 학교에 다니다 나이가 차서 군 복무를 마치고 복학한 것이다.

우리는 그를 형님으로 불렀다. 박대진 형이라 부르며 따랐다. 복학하기 전부터 '싸움의 전설'이 온다는 소문에 선생님들조차 대진 형을 쉽게 대하지 못하였다. 대진 형은 내 옆에 앉는데 미혼 여선생님들은 수업시간에 지나가지도 않았다.

한번은 관내 교련경진대회가 열려서, 포천종합고등학교에 관내 4개 고등학교 학생들이 교련복을 입고 모두 모였다.

포천고 운동부 학생들이 송곳 등 날카로운 무기를 들고 다른 학교 학생들을 위협하면서 자신들의 힘을 과시하고 다녔는데,

우리한테도 시비를 걸었다. 우리는 모두 두려워서 아무 말도 못하고 있었다. 그들은 대진 형한테도 시비를 걸었다. 대진 형은 자신보다 나이도 어리고 고향 후배들이어서 그냥 넘어가려고 한 것 같았다. 하지만 그들은 송곳으로 쿡쿡 찌르며 강도 높게 시비를 걸었다. 잠자는 사자의 코털을 건드린 격이었다. 내가 지금까지 살면서 그렇게 빠르게 상대를 가격하고 날려 버리는 것을 처음 보았다. 130kg이 넘는 거구들이 맥을 못 추고 한방에 KO가 되고 잡히면 날아가는 것이었다.

4개 고등학교 학생들이 그 장면을 다 보았다. '싸움의 전설'을 확인하는 순간이었다. 그간 말로만 전해지던 박대진에 대한 전설은 우리에게 그렇게 다가왔다.

그러나 우리와 나이 차이가 있어 대진 형과 어울리기가 어려웠다. 고등학교를 졸업할 때 나하고 결의형제를 맺은 절친한 친구 변남호는 대진 형을 신(神)처럼 생각하며 따라다녔다.

나는 반장이라 대진 형이 그래도 조금 인정하는 편이였다. 대진 형이 자격증을 획득할 때 도움을 주어서 그런지 나를 다른 친구들보다는 대접을 해주었다.

대진 형의 초대

어느 날 대진 형은 자기 아버지 회갑이라고 나에게 수업 끝나면 오라고 했다. 반에서 유일하게 나만 초대받은 것이다.

대진 형 친구들은 시장에서 장사하는 건달들이 많았다. 교복을 입고 모자를 눌러쓴 나는 쭈뼛거리며 대진 형 집 앞에서 서

성거렸다. "야! 어떻게 왔어?" 대진 형 친구들은 이미 얼큰하게 술이 올라와 있는 상태였다. 나는 "대진 형을 만나러 왔는데요."라고 대답했다. 그러자 "넌 누구야?"라고 묻는 말에 얼떨결에 "대진 형 반 친구입니다."라고 대답하였다.

"뭐라고? 대진이 친구라고? 너 이리와 고삐리 새끼가 죽으려고 환장했네!" 하면서 나를 끌고 다리 밑으로 갔다. 나는 태어나서 그렇게 많이 맞아 본 게 처음이었다. 군대에서도 그렇게 무식하게 맞아 본 적이 없었다.

얼마나 맞았는지 정신을 못 차리고 있는데 대진 형이 나타났다. 나에겐 구세주나 다름없었다. 대진 형은 나를 때리는 친구들에게 화를 내며 뭐하는 짓이냐고 호되게 야단을 쳤다. 대진 형 친구들은 고자질하듯 "야! 대진아, 저놈이 네 친구란다. 좋겠구나, 고삐리 친구를 두어서…… !" 하면서 비꼬는 말투로 말했다. 대진 형은 이에 "맞아, 내 친구야! 그러니 너희 친구니까 사과해."라며 친구들을 나무랐다.

나는 대진 형이 고맙고 미안했다. 대진 형 친구들은 나를 잔칫집으로 데려가 때린 것에 대해 보상하듯 내게 잘해줬다. 그러면서 내게 이렇게 말했다. "헤이 고삐리 친구! 앞으로 너 힘들게 하는 놈들 있으면 말해라. 넌 이제부터 우리 친구니까." 하면서 내게 막걸리를 권했다. 나는 그때까지 술을 마시지 못했다. 그러나 못 마신다고 할 수 없어 주는 대로 마셨다. 입안이 터져서 술을 마실 때 많이 쓰라렸지만, 형들한테 또 맞을까 봐 아프다는 표시도 내지 못하고 마셨다.

그날 이후 나는 대진 형하고 아주 가까워질 수 있었다. 그 나이 때 그렇듯 쌈 잘하는 대진 형은 우리들의 우상이었다.

고등학교를 졸업하고 20년이 지나고 대진 형에게 전화가 왔다. 경기도 연천군 백이리에 있는 '개성순댓집'으로 오라 해서 반가운 마음에 바로 달려갔는데, 첫마디가 "나, 정착했다."였다.

문패에는 아들이 등록된 등기부등본이 붙어 있었다. 그날 나는 대진 형이 확실하지 정착한 걸 알았다. 지금은 가장 행복한 가정을 꾸리고 개성순댓집에서 둥지를 틀고 있다.

대진 형을 신처럼 따르던 나의 절친한 친구 변남호는 대진 형 집에서 2002년 12월 19일, 대통령 선거일에 폐암으로 세상을 떠났다. 나는 가끔 대진 형을 생각하며 옛일을 생각하곤 했다.

포천컵 전국 직장인 축구대회를 치르면서 고향에 오랜만에 내려와 추억을 회상하며 뒤를 돌아볼 수가 있었다. 남·북 관계가 개선된다면 내 고향 포천은 통일의 배후 도시로서 역할을 충분히 할 것이라는 생각도 함께 들었다.

군대 생활

1980년 1월 21일, 인천 제물포역에서 논산행 기차를 탔다. 대부분 부모와 가족 또는 여자친구가 배웅 나와 입영 열차에 타는 모습을 보면서 눈물을 흘리며 슬퍼했다. 그 당시 군대 가는 건 힘든 생활을 하러 가는 것으로 생각했기 때문이다. 그러나 우리 가족은 큰형이 월남전에 참가해 각종 전투를 치르고 살아남아 귀국하여서 국내에서 군 생활은 잠시 여행을 다녀오는 것으로 생각했다. 방안에서 "잘 다녀와라."라는 인사가 전부였다.

가족들이 나오지 않은 대신에 친구들은 20명도 넘게 따라와서 제물포에서 하룻밤을 지새며 군 입대에 대한 석별의 술잔을 돌렸다. 포천이 고향인 나는 경기도 병력의 집결지인 인천에서 입영 열차를 타고 논산으로 가게 되었다. 고향 친구 대부분이 지역방위로 근무하는데 나는 신체검사에서 갑종 1급을 받아 현역을 가게 된 것이다.

입대 전날 제물포에서 술을 마시다 시비가 붙어 낯선 이들과 패싸움을 심하게 하여 신고를 받은 경찰을 피해 밤새 도망 다닌 것이 친구들과의 철없던 우정의 마지막이었던 것 같다.

입대하기 전 영등포 한림학원에서 강사를 하였는데, 내가 맡은 과목은 인문계 여고를 졸업하고 취업을 하려는 '취업반'에서 회계업무를 가르치고 자격증을 취득해주는 것이었다.

내 이름이 '김경성'이어서 나는 '김서울' 선생으로 불리며 한림학원에서 제일 인기 있고 이름난 강사가 되었다. 내 강의실에는 항상 200명의 좌석을 채우고도 뒤에 서서 듣는 학생들도 많았다. 입영 일자를 연기하라는 한림학원 원장의 권고를 거절한 채 나는 논산행 입영 열차에 몸을 실은 것이다.

그 당시 학원생들의 나이는 나랑 비슷하거나 또는 많은 원생도 있었기 때문에 다들 내 군대 입대 소식을 듣고 깜짝 놀라기도 하고 울고불고 슬퍼하는 학원생들도 많았다.

나는 머리를 깎고 학원생들에게 마지막 인사를 할 수 없어 평소의 장발 상태를 유지한 채 마지막 강의를 하였다. 울음바다가 된 강의실 분위기 때문에 강의시간을 마치지 못하고 군대 가서 편지하겠다는 인사로 마지막 강의를 대신했다.

그 당시 1인당 한 달 학원비가 2만 원이었는데, 내가 강의한 학생들의 수강료의 40%를 받은 나는 매달 300만 원 이상 소득을 올렸다. 당시 은행에 취직한 친구들의 1개월 급여가 10만 원을 넘지 않았으니까 친구들의 3년 치 수입을 1달에 번 셈이다.

군대를 제대하고 나니 학원가는 정부 정책(당시 전두환 정권)에 의해 거의 퇴출당하여 있었다. 그래서 나는 제대하고 대우그룹에 입사하여 낮에는 회삿일에 전념하고 밤에는 동국대학교를 다녔다. 하지만 회사에서 승진도 빠르고, 공부가 사회에 도움이 되지 않아 대학을 다니는 의미가 없다는 생각이 들어서 대학은 중도에 포기하였다.

논산훈련소에서

논산훈련소에 도착하니 머리를 자르지 않은 훈련병들을 별도로 모아 연병장에 집결시켰다. 500명 정도 되는 것 같았다. 20줄로 줄을 세우고 제일 앞에 있는 훈련병에게 이발기계를 줘서 뒤에 있는 훈련병의 머리를 깎아주게 하는 것이었다. 1월의 날씨는 찬바람과 함께 무척 추웠는데 1인당 머리 깎는 시간으로 겨우 5분을 주었다. 깎는 사람이 손이 시려 제대로 깎지 못하고, 이발기에 기름칠이 제대로 되지 않아 작동이 되지 않고, 시간은 부족하다 보니 머리를 깎는 게 아니라 거의 뽑는 수준이었다. 머리를 깎고 난 훈련병들의 머리에는 피가 송송 맺혔다. 당시 군대 분위기는 살벌했다. 몇 개월 전에 있었던 박정희 대통령 시해 사건과 바로 1개월 전의 12·12 군사 쿠데타, 그리고 계엄령 선포와 함께 사회 분위기도 무거웠지만, 훈련소에서는 숨조차 제대로 쉴 수 없는 분위기였다. 그러니 머리털이 추위에 뽑혀도 미리 집에서 깎고 오지 못한 것만 후회할 뿐 항의는 엄두도 내지 못했다.

나는 논산훈련소 훈련을 잘 소화했다. 어릴 때 학교가 멀어 매일 뛰어다니며 다진 체력과 고향인 포천에서 가난과 추위에 잘 적응된 덕분에 다른 훈련병들이 힘들어하는 훈련도 힘들이지 않고 잘 받았다.

자대 배치

군대는 줄을 잘 서야 한다. 입대 동기들은 대부분 가장 편하다는 카투사로 갔고 나는 용산역으로 가는 열차를 탔다. 논산훈련소 훈련이 끝나고 자대를 배치받는 순서이다.

용산역에서 신병들은 또다시 분리되고 나는 열차를 계속 타고 춘천으로 갔다. 춘천까지 같이 온 동기들은 50명도 채 되지 않았다. 춘천에서 일부는 원주로, 일부는 인제·원통으로, 나는 가장 먼 15사단 어느 포병대대 B 포대에 배치되었다.

군대에서의 내 직책은 FDC 컴퓨터

B 포대에 배치되기 전 포병대대의 인사장교가 날 불렀다. 주산 6단이 어느 정도인지 실감이 안 간다며 계산 능력을 확인해 보고 싶다는 것이다. 칠판에 숫자를 한참 적어 놓고 나보고 계산하라는 것이었다. 바로 답을 말하니 인사장교는 계산기로 한참 확인하고 나서 다음엔 더 어려운 문제를 냈다. 내가 바로 답하고 몇 번을 반복하니 인사장교는 여기저기 전화해 영관급 장교 10여 명을 불러 모았다. 그리고 "우리 부대에 천재가 왔어." 하면서 나를 소개하며 내 계산 능력을 확인시켜 주었다. 당시 나는 100만 자리를 15개 이상 한 번에 계산할 수 있는 암산 능력이 있었는데 불과 천 단위, 만 단위의 숫자로 암산 능력을 테스트하니 내겐 식은 죽 먹기나 다름없었다.

FDC(Fire Direction Center, 사격지휘소)에 배치된 나는 바로 주전 사수가 되었다. FDC는 사격지휘소로 포병의 모든 사격 통제를 하며 군사 2급 비밀을 취급하고 있다. 내가 받은 업무는 계산병으로 사회로 말하자면 실질적인 상황실장이다.

제대 말년의 홍순범 하사가 있었는데 후임이 없어 포병대대에서 날 배치해준 것이다. 이등병인 신병이 물려받기엔 너무 중요하고 위험한 임무였기 때문에 박덕관 포대장 및 대대에서 고민이 많았다. 하지만 홍순범 하사가 날 시험하고 몇 가지를 가르쳐 보더니 안심했는지 김경성은 이등병 신병이지만 본인보다도 능력이 좋다고 적극 추천하여 이등병인 내가 홍순범 하사의 자리를 물려받게 되었다.

상황실 근무는 계산병인 나와 HCO(Horizontal Control Operator, 수평통제병) 이규관 하사, VCO(Vertical Control Operator, 수직통제병) 김정환 병장과 무전병과 전화교환원이 있었는데, 내무반에서 비상소집이 있으면 모두 소집되고 나만 남게 되는 것이다.

나는 이등병 때부터 각종 전투력 측정대회에 나가서 우리 포병대대에 1등을 안겨 주어 포대장의 사랑을 많이 받았다. 그리고 이규관 하사와 김정환 병장이 제대하고 난 후 일병 시절부터 밑에 신병을 둔 선임병이 되었다. 신영환 하사가 상황실에 배치되었는데 장기 하사였고 늘 나랑 다투었다. 당시 대대에선 하사와 병장이 너무 자주 싸워서 대대장이 일요일에 교회로 소집해서 싸우지 않는 방법에 대해 토론회를 하기도 하였다. 병장들은 복무경력이 오래되다 보니 일을 잘하고, 하사들은 입대한 지 얼마 되지 않아 일은 잘 모르지만 계급이 높아 늘 부딪치고 있었다.

하여간 나는 중학교 때 따놓은 주산 6단의 실력을 군대에서 유감없이 진가를 발휘했다. 전투력 측정에 작전명령을 암호로 수행하는 게 있는데 음어로 해독해야 하고 숫자로 무전기를 통해 하달된다. 그러려면 숫자를 빨리 쓰고 음어 해독도 빨리하여 사격 제원을 산출하여 전포대에 전달해야 한다. 일반 사람들은 보통 빠르다는 게 1분에 1부터 60 이상을 쓰지 못하는데 나는 1분에 1부터 137까지 썼다. 이것은 그때까지 내가 속한 군단 내에서 전무후무한 기록이었다.

적군의 위치가 파악되면 관측병으로부터 무전기를 통해 목표물의 위치를 좌표로 알려준다. 그러면 HCO가 포진지에서 목표물까지의 거리와 방향을 산출하여 내게 통보하고, VCO는 포진지 높이와 목표물의 높낮이를 측정하여 내게 알려준다. 결국, HCO는 내게 거리와 방향을 VCO는 고저를 내게 알려주는 것이다. 나는 거리와 방향·고저를 그날의 기후, 풍향, 풍속, 그리고 적군의 숫자, 포진된 넓이 등을 감안하여 포탄의 종류·장약을 선택하고 편각과 사각을 전포대*에 사격 명령을 하달하는 것이다. 내가 전포대장에게 사격 명령을 통보하는 순서는 다음과 같다. 1. 전포대 사격 준비, 2. 장약( )호, 3. 사각, 4. 편각, 5. 발사순이다. 평상시엔 전포대장을 통해서 명령을 하달하는데 긴급 시엔 전포대반에 직접 하달하게 된다.

정확한 제원 전달을 위해 전포대 반장들은 내가 통보한 제원에 대해 복창을 하고 수신호를 통해 전달한다. 상황실과 전포대반엔 유선전화 상태를 수시로 점검하고 모든 명령은 대부분 유선전화를 통해 전달된다.

그러니 내가 계산한 사격 제원이 바로 실사격으로 사용되는 것이므로 나의 위치는 무척 중요하고 위험한 것이다. 실제 전쟁 중에 적으로부터 공격 대상 1호이며, 내가 잘못 계산하면 폭탄이 아군 진지나 민가로도 갈 수 있는 것이다. 이등병으로서 이 임무를 받을 때에는 이렇게 중요한 일인지도 모르고 계산만 잘하면 되는 줄 알았던 것이다. 한번은 전투력 측정 때 내

---

* 포병은 측지, 관측, 전포, 통신, 사격지휘 등 5개 분과로 운영됨.

계산 착오로 강원도 화천군 원천리의 소목장으로 포탄이 날아가 군단에서 피해를 물어주기도 하였다.

포다리와의 싸움

전포대원들을 일명 '포다리'라 부른다. 우리 상황실 요원들은 부대 내에서 엘리트 의식도 강했고 포다리들에겐 부러움의 대상이었다. 어느 날 전포대반장에게 상황실 박장근 일병이 얻어맞고 왔다.

그날 밤, 나는 포대 전원을 잠을 재우지 않았다. 당시 상황실에선 야간 긴급훈련을 시킬 수 있는 방법이 있었다. 군단 상황실의 협조를 받아 TOT(Time On Target, 동시탄착) 훈련을 하룻밤에 3번만 하면 한잠을 못 자는 것이다. 보통 10시부터 취침을 하고 6시에 기상을 하는데 중간에 2시간 보초를 서니까 하루에 6시간을 자는 셈이다. 잠이 막 들려고 하는 무렵인 밤 11시와 새벽 2시, 새벽 4시에 훈련을 시키면 거의 잠을 잘 수가 없다. 포대 3포 반장은 장기 하사로 나도 전에 많이 맞았는데 내가 맞을 때는 그냥 넘어갔지만, 그날은 그냥 넘어갈 수가 없었다. TOT란 타임 온 타겟의 약자로 포병들에겐 늘 하는 훈련이다. 같은 목표물을 향하여 같은 시간에 포탄이 떨어지도록 하는 훈련이다.

목표물에서 멀리 떨어진 포대에서 포탄 날아가는 시간이 3분 걸리고 TOT 시간이 밤 12시이면 11시 57분에 포를 쏴야 하고, 포탄 날이 가는 시간이 30초 거리의 포대에선 12시 30초전에 발사를 해야 하기 때문에 불시에 이 훈련을 자주 하는 것이다. 이 훈련은 적의 집결지에 전국에 있는 포대가 같은 시간에 포탄이 일시에 떨어지게 하는 훈련이다.

이 훈련은 상황실에서 내가 취침 중인 내무반에 전포대 TOT 하고 내무반 불침번에게 통보하면 불침번은 신속하게 취침 병사들을 깨워 포반으로 투입하는 것이다. 보병에서 5분 대기조 훈련이 가장 힘든 훈련이라면 포병에선 바로 TOT 훈련일 것이다.

포반에 도착한 포병들은 유선전화로 상황실에 포반의 이상 유무를 알린다. 하나포 이상무, 둘포 이상무, 삼포 이상무, 넷포 이상무 식으로 포대 현황을 보고한다.

그러나 전포대가 정해진 시간 안에 상황실에 이상 유무를 한 번에 보고하기는 쉽지가 않았다. 나는 5분 안에 취침하다 사격 준비 완료가 될 때까지 밤새 TOT 훈련을 시킬 명분이 있는 것이다. 상급부대 상황실 요원들은 전투력 측정 시 합숙훈련을 늘 같이 받기 때문에 나와는 친하며 협조도 잘되기 때문에 이런 훈련은 상급부대 명령을 통해 하는 것으로 얼마든지 할 수 있었던 것이다.

밤새 훈련으로 잠을 설친 전포대 반장들은 낮에는 계급과 힘으로 우리 상황실 요원들을 혼내고, 밤에는 TOT 훈련을 통해 보복을 당하는 것이다. 같은 상황이 반복적으로 낮과 밤을 거쳐 양측이 지칠 무렵에 어느날 전포대 반장들이 동해백주를 구해 갖고 와서 나에게 화해를 청하였다. 결국, 전포대와의 싸움에서 이긴 것이다.

  그 이후 상황실은 나를 중심으로 더욱 힘을 얻고 뭉치게 되었고 전포대원들은 상황실 요원들을 존중해 주었다.

마지막 전투력 측정

  병장 시절, 제대 말년이라 전투력 측정도 후임에게 인계를 하고 쉬고 있는데, 새로 바뀐 박 포대장이 내게 마지막으로 자신을 위해 전투력 측정에 참가해 달라는 것이다. 박 포대장은 3사 출신이었는데, 승진 대상이었던 박 포대장은 이번 전투력 측정 결과가 무척 중요했던 것이다. 나는 제대 말년이라 이번 전투력 측정엔 안 나가도 되지만 포대를 위해 마지막으로 참가했다. 첫날은 수정포 사격인데 관측병이 무전기를 통해 타겟 위치를 알려주면 내가 제원을 계산해서 삼포(기준포)에게 통보한다. 삼포가 한 발을 쏴서 떨어진 자리를 보고 관측병은 타겟에서 거리를 다시 내게 통보한다. 예를 들어 삼포가 쏜 포탄이 타겟에서 좌측으로 100m 빗나갔고 앞으로 200m가 더 나갔으면, 관측병은 이를 내게 통보하고 나는 우측으로 100m, 뒤로 200m를 수정한 제원을 삼포에게 다시 통보하여 사격 명령을 하달한다. 삼포는 다시 한 발을 쏘고 관측병은 포탄의 위치를 파악하고 타겟에 명중될 때까지 계속 삼포를 통해 수정포를 쏜다. 삼포가 쏜 포탄이 타겟에 명중되었다고 관측병이 내게 알려오면 나는 전포대에게 명중된 제원을 통보하고 사격 명령을 내린다. 첫날 시행된 수정포 사격은 군단 포대 중 가장 짧은 시간에 타겟에 명중시켜서 출발이 아주 좋았다. 일주일 동안 여러 종목의 포 사격을 하는데 마지막 날까지 군단 포대 중 단연 1위였다.

마지막 사격은 미리 정해진 타겟에 기준포가 수정 없이 전포대가 한 번에 사격하는 것이다. 그런데 관측장교가 우리 포대 타겟좌표를 실수하여 옆 타겟의 좌표를 통보하는 바람에 전투력 측정 성적은 군단 내 2등으로 끝났다. 하지만 나는 계산병 부문 최고의 성적을 냈다. 박 포대장은 마지막 사격 실수가 관측장교의 실수인데 관측장교가 내 핑계를 대는 바람에 상황 파악도 하지 않고 삽자루로 나를 내리쳐 제대 말년에 봉사하고도 의무실에 입원을 해야 했다.

1982년 8월, 제대가 얼마 남지 않은 때 신병이 훈련 도중 화천군 원천리 강에서 숨졌다. 군 규칙상 유가족이 올 때까지 죽은 장소 근처에 시신을 안치하고 4명이 돌아가며 보초를 섰는데, 제대 서열 4위 단에 내가 포함되어 야전에서 시체를 지키는 보초를 이틀 밤 동안 서기도 했다. 부모가 도착해서 내 멱살을 잡고 살려내라 하며 흔들어댈 때는 참으로 곤란했었다.

마지막 보초

마지막 추석을 군에서 보내면서 후임병들을 쉬게 하고 밤새 초를 대신 섰다.

내가 근무한 곳은 강원도 철원군에 있는 대성산이었다. 우리나라에서 가장 추운 곳으로 유명했고 민간인 출입금지 지역인

민통선 안에 있는 곳이었다. 대성산을 한 바퀴 돌면 제대를 하게 된다. 입대 첫해는 대성산 꼭대기에서, 둘째 해는 육단리에서, 마지막 해는 말죽거리에서 근무했다.

육단리 근무 시절엔 포대 내에 삼청교육대가 운영되었다. 사회에서 잡아온 죄수들이라고 하여 매일같이 노동을 시키고 힘든 생활을 시켰는데, 그 당시엔 죄수들인 줄만 알았던 사람 중엔 억울하게 들어온 가슴 아픈 사연들을 나중에야 알았다.

추석 밤이라 둥근 달이 떠서 보초 서기도 좋았다. 나로 인해 다른 동료 병사들이 편하게 잠을 잘 수 있다고 생각하니 기분이 좋았다. 바로 앞에 보이는 산은 북한군이 있는 오성산이다. 날마다 마주하고 3년 내내 대남 방송을 들었다. 이제 얼마 안 있으면 이곳을 다시 오고 싶어도 오지 못한다. 아버지 고향이 강원도 철원군 김화읍으로 이곳에서 아주 가까운 거리에 있는 것이다. 저 가까운 곳에 아버지 형제와 어머니 형제가 살고 있고, 그분들의 자녀는 혹시 눈앞에 있는 오성산에서 나를 바라보며 보초를 서고 있는 건 아닐까 생각하니 분단된 조국의 현실에 가슴이 아팠다.

지금 우리는 친척과 형제를 향해 서로 총을 겨누고 있는 것이다. 내가 3년 동안 계산해서 전포대에 제원을 하달하면 기계처럼 누가 포탄을 맞을지 생각도 하지 않은 채 사격을 하는 것이다.

내가 입대하기 전 박정희 대통령이 중정부장의 피격으로 서거하고, 12·12 군사 쿠데타와 광주민주화운동이 있었다. 나의 군 복무 기간은 근래 들어 가장 긴 34개월이었다. 어려운 시절이지만 나는 군대 생활을 크게 힘들지 않고 비교적 잘 적응한 것 같았다.

내가 첫 휴가를 나갔을 때 습관이 되어서 포병 숫자로 말하면 사회에선 사람들이 많이 웃었다. 포병들은 숫자를 셀 때 하나·둘·삼·넷·오·여섯·칠·팔·아홉·공으로 한다. 모든 걸 숫자로 통보하기 때문에 정확한 전달을 위해 그렇게 한 것 같다. 그리고 포대는 알파 포대·브라보 포대·차리 포대·델타 포대 등 알파벳을 별도의 경칭으로 정하여 사용한다.

군대를 제대하고

나는 1982년 육군 병장으로 제대하고 대우자동차에 입사하였다. 서울역 앞 대우빌딩 12층의 판매금융부에서 낮에는 일하고 밤에는 동국대에서 공부했다.

1984년 교보생명으로 자리를 옮기면서 학교를 그만두고 본격적으로 회사 일에 전념하여 32세에 영업국장으로 승진하였다. 그때부터 최단기간 차장 승진과 함께 최연소 국장으로 보험업계의 살아 있는 귀재로 알려지기 시작했다.

대신생명과 금호생명을 거쳐 1997년 미래보험테크라는 보험 판매 전문 법인을 만들어 역대 가장 큰 규모의 판매 법인의 판매 신화를 이어갔다.

보험업계의 살아 있는 귀재 김경성 사장에 대한 기사

포천축구센터 이사장에 취임하다

2002년 한일월드컵의 열기가 한창인 6월 13일 지방선거에서 손학규 후보가 경기도지사로 당선되었다.

나는 2002년 월드컵 한나라당 홍보단 단장을 맡았다. 전직 축구 국가대표, 올림픽 메달리스트, 연예인, 생활축구인 등으로 전국망의 축구 홍보단을 창단하였다. 1999년 9월부터 2002년 6월 월드컵 때까지 홍보단을 운영했었는데, 경기도 지역은 특히 더 많은 축구 홍보단이 창단되었다. 경기도 지역에서 홍보단을 창단할 때마다 손학규 후보가 와서 홍보단과 교류하였다.

그 후 손학규 후보가 경기도지사로 당선되었고, 그 인연을 계기로 고향 선배인 김희태 명지대 축구 감독과 함께 '사단법인 포천축구센터'를 포천시 일동면에 설립하고, 나는 이사장으로 선임되었다. 김희태 감독은 박지성, 안정환 등 수많은 스타 선수를 배출하는 등 오로지 축구 지도자로서 외길 인생을 걸어온 훌륭한 감독이었다.

안정환 선수 부부, 김희태 감독 부부와 함께

2002년 한일월드컵이 끝난 직후인 7월 7일 포천실내체육관에서 사단법인 포천축구센터 이사장 취임식을 가졌다.

포천시장 및 포천 지역의 귀빈들과 축구계의 유명 인사들이 참석하여 축하해 주었다. 차범근, 허정무, 김주성, 안정환, 박지성 등 대한민국 축구를 대표하는 역대 스타들이 모두 모인 자리가 되었다.

포천축구센터 이사장 취임식을 축하해준 분들
허정무, 안정환 박지성, 김희태, 김주성, 차범근, 김흥국(좌로부터)

박지성 선수에게 명예코치를 수여하는 김경성 이사장

취임식 장소인 포천실내체육관의 수용 인원은 5,000명 정도인데 1만 명 이상의 축하객이 몰려와 취임식 행사장에 들어오지 못한 인원이 3,000명이 넘었다.

취임식 행사 관중

취임식 때 엄청난 환영 인파는 2002 한일월드컵의 4강 신화의 열기와 그 주역인 안정환, 박지성의 포천축구센터 명예코치

수여식 때문이었을 것이다.

　나는 취임식에서 나의 고향 포천에 축구센터를 창단한 것은 어릴 때 축구 재능을 갖고 있으면서 가난 때문에 꿈을 이루지 못한 나의 절친한 친구인 황삼웅과의 약속을 지키고, 축구로써 고향을 위해 봉사하고 축구 꿈나무를 육성하여 월드컵 4강 신화를 이어가는데 조금이라도 이바지하겠다고 포부를 밝혔다.

　취임식이 끝나고 안정환, 박지성 선수는 수많은 사람에 둘러싸여 계획에 없던 팬 사인회를 해야 했다.

　취임식 소식을 듣고 혹시 올지도 모르리라 기대를 했던 어릴 적 약속의 친구 황삼웅은 오지 않았다. 어디에 사는지, 아직 군에 있는지 소식이 끊긴 지 오래되어 연락이 닿지 않았다.

　취임식이 끝나고 전국에서 초등학교 졸업반 축구 꿈나무 50명을 선발했다. 포천종합운동장에서 거행된 선발식에 전국에서 300여 명의 축구 꿈나무들이 모였는데, 심사위원장은 나와 친구 사이인 SBS 해설위원 강신우 위원이 맡아서 50명을 선발해 주었다.

　선수들은 모두 일동초등학교로 전학하고 나의 모교인 일동중·고로 진학을 하는 체계를 갖추게 되었다. 이제 포천축구센터와 함께 나의 모교인 일동중·고는 머지않아 축구 명문학교가 될 것을 생각하니 가슴이 설레었다.

　이후 전국 규모의 미래보험테크 주식회사를 각 지점장들에게 모두 물려주고, 나는 2003년 지금의 운남성 홍타 스포츠센터를 운영하기 위해 중국으로 건너갔다.

포천축구센터 김경성 이사장 인터뷰 기사

중국 인사들과의 인연

 포천축구센터를 설립하고 오랜 시간을 떠나 있다가 10년 만에 고향에서 큰 행사를 개최하게 되었다.
 나는 재경 포천시민회 사무총장을 맡았다. 부산지방경찰청장 출신이며 나와 의형제로 오랜 인연을 맺어온 이병곤 전 청장이 재경 포천시민회 회장을 맡으면서 2년 임기 동안 고향을 위해 봉사하기로 하였다.
 이병곤 회장은 강원지방경찰청장을 역임한 뒤 경찰청 교통경비국장을 거쳐 부산지방경찰청장으로 정년 퇴임을 했는데, 육군 헌병대를 거쳐 경찰 간부로 전임하여 유일하게 별을 따낸 특별한 이력을 가진 분이었다.
 강원경찰청장으로 재임 시 중국 길림성 공안청과 자매결연을 맺었는데, 이병곤 청장이 길림성 공안청장 초청으로 길림성 공안청을 방문할 때 내가 수행한 인연으로 나는 길림성 공안청장과 의형제를 맺기도 하였다.

이병곤 회장은 1944년 중국 흑룡강성 목단강에서 태어났으며, 이듬해인 1945년 해방을 맞이하여 경기도 포천으로 와서 정착하여 나의 고향 선배가 되었다.

　길림성 공안청 진점욱 청장도 흑룡강성 목단강에서 1946년에 태어난 분으로 이병곤 청장이 고향 선배이다. 따라서 이병곤 청장이 큰형이 되었고 길림성 진점욱 공안청장이 둘째, 내가 막내가 되었다.

진점욱 길림성 공안청장이 이병곤 청장 일행을 안내하는 신문기사

　당시 길림성 공안청 부청장이었던 포생린은 현재 길림성에서 최고 권력의 자리에 있다. 진점욱 길림성 공안청장은 유장청 외사처장을 내게 소개해 주었고, 유장청 외사처장은 나보다 다섯 살이 많았지만, 서로 친구로 사귀었다. 길림성 공안청간부들과 술자리가 많았다.

　그들은 내가 곯아 떨어져 나가길 바라며 52도 백주를 수없이 권했지만 위생실에 가서 토하고 물을 마시고 하면서 그들이 권한 술을 이겨냈다. 그 많은 독주를 마시고도 끄떡도 하지 않는 나를 보며 그들은 무척 놀란 것 같았다. 더구나 마지막엔 내가 500cc 맥주잔에 맥주를 가득 채우고 백주를 탄 폭탄주를 내가 먼저 들이킨 다음 같은 방식으로 만든 폭탄주를 그들에게 권하자 모두들 그 술을 마신 후 거의 사망 직전까지 갔다.

그 후 길림성 공안청 간부들은 내가 갈 때마다 술의 달인들만 선별하여 나의 접대를 맡기는 것 같았다. 당시 유장청 외사처장은 내가 전설이라고 추켜세워주었다.

중국 33 성급 단위 공안 외사처장을 모두 만나다

어느 날 대한민국 경찰청 외사과에서 전화가 왔다. 중국의 공안청 유연풍 국장과 33개 성급 단위의 외사처장이 한국 경찰청을 방문했는데 모두 나를 보고 싶어 한다는 것이다. 길림성의 유장청 외사처장이 한국행 비행기 안에서 길림성에서 나와 함께 했던 일화를 소개하자 다른 외사처장들도 나를 보고 싶어 했다는 것이다.

나는 이병곤 청장과 함께 63빌딩에 있는 백리향이라는 중식당에서 중국 33개 성급 외사처장을 접대했다.

중국은 23개 성, 4개 직할시(상하이, 베이징, 톈진, 충칭), 6개 자치주가 있어 33개 성급 단위로 형성되어 있다. 33개 성급 단위의 외사처장을 한 번에 접대하고 한 번에 사귈 수 있는 것은 대단히 좋은 기회였다.

백리향에서 점심을 접대했는데 그들에게 술을 얼마나 권했던지 그 뒤 그들이 중국에 가기 전까지 음식을 제대로 먹지 못했다고 한다.

워커힐호텔에 묵고 있던 그들의 숙소를 찾아갔을 때 그들은 내게 차를 마시자며 술을 피했다. 하여간 나는 중국 공안들과의 술 싸움에서 대승을 거둔 것이고 그것이 인연이 되어서 중국에 진출하게 되었다.

경찰청 외사과에서는 내가 중국을 방문할 때 지역 공안청 외사처장에게 공문을 보내주었고 해당 지역 공안청에서는 나에게 극진한 대접을 하였다.

중국은 2002년 한·일월드컵 본선에 사상 처음으로 진출하여 나는 중국에서 온 손님맞이에 바쁘게 보내야 했다. 함께 경기 관람도 하고, 식사도 하였다. 그들은 조건 없이 우정으로 맞이해준 나에게 두고두고 고마움을 전했다.

2002년 한·일월드컵 중국·터키전 응원 사진

홍타 스포츠센터를 운영하다

 2002년 한·일월드컵이 끝난 직후 사단법인 포천축구센터 이사장으로 취임하면서 중국 스포츠센터를 운영하게 된 계기를 마련하게 되었다. 포천축구센터 축구선수들이 겨울에도 따뜻한 중국 운남성으로 동계전지훈련을 보내달라는 요청을 하여 나는 운남성 쿤밍의 훈련기지로 답사를 갔다.

 경찰청 외사과에 의뢰하여 운남성 공안청 외사처에 보내는 협조문을 부탁했는데, 전에 한국에서 만났던 외사처장이 다른 사람으로 바뀌어 있었다. 양애동 신임 외사처장은 내가 쿤밍을 방문하자 여러 곳에서 나에 관한 이야기를 들은 터라 운남성 정부 사람들과 함께 나를 칙사 이상으로 대접해 주었다.

 쿤밍에서 홍타 스포츠센터를 견학했는데 그렇게 크고 좋은 시설을 본 것은 처음이었다. 그런데 홍타 스포츠센터는 당시 문을 닫고 있었다.

 홍타그룹은 중국의 담배회사인데 우리나라로 말하면 담배인삼공사에 해당하는 엄청나게 큰 국영기업이다. 홍타그룹은 20

사계절 훈련이 가능한 기후와 해발 1,890m의 고산 지대로 천혜의 지형 조건을 갖춘 중국 쿤밍의 홍탑 체육중심은 국제 규격의 축구장 6면을 장기간 독점적으로 확보하여 최적의 훈련 시설을 마련하였으며, 최상의 실력을 갖춘 한국과 브라질의 코칭 스텝 진으로 축구 기술을 전수할 예정이다.
〈홍타 스포츠센터의 시설〉
축구장 11면, 테니스코트 11면, 농구센터 야구장, 헬스장, 국제 규격의 수영장, 호텔(lake view), 회의실 및 식당, 기타부대시설(당구장, 탁구장, 볼링장 등).

만 평 규모의 스포츠 시설을 갖추어 놓고 홍타 프로축구단을 운영하였다. 중국 최고의 프로축구단이었는데 구단주가 도박에 연루되어 프로축구단을 해체하고 잠시 스포츠센터를 운영하지 않고 있었다. 운남성에서는 나에게 홍타 스포츠센터를 운영해 보라고 권했다. 결국, 중국 공안과의 인연이 내가 홍타 스포츠센터를 임대하여 운영하는 계기가 되었다.

당시 나는 서울 마포구 신촌에서 가장 큰 건물을 신축하고 있었고 예상 수익이 250억 원 정도를 바라보고 있었다. 내가

좌) 스페인의 명문 구단 '레알마드리드 프로축구단'이 훙타 스포츠센터를 방문하여 공개 훈련을 하고 있다.
우) 필자의 훙타 스포츠센터 인수 관련 보도 내용

훙타 스포츠센터의 운영권을 갖게 되자 중국의 모든 언론은 대서특필하여 보도하였다.

내가 훙타 스포츠센터를 운영하게 된 계기는 사람과의 관계 속에서 자연스럽게 다가왔던 것이다. 결국 북한과의 만남도 훙타 스포츠센터를 운영하면서 인연이 되었다.

훙타 스포츠센터로 스페인의 명문 프로축구단 레알 마드리드가 2003년 아시아 투어를 왔다. 당시 레알 마드리드에는 루이스 피구, 지내딘 지단, 베컴, 호나우두, 카를루스 등 당대 최고의 선수들이 있었다. 훙타 스포츠센터 4호 국제경기장에서 공개 훈련을 하고 난 후 베컴은 '이탈리아에 있는 AC밀란 경기장 이후 최고의 시설'이라고 극찬을 하였다.

2004년 아테네올림픽 예선전에서 이란 원정 경기를 앞두고 있던 김호곤 감독이 이끄는 대한민국 올림픽대표팀이 홍타 스포츠센터로 전지훈련을 왔다. 나는 김진국 단장에게 연습 파트너로 러시아 프로팀을 주선해 주었다. 홍타 스포츠센터에서 전지훈련을 한 대한민국 올림픽축구팀은 이란 원정 경기에서 사상 최초로 승리하였다.

북한 선수단과의 첫 만남

나는 중국 운남성 축구협회 명예주석으로 임명되어 운남성 축구협회와의 협력을 강화하였다. 그리고 이것이 인연이 되어 북한 2006년 독일월드컵 대표팀의 전지훈련을 지원하게 되었다.

중국 운남성 축구협회 명예주석인 내가 북한 월드컵 대표팀의 전지훈련을 지원하겠다고 제안하자 북한 축구대표팀 관계자는 내가 중국 사람으로 알고 내 제안을 선뜻 받아들였던 것이다. 나중에 그들은 내가 한국 사람인 것을 알았지만, 나의 순수한 지원에 감동하였고 나와의 인연이 시작되었다.

결국, 이병곤 회장과의 인연이 오늘날 내가 대북사업을 하게 된 계기가 되었다. 이병곤 회장이 내게 재경 포천시민회 사무총장직을 제안할 때 거부할 수 없던 이유가 바로 이런 것들이다.

재경 포천시민회 사무총장으로서 고향을 위해 할 수 있는 일을 생각하다 남·북 축구를 포천에서 유치하기로 했다. 하지만 남·북 관계는 개선될 기미가 보이지 않아 남·북 축구 대신 사상 최대 규모의 전국 직장인 축구대회를 치르기로 하였다. 포천시 서장원 시장과 계약을 체결하고 대회를 개최하였다.

전국 직장인 축구대회 개막식

고향 포천에서 최대 규모의 축구대회 개최

2011년 9월 24~26일 포천종합운동장 및 관내 10개 운동장에서 동시에 개막식을 진행하였다. 전국에서 130개 직장인 축구팀이 참가하여 사상 최대 규모의 대회 기록을 세웠으며 외국인 근로자, 연예인 축구단, 전 국가대표 선수팀 등이 특별 초청되어 경기하였다. 한라부에선 안성시설관리공단이 우승했고 금강부에선 포항시청이 우승했다.

나는 대회 준비위원장으로 대회를 총괄하였다. 남·북 관계가 좋았다면 우승팀은 북한 직장인 팀과의 축구경기를 추진할 수 있었는데 다음으로 기회를 미룰 수밖에 없어 아쉬웠다.

대회를 준비하는 기간 동안 협회 직원들은 그야말로 밤을 지새운 적이 한두 번이 아니었다. 협회 직원들은 이제 어떤 일이든 다 해낼 수 있는 능력과 자신감을 갖게 되었을 것이다. 이경남, 이선임은 사무총장 이상의 역할과 책임감으로 대회를 준비하고 진행하였다.

대회에 참관한 심판과 경기 진행 감독관도 사상 최대로 동원되었다. 경기 진행도 매끄러의 직장인 축구대회에서 흔히 볼 수 있는 싸움 같은 사소한 분정 없이 잘 끝났다. 고향 어르신들의 많은 협조와 배려 또한 많은 도움이 되었다.

나는 고향인 포천에서 대회를 치른 덕분에 오랫동안 가보지 못했던 모교인 운담초등학교, 일동중학교, 일동고등학교를 방문하게 되어 감회가 사로웠다. 일동중학교 운동장은 대회를 치르는 장소로 지정되어 나는 디회준비 위원장으로서 모교를 방문하였다.

제3장
우리의 만남은 꽃처럼 피어나리라
- 남북 교류 그 험난한 길을 들어서다

북한 선수단과의 첫 만남

2006 독일월드컵 북한 대표팀과 만나다

2005년 5월, 홍타 스포츠센터 인근 지역에 독일월드컵에 참가하는 북한 대표팀이 전지훈련을 왔다. 윤정수 감독이 인솔하는 북한 대표팀은 이란과의 예선 원정 경기를 앞두고 고원적응 훈련이 절대적으로 필요한 시기였다. 해발 1,900m에 위치한 홍타 스포츠센터를 운영하고 있던 나는 앞서 말한 것처럼 북한 대표단에 전지훈련의 지원을 제안했고, 그들과의 인연은 그때 시작되었다.

독일월드컵 예선전에서 북한과 같은 조에 편성된 일본 대표팀은 북한의 전력을 탐색하기 위해 북한의 훈련 장면을 몰래 촬영하다가 북한 대표팀과 마찰을 빚기도 하였다. 북한 대표팀은 내게 방송카메라에 대해 철저한 통제를 요청하였고 나는 보안요원을 시켜 훈련을 비공개로 진행했다. 그러나 SBS 신중섭 스포츠 국장의 요청을 묵과할 수 없던 나는 기삿거리를 제공하였다. SBS는 연일 8시 톱뉴스로 북한 대표팀의 훈련 장면을

북한 축구대표팀 훈련 상황 보도 화면(SBS)

보도하였다. 그 당시에 북한 대표팀을 보도한 건 SBS가 처음이라 그만큼 뉴스의 가치가 있었던 것이다.

　내게 전지훈련을 지원받은 북한 대표팀 선수단은 조선인민군 창설 기념일인 4월 25일을 상징하는 4·25 체육단 소속이었다. 북한 군대를 4·25 군대라 하고, 4·25 체육단은 군 체육단을 말하며 북한 체육을 통제하는 최상급 부서이다.

　북한 대표팀은 같은 조에 편성된 이란·일본·바레인과의 경기에서 좋은 성적을 거두지 못해 독일월드컵 최종 예선에서 탈락하게 되었다. 나는 태국에서 일본과의 경기에서 패하고 독일월드컵 최종 예선 탈락이 확정된 북한 대표팀 단장에게 내가 본 북한 대표팀의 문제점을 제시했다. 북한 대표팀은 짧은 패스와 스피드, 정신력은 부족하지 않은데 어릴 때부터 국제경기 경험이 부족하여 경기력이 문제이니 이 부분을 보충하면 2010 남아공월드컵 본선 진출은 충분히 가능할 것이라고 말해 주었다. 또한, 어린 남녀 선수부터 성인 선수까지 내가 운영하는 홍타스포츠센터에서 훈련을 지원하겠다는 제안을 했다.

영원한 파트너 강경수와의 첫 만남

4·25 체육단이 중국 톈진 탁구팀과의 교류를 목적으로 톈진에 왔을 때 당시 단장이던 강경수와 처음 만나게 되었다. 쿤밍에 있는 홍타 스포츠센터의 직원들과 북한 4·25 체육단은 늘 통화를 주고받기 대문에 북한 대표팀과의 연락은 언제든지 이뤄졌다. 강경수 단장은 베이징에 있는 북한대사관 구관과 동행하였는데, 우린 처음 만나서 2시간 동안 두슨 말을 해야 할지 서로 눈치를 보느라 침묵으로 서로의 잔에 술만 부어주며 시간을 흘려보냈다. 첫 만남이 그렇게 끝나고 다음날 다시 만나서 체육 교류에 대해 전반적인 것을 협의하고 끝까지 같이 갈 것을 약속하며 헤어졌다.

그 후, 4·25 체육단 소속 선수들은 자연스럽게 쿤밍에 있는 홍타 스포츠센터를 편안하게 이용하였고 나는 최대한 편의를 제공하였다. 그렇게 4·25 체육단 그리고 나의 벗 강경수와의 인연이 시작되었다.

첫번째 시련 – 북한의 핵실험

2006년 10월 9일 12시

국회의사당 도서관 건너편 파라곤 빌딩의 내 사무실은 순간 초상집이 되었다. YTN 뉴스에서 긴급으로 북한의 핵실험 상황을 계속하여 반복 보도하고 있었다.

아……!
눈앞이 캄캄하다.
정신이 아찔하다.
이제 온 세계가 대북 제재를 강화하고 모든 대북사업을 중단시킬 텐데……!
나는, 어떡해야 할까!

나는 3개월 전부터 중국 쿤밍에 있는 홍타 스포츠센터에서 13세 이하 유소년축구단 남북 단일팀 구성을 위한 훈련을 시키고 있었다. 이제 훈련을 마무리하고 6일 후, 10월 15일부터

7일간 태국 방콕에서 킹스컵 국제청소년축구대회가 시작된다. 역사적 처음으로 민간 단체인 나의 노력으로 남북 단일팀이 구성되어 성과를 내게 되면, 축구를 통해 남과 북이 화해와 협력하는 계기를 만들어 다가오는 올림픽에서 단일팀 구성의 밑거름이 될 기회를 제공할 수 있을 것이다.

지난 7월 4일, 북한은 미사일 발사 실험으로 많은 제재를 받는 상태에서 이번 핵실험은 국제적으로 큰 문제가 될 것이 뻔한 일이었다. 나는 태국 킹스컵 국제청소년축구대회에 남북 단일팀을 참가시키기 위해 노력하고 있었다. 당시 야당이었던 한나라당의 반대를 무릅쓰고 지원을 했던 통일부의 지원금과 내 개인 대여금, 그리고 기업펀드 등 10억 원 정도의 예산으로 남·북한 합동 훈련비와 대회 참가비를 준비하여 진행하고 있었다.

북한의 핵실험 상황에서 이젠 모든 지원금은 반환해야 할 것이다. 모든 것은 이제 나 혼자 결정해야 할 것이다. 지난 7월 25일, 통일부 산하에 남북체육교류협회를 사단법인으로 등록했고, M 의원을 초대 회장으로 영입하여 남북 단일팀 훈련 현장을 방문하는 등 이 사업의 관심을 끌어올렸다. 주변을 설득하고 발버둥을 치며 대회를 치르려고 모든 걸 집중하였다.

삼일이 지났다. 통일부에서 이 사업의 중단과 함께 지원금 반환 통보가 왔고 지급받기로 했던 펀드는 취소되었다. 그동안 빌렸던 은행과 개인들도 한꺼번에 상환 독촉이 왔다.

김서진 사무총장, 이승환 민화협 정책실장 등이 호프집에서 나를 불러 대회 참가 포기를 권했다. 사무실 직원에게 전화가 왔다. 내용증명으로 회장 사임서가 도착했다고 하였다. 나는 아무 말 않고 술을 마시고 김서진, 이승환과 헤어졌다.

한강 다리를 건너다 중간에 차를 세웠다. 내일이면 직원들도 모두 그만둔다. 1997년 9월에 내가 설립한 법인 미래아이엔티란 회사도 10년을 채우지 못하고 문을 닫는다.

한강 다리에서 강화 쪽으로 해가 지고 있다. 아주 큰 태양이 내려앉고 있다. 석양이 질 무렵의 아름다운 노을은 슬픔 그 자체인 것 같다. 지금부터 나는 어떻게 대처해야 하나! 북한의 핵실험으로 북을 지원하며 남·북 협력사업을 키우려 했던 계획은 모든 사람으로부터 외면과 비판을 받고 있으며, 당장 반환해야 할 각종 지원금 등은 나 혼자서 감당할 수 없는 일들이다.

지는 태양과 함께 한강으로 뛰어들고 싶었다. 순간 어머니, 아내와 가족들이 떠오른다. 큰형이 죽고 작은형은 몇 년째 지병으로 움직이지도 못해서 내가 장남 역할을 하고 있었기에 내가 죽으면 내 가족은 너무도 불행해진다.

지금 죽음이란 내게 가장 편한 선택이지만 나는 비겁하게 자살에 의존하진 않겠다.

남북 단일팀 포기는 없다

다음 날 아침, 눈을 뜨고 싶지 않았지만 또다시 하루는 시작되었다. 미래아인엔티 회사를 폐업하자 직원들은 우선 급여부터 지급해 달라고 아우성이다. 당연하다.

나는 지인들을 통해 사채 등 최대한 자금을 동원해 쿤밍으로 갔다. 합동훈련을 했던 70명의 남·북한 선수 중 25명을 선발하여 태국 방콕으로 출발시켰다. 나 혼자라도 남북 단일팀을 구성해 대회에 참가시키리라!

그러나 현실은 만만치 않았다. 당시 태국은 군사 쿠데타를 통해 군부에 의해 국정이 운영되고 있었고 탈북자 문제와 국제사회의 눈치를 보고 있었던 태국 정부가 북한 선수단의 입국을 금지했다.

나는 방콕에 있는 북한대사와 함께 북한 선수단 입국을 위해 노력했지만, 결국 북한 선수단은 입국하지 못하고 남한 선수단만 대회에 참가하여 참가 선수단 중 꼴찌를 하였다. 남·북한 합동훈련을 하였기에 북한 선수단이 없는 상황에서 당연한 결과였다. 나 혼자서라도 남북 단일팀을 참가시키려고 노력했던 마음은 결국 북한의 핵실험과 주변 국가들의 국정 변화로 내 삶을 지켜주던 회사의 부도와 함께 좌절되었다.

북한 축구단 우승!

하지만 내가 훈련을 지원했던 북한의 20세 이하 여자 청소년 선수단은 러시아 여자청소년월드컵 결승전에서 중국을 5대0으로 이기고 우승하였고, 남자는 아시아 19세 이하 청소년축구 대회에서 우승하였다. 북한 여자청소년월드컵 우승은 FIFA 공식 대회에서 우승한 아시아 최초의 성과였다. 이러한 성과에 대해 당시 평양에선 나에게 큰 고마움을 갖고 있었다.

회사 부도의 후유증은 심각했다. 각종 대출 원리금 상환을 하지 못해 내 명의로 된 부동산이 하나씩 경매로 넘어갔다. 어머니가 살고 계시던 집 또한 내 명의였던 터라 경매 처리가 불가피했다.

어머니는 놀라 병원에 입원하였으며 아내는 불안감에 휩싸여 불면증 환자가 되었다. 아들도 정서불안 증세가 있었다. 온 가족이 나로 인해 사는 게 말이 아니다.

신이시여……!

나에게만 고통을 준다면 감사하겠습니다.

나 혼자만의 고통은 견딜 수 있었다. 그러나 주변의 상황에 감당하기 어려운 시간을 보내야 했다. 나는 어찌해야 할까!

온 가족의 평양 초청·방문

평양에서 초청장이 왔다. 어머니, 아내, 아들, 누나, 조카 등 내 가족 모두에게 초청장이 왔다. 통일부에서는 방북 승인을 해주었다. 건국 이래 처음으로 대북사업을 하는 사람의 가족 모두를 방북 승인한 첫 사례이다.

당시 통일부 장관은 얼마 후 당시 야당이었던 한나라당의 사퇴 압력에 결국 장관직을 물러나야 했다. 평양에선 4·25 체육위원회 리종무 위원장이 김정일 국방위원장 명의로 환영하며 격려를 해주었다. 어머니와 아내도 북한에서의 환영과 격려로 많은 위로를 받은 것 같았다. 당시 여섯 살이던 아들 성훈이는 어린 나이에 소중한 경험을 했으리라!

김정일 위원장은 "축구로 전 세계에 민족의 우수성을 알리게 하는 데 큰 역할을 해준 김경성 교장 선생의 노력은 성심으로 민족의 체육 발전에 기여한 것"이라고 격려해 주었다.

또한, 나에게 여러 권한을 부여해 주었다. 북한 선수단 전지훈련 및 대회 참가, 선수 외국 진출 등 북한 선수단을 활용한 스포츠 마케팅 사업을 할 수 있게 해준 것이다. 내가 재기할 기회가 생긴 것이다.

집으로 돌아온 식구들은 대북사업으로 전 재산이 사라져 생활에 어려움은 있었지만, 평양에서의 위로와 앞날의 사업에 대한 기대로 안정을 찾으려 애쓰는 것 같았다. 이제 내가 다시 일어나서 성과를 내면 된다. 그러나 현실은 북한의 핵실험으로 중국을 포함한 전 세계가 대북제재를 하여 대북사업은 험난한 길을 걸어야 했고 막연했다.

통일부의 담당 사무관을 찾아갔다. 남북관계 악화로 민간 사업자만 피해를 받는 현실을 의논하였다. 김 사무관은 현실에서 날 도울 방법은 북한 대표선수들을 한국에 전지훈련을 데리고 오는 일밖에 없다고 하였다.

북한 축구대표팀이 남한에 오면 남북관계의 화해 분위기에 도움을 주기 때문에 내 사업이 많은 지원을 받을 수 있을 것이라고 했다.

하지만 북한은 핵실험을 했고, 남한은 북한 제재를 하면서 쌀과 비료 등 모든 지원을 중단하여 관계가 최악인데, 이런 상황에서 어떻게 북한 선수단을 남한으로 전지훈련을 데려온단 말인가! 그것도 국제대회 참가 형식도 아닌 전지훈련 목적으로 남한에 데려올 수가 있는 명분이 있을까?

 평양으로 전화했다. 남한에서 직접 할 수 없으니 중국 직원을 통해 간접적으로 거의 매일 통화하다시피 하였다.

새로운 희망, 새로운 출발
– 북한 선수단 사상 최초 한국 방문

핵실험 이후 평양에서 첫 번째 남북 축구

남한의 15세 축구선수단을 데리고 평양을 방문하겠으나 초청장을 보내달라고 하였다. 북한은 초청장을 보내 주었다.

나는 통일부 승인을 받아 쿤밍 축구학교의 남한 선수단을 데리고 방북하였다. 평양에선 또다시 나를 크게 환영하였다. 당시 평양에선 군 장교들만 들어갈 수 있는 문수대초대소에 우리를 초대하였다.

평양 김일성 종합경기장, 경평 축구의 평양 경기장으로 사용되었다.

핵실험 때문에 국제사회로부터 제재를 받는 평양의 어려움을 피부로 느낄 수 있었다. 2006년 11월 10일, 평양에선 공동 김장을 하고 있었다. 리종무 위원장, 박정훈 단장, 강경수, 최명일, 리철남 등이 매일 저녁 조촐한 안주로 술을 대접하였다. 그중 김치가 제일 좋았다. 김장한 지 얼마 되지 않은 김치라 고향의 맛을 느끼게 했기 때문이었다.

11월 15일, 평양에서 3번째 친선경기를 가졌다. 경기는 김일성종합경기장에서 거행되었다. 김일성종합경기장을 찾은 관중 중에 나를 모르는 사람은 거의 없었다. 나는 평양에서 이름난 인사가 되어 있었다. 남한으로 돌아가기 하루 전, 송별식에서 리종무 위원장에게 북한 축구대표단을 남한으로 전지훈련을 보내달라고 요청하였다. 리종무 위원장은 그건 본인의 힘으로 할 수 없는 것이니 국방위원장에게 직접 편지를 쓰라고 알려주었다. 나는 김정일 국방위원장에게 편지를 썼다. 남한으로 축구선수단을 전지훈련 보내달라는 내용으로……!

북한 청소년축구단의 방남 추진

평양에서 서울로 돌아온 나는 북한 축구대표팀의 게임 매치, 선수들의 외국 진출 등을 추진할 스포츠 마케팅 회사 설립 준비를 서둘렀다. 통일부에선 북한 축구대표 팀이 남한으로 전지훈련을 올 수 있을 것인가에 대해 큰 관심을 보이며 내게 성과를 요청했다.

나는 또다시 평양 방문을 추진하였다. 심각한 자금난에 있던 나는 당시 유일하게 남아 있던 직원에게 회비를 보관시키고 방북 추진 업무를 보게 했다. 그러나 그 직원은 돈을 받은 다음 날부터 출근하지 않았고 전화도 받지 않았다. 돈은 밀린 월급으로 처리해 달라는 문자를 끝으로……!

2006년 12월 14일, 모레면 방북 회비를 납입한 4명과 함께 평양 방문을 해야 하는 데 돈이 없어 대사를 그르칠지도 모르는 상황이 되었다. 하늘에서는 금방이라도 눈이 쏟아질 것 같은 날씨였다. 울고 싶었다. 서교호텔 후문에서 복집을 하는 후배를 찾아가 폭탄주로 몇 병을 마셨으나 취하질 않았다. 후배가 대리기사를 불렀다. 차 안에서 그 직원에게 전화했으나 받지 않아 음성녹음으로 전하였다. 가져간 돈은 네 월급으로 생각할 것이니 잘 쓰고 내일부터 출근해서 계속 같이 일하자고 말하였다. 그러나 그는 끝내 출근하지 않았다.

돈은 지인을 통해 어렵게 마련하여 평양 방문은 계획대로 이뤄졌다.

평양에선 4·25 체육단 강경수, 보위부 최명일, 민화협 이학수 등이 우리 일행을 수행해 주었다. 나와 같이 방북한 일행을 위해 대동강·만경대·묘향산·동명성왕모 등을 관광시켜 주었다. 나는 아침 일찍 별도로 빠져나와 강경수와 실무회담을 하였다. 강경수는 북한 선수단 남한 전지훈련을 국방위원장이 승인하였다고 했다. 내가 보낸 편지를 국방위원장이 보고는 바로 승인해 주었다고 하는 것이다. 당시 내가 김정일 국방위원장에 보낸 편지는 묘향산에 있는 국가 친선전람관에 전시되었

남한전지훈련 실무회담을 마치고
강경수와 묘향산에서

다. 내 편지가 공개되어 위력을 발휘하면서 북한에서 나의 위치가 상승하였다. 강경수는 북한 선수단이 남한에 가는 날까지 언론에 노출하지 말 것을 부탁하였다.

하늘은 스스로 돕는 자를 돕는다 하였다.

포기하지 않고 내 모든 것을 바친 노력의 성과라 생각했다.

어머니, 아내, 가족들이 떠올랐다.

지금부터다.

이제부터 다시 시작이다.

신이시여……!

감사합니다.

큰 파도가 내 모든 것을 집어삼킨 첫 번째 시련을 그렇게 이겨내고 있었다.

북한 선수단의 남한 방문을 추진하는 것은 남북체육교류협회가 하면 된다. 그러나 협회는 비영리법인이므로 대행사를 만들어야 한다. 나는 '리토커뮤니케이션스'라는 스포츠 마케팅사를 설립했다. 또한, 일을 추진할 직원들이 있어야 했다. 협회 사무총장은 김서진, 리토커뮤니케이션은 권시형, 이은영, 협회 간사는 이경남을 채용하였다. 김서진과 권시형은 서울대 출신 박사였고, 이은영과 이경남은 여직원이었으나 책임감이 강했다. 이제 새롭게 시작할 기본적인 조직을 갖추게 된 것이다. 사무실은 여의도 진미파라곤빌딩 201호 그대로였다.

북한 선수단의 첫 방한, 그 역사적 순간의 기다림

쿤밍에는 남한으로 전지훈련을 준비하는 17세 청소년 축구 대표팀과 성인 대표팀, 15세 여자 대표팀 등 100여 명의 북한 축구팀이 훈련하고 있었다. 남한도 인천유나이티드 프로축구단, 미포조선, 연세대, 동국대, 서울체고 등 7개 축구팀이 전지훈련을 와서 합동훈련 및 남북한 친선경기를 하였다.

북한 선수단의 남한 방문 일자는 2007년 3월 20일로 정해졌다. 북한이 핵실험을 한 지 5개월 만에 이뤄진 일도 불가능을 가능으로 일궈낸 것이다. 나는 통일부에 북한 선수단의 방남 신청을 하면서 언론보도는 엠바고 해달라고 부탁했다. 그러나 며칠 후 K 신문 K 기자가 찾아왔다. 어떻게 알았는지, 보도는 하지 않을 것이니 북한 선수단 방문 관련 사실만 알려달라고 해서 보도하지 않는 조건으로 알려 주었다.

하지만 다음 날 그 신문의 톱기사로 처리되었다. 나는 다시는 기자를 믿지 않기로 했다. J 신문 M 기자가 나와 집의 방향이 같다며 술 한잔하자고 했다. 기자들과 같이 있고 싶지 않았으나 집요한 M 기자를 따돌릴 수 없었다. M 기자에겐 비밀을 공개하지 않았다.

평양에서 전화가 왔다. 3월 20일은 한미연합훈련을 하는 기간이라 남한 방문을 한 달 뒤로 늦춘다는 것이다. 다시 평양으로 달려갔다. 3월 2일부터 6일까지 평양에 머물면서 선수단의 남한 방문 일정에 차질이 생기면 내게 큰 어려움이 생긴다며 설득했다. 김정일 국방위원장은 내 뜻을 거듭 승인하였다.

이번 평양 방문길엔 국민체육진흥공단 김영득 감사, 황영조 마라톤감독 등이 동행했다. 3월 5일, 송별식에서 황영조가 4월 10일 평양에서 개최되는 만경대상 마라톤대회에 국민체육진흥공단 마라톤팀의 참가를 부탁했다. 리종무 위원장에게 부탁하니 다음 날 승인을 해주었다. 내가 김정일 국방위원장이 관심을 두는 인사로 알려지고 나서 당시 내가 부탁한 대북사업은 북에서 거절되는 일이 거의 없었고 대부분 즉시 해결되었다.

새로운 역사의 시작은 이렇게 이뤄졌다

서울로 돌아온 후, 북한 선수단의 방한 준비와 관계기관 회의로 정신없는 나날을 보냈다. 통일부 회의실에서 통일부, 국정원, 문광부, 대한축구협회, 남북체육교류협회 등이 참석한 회의가 열렸으나 모든 회의는 내가 주축이 되었다.

나는 북한 선수단 방한을 위해 당시 북한 선수단이 체류하는 쿤밍으로 향했다. 북한 선수단 방남 승인서를 가지고……. J 신문의 M 기자는 선 보도를 하지 않는 조건으로 나와 동행했다.

평양에선 아직 북한팀 인솔자가 쿤밍에 도착하지 않았다. 민화협 한상출, 최명일 등이 오지 않은 것이다. 3월 19일 밤 11시 40분 대한항공 비행기를 타야 하는데 평양에서 인솔자가 아직 오지 않은 것이다. 나는 일이 잘못될까 좌불안석이었다.

쿤밍에는 북한 선수단을 대표하는 김기혁이 있었는데, 민화협의 한상출, 최명일, 리철호는 아직 쿤밍에 오지 않았다. 그들이 오지 않으면 출발할 수 없다.

2007년 3월 19일 밤 10시, 11시 40분 출발 대한항공편이니까 최대한 출발을 지연시켜야 했다. 나는 쿤밍 국제공항에서 4·25 체육단 김기혁과 작전을 짰다. 선수들을 5분에 1명씩 통과시키는 것이다. 지연 효과는 있었다. 비행기는 선수들을 탑승시키지 못해 자정이 넘도록 출발하지 못하였다.

드디어 최명일, 리철호, 한상출이 도착하였다. 긴장되고 피말리는 시간이었다. 대한항공 측에서는 사상 처음으로 남한으로 전지훈련 오는 북한 선수단에 대해 국정원의 연락을 받고 북한 선수단 짐을 별도의 컨테이너에 실었다. 비행기에 오른 나는 최명일, 리철호, 한상출에게 늦은 사유에 관한 말을 들으면서 안도의 숨을 쉴 수 있었다.

어제 평양에서 나오는 비행기가 없어 신의주까지 차량으로 와서 단둥으로 차량을 옮겨 타고 이동한 다음, 기차를 타고 북경으로 와서 비행기로 쿤밍에 오는데 비행기가 연착되었다는 것이었다. 하여튼, 어려운 과정을 거치면서 온 것이었다. 나는 그들에게 고생하고 수고했다고 전하면서 우린 새로운 역사를 쓰는 파트너이자 숙명적인 동지라 말하였다.

이제 비행기는 4시간 후면 인천공항에 도착할 것이다. 대한민국 건국 이래 북한 축구대표팀이 남한으로 전지훈련을 오는 새로운 남북 협력을 시작하는 이정표를 만드는 것이다. 5개월 전 북한의 핵실험으로 말미암은 최악의 남북관계와 한미 연합 훈련 기간에 남한을 방문하는 것이라 그 의미가 더 크다 할 수 있을 것이다. 피로가 겹쳐 지쳤지만 흥분된 가슴으로 잠을 잘 수가 없었다. 북한 선수나 지도자들도 새로운 환경에 대한 호기심, 기대감, 불안감이 겹쳐 침묵 속에 여러 생각에 빠진 것 같았다. 나는 북한 선수들에게 단복을 감색으로 맞춰 주었으며, 이발도 짧게 하여 옛날 고등학생을 연상케 하여 출발시켰다. 내가 한 것이지만 모습들이 일괄적이고 산뜻해 보였다.

비행기 안에서 동행한 기자가 내게 말하였다.

"형님! 기사는 도착하자마자 보도하겠습니다. 아마 다른 신문보다 한 시간 일찍 나오는 겁니다."

이미 내가 막는다고 되는 일이 아니었다.

J 신문이 1시간 일찍 보도하는 바람에 나중에 D 신문의 J 기자에게 호되게 당했다. D 일보는 북한 선수단의 남한 전지훈련에 대한 문제점을 집중 보도했다. 결국, 내 후배인 J 기자를 불러서 다음부터 특별히 신경 쓰겠다고 하면서 관계를 개선하였다.

드디어 북한 선수단 인천공항을 밟다!

2007년 3월 20일 아침 5시.

그렇게 우리는 인천공항에 도착했다. 한 달간 한국에서의 전지훈련이 시작된 것이다. 북한 선수단 일행은 일반 승객들부터 내리게 한 뒤 의전팀의 안내에 따라 공항의 귀빈실로 이동했다. 여권심사도 거치지 않고 이미그레이션을 빠져나온 북한 선수단은 완전무장한 의전팀의 철저한 보호와 안내에 따라 인천공항 1층을 가로질러 동쪽 귀빈실로 이동하였다. 수천 명의 국민들이 우리 일행을 환영하였고, 수백 명의 기자단이 포토라인을 설치하고 기다리고 있었다.

나는 선수단 대표로서 간단한 인터뷰를 하였다. 그리고 자세한 안내는 제주 롯데호텔 기자 회견장에서 오후 6시에 하겠다고 한 후 기자 회견장을 빠져나왔다. 뒤늦게 도착한 기자들이 끈질기게 따라붙었지만 의전팀의 보호를 뚫을 수는 없었다. 북한 선수단의 짐은 이미 쿤밍 동항에서 컨테이너로 보냈기에 바로 인천공항에서 제주 롯데호텔로 보낼 수 있었다.

북한 선수단의 인천공항 도착 보도 사진(연합뉴스)
좌로부터 리찬명 북한 단장, 필자, 안예근 북한 감독

인천공항에서 아침 식사를 하고 김포공항으로 이동하였다. 선두에는 경찰 사이드카와 경찰차가 안내했고, 1호차엔 남북

체육교류협회 직원인 정지욱이 운전을 하고 조수석엔 내가, 뒷좌석엔 리찬명 단장과 최명일이 탔다. 북한 선수단의 버스에는 협회 직원들과 국정원, 통일부 관계자들이 선수단과 같이 탑승하였다. 뒤를 이어 경찰특공대의 차량 행렬이 이어졌다. 1분 1초의 오차도 없이 사전에 계획했던 시간에 의해 도로와 지역을 통과하여 김포공항에 도착했다. 인천공항에는 북한 선수단을 환영하기 위해 많은 사람이 나왔지만 정신없는 상황이라 나는 악수도 하지 못했다. 그들도 이해했으리라.

김포공항을 통해 제주공항에 오전 11시에 도착하였다. 제주공항에는 김태환 제주도지사를 비롯하여 만여 명의 환영 인파가 한반도 통일기를 흔들며 대대적인 환영 인사를 하였다. 김태환 도시자는 내게 꽃다발을 주면서 방문에 대한 고마움을 표했다. 제주시민의 환영은 북한 선수들에게도 안정감을 심어줬고 평화의 열망을 느끼게 하여 주었다.

제주도민들은 제주국제공항에 도착한 4·25 축구 선수단을 열렬히 환영했다.

롯데호텔에 도착한 우리 일행은 총지배인의 안내에 따라 호텔 시설을 둘러보았다. 7층 한 개 층을 전부 사용하였는데, 가장 중간 지점에 내 방을 배정하고, 내 방을 중심으로 좌측에는 북한 선수단, 우측에는 상황실과 국정원, 통일부 관계자들이 방을 사용하였다. 일반 객실은 하루 40만 원, 특실은 240만 원이었는데 실지 지급은 20%의 사용료를 지급하는 조건이었다.

당시 국내 방송은 둘론 전 세계의 방송에서 사상 처음 전지훈련을 온 북한 선수단에 대해 날마다 보도했으므로 롯데호텔은 홍보 효과가 더 컸을 것이다.

내가 배정받은 특실은 호화롭고 아주 넓었다. 가운데 특실이 3개가 있는데 일반인들은 사용할 수 없어서 내가 다 사용해야 하는 상황이었다. 평화를 사랑하는 제주시민은 많은 선물을 선수단에 전달하였다. 시계 수백 개, 굴 백여 상자, 옷, 제주 초콜릿 등 엄청난 양이었다. 결국, 내 방을 제외한 나머지 특실은 창고로 이용되었다. 훈련 기간 내내 북한 선수단은 제주 특산물을 물리도록 먹었을 것이다. 남은 선물들은 북한으로 보낼 수도 팔 수도 없어서 나와 북한 선수단을 방문한 지인들에게 나눠주었다.

사상 최초 남북 친선경기

기자회견으로 제주 공식 일정 시작

첫날 오후 6시. 기자회견장에는 300여 명의 기자들이 기다리고 있었다. 나는 경기 일정과 훈련 일정을 안내해 주었으며 기자들의 질문에 자세하게 답변을 해주었다. 제주에서 10일, 수원에서 5일, 순천에서 5일, 서울에서 10일, 4월 20일까지의

필자의 기자 회견 장면, 신문과 방송에서 연일 북한 선수단과 인솔자인 내 얼굴을 앞을 다투어 보도했다.

일정과 함께 순천 로얄호텔, 수원 캐슬호텔, 서울 올림픽파크 호텔 등 숙소도 알려주었다.

첫날 환영 만찬은 김태환 제주도지사 초청으로 계획되어 있었는데 북측의 거부로 내가 초청하고 김태환 도지사 일행이 참석하는 형식으로 만찬이 진행되었다. 누가 초청하든 다 같이 참석하는 만찬인데도 대북사업엔 형식을 무시할 순 없었다. 공식적으로 남한 지자체장이 초청하는 자리에 참가하기가 쉽지 않은 것이다.

공식 훈련에 돌입

다음 날 아침부터 훈련이 시작되었다. 9시 50분에 롯데호텔 정문 출발, 10시 제주공설운동장 도착이었다. 차량 행렬과 배정은 같은 방식이었다. 선두에 사이드카가 9시 50분 정시에 출발하고 경찰차, 내가 탄 1호차 등의 순서로 뒤를 따른다. 두 대의 사이드카는 먼저 출발해서 첫 번째 사거리에서 우리 일행이 지나갈 수 있도록 다른 차량의 진입을 막는 방식으로 일행은 목적지까지 신호대기나 다른 차량의 진입 없이 일사천리로 도착하는 것이다.

3월이지만 제주는 봄꽃이 완연하고 화창한 날씨였다. 훈련지인 제주공설운동장 또한 시원한 위치에 아름다운 주변을 갖추고 있었다. 일행이 도착하기 전부터 훈련 상황을 취재하기 위해 축구장 입구에 수많은 취재진이 기다리고 있었다. 북한

제주종합경기장, 북한 4·25 축구선수단 훈련 모습을 출구 앞에서 기자들이 망원렌즈로 취재하고 있다.

선수와 임원들은 일체의 인터뷰를 내게 맡겨 놓은 상태이기 때문에 취재진은 북한 선수를 직접 취재할 수가 없었다. 운동장 입구에서 국정원 등 상황실 요원들의 통제로 북한 선수단 관계자 외에는 취재진을 포함한 그 누구도 출입할 수가 없었다. 안예근 감독이 지도하는 북한 선수단은 가볍게 몸을 푸는 운동부터 시작하였다. 선글라스를 낀 국정원 요원들은 편한 자세로 지켜보고 있었고, 통일부 관계자들은 내게 여러 가지를 상의하고 요청하였다. 그 당시는 통일부가 국정원 눈치를 별로 보지 않는 것 같았다. 정동영 장관 시절부터 통일부가 거의 부총리급이었다.

오전 훈련이 끝나면 같은 방식으로 호텔로 이동했다. 호텔에서의 식사는 선수단에 별도의 방을 제공하고 뷔페식으로 하였다. 협회의 이경남 간사가 일정의 모든 식사를 뷔페식으로 예약했기 때문이다. 점심은 언제나 12시에서 1시 사이에 하였다. 숙소 앞 엘리베이터 앞에 선수단이 집합하면 내게 알리고 내가 앞장서면 뒤를 따라왔다.

북한 축구단 단장 리찬명

내 옆에는 언제나 북한 선수단의 리찬명 단장이 함께 있었다. 리찬명 단장은 1966년 잉글랜드월드컵에서 북한 축구가 세계 8강의 성적을 올릴 때 주전 골키퍼였다. 특히, 예선전 마지막 경기에서 당시 최강이던 이탈리아의 결정적인 슛을 여러 개 막아 내는 등 아시아 최초로 월드컵 8강의 주역이었다.

1966년 잉글랜드월드컵에서 북한은 박두익, 리찬명 두 영웅을 탄생시켰다. 리찬명 단장은 당시 19세에 국가대표에 발탁되어 20년 동안 북한의 골문을 지켰던 역대 최고의 수문장이었다. 리찬명 단장은 그 당시 사용했던 골키퍼 장갑, 김일성 수령에게 받은 뺏지 등을 기념으로 주었고, 나는 수원월드컵경기장 박물관에 전시했다.

점심 때는 가볍게 맥주나 한라소주 한 잔씩을 하였다. 한라소주는 당시 19.5도로 마시기 부드러웠고 병이 작아 부담 없이 한두 병 마실 수 있었다. 당시 안예근 감독이 요청하여 한라소주를 5박스 정도 안 감독 방으로 보내주었다. 아마도 매일 밤 코치들과 같이 마셨을 것이다. 안 감독과 코치들의 주량은 대단하였다. 안 감독은 나와 동갑이지만, 북한 임원들과 함께 모두 나에게 교장 선생님으로 호칭하면서 극존대해 주었다. 점심 후 선수단은 매일 1시간씩 잠을 잔다. 훈련은 오전·오후 2시간씩 하며 오후 출발 시간은 2시 40분이었다.

제주에서의 남북 실무회의

오후 5시에 내 방에서 남북 실무회담이 진행되었다. 실무회담 내용은 1개월간 훈련 일정, 경기 일정, 기타 행사 일정 등이었다. 실무회담은 언제나 사소한 것부터 싸움이 시작되어 성과 없이 끝나는 경우가 많았다. 하지만 당시는 북한 임원들이 내 의견을 존중하였기 때문에 큰 충돌 없이 잘 진행되었다. 그러나 첫날부터 기 싸움이 시작되었고, 모든 주도권을 뺏긴 상황실은 여러 가지 제동을 걸었다. 내가 봐도 그렇게까지 할 필요가 없는데 필요 이상으로 까다롭게 북한 선수단을 통제하였다. 결국, 서로 기분이 상한 상태에서 회의를 마쳤다. 몇 가지는 결론을 내지 못한 상태였다. 저녁 식당에서 소주를 몇 잔씩 마신 북한 임원들과 감독들이 내 방에서 2차 술자리가 벌어졌다.

북한에선 감독을 책임 감독이라 하고 코치는 감독이라 한다. 지난 1월에 서울시청 여자축구단과 북한 16세 여자축구단은 쿤밍에서 함께 훈련하며 친선경기를 몇 차례 가졌다. 그때 알게 되었던 인연으로 서울시청 여자축구단 서정호 감독이 제주의 명품 다금바리회를 많이 가져 왔다. 내 방은 특실이어서 전망도 좋았다. 최고의 시설에서 최고의 안주, 그리고 남북의 술자리는 잊지 못할 꿈같은 시간이었다. 북한의 최명일, 리철호, 리찬명, 한상출, 안예근, 김기혁과 나, 그리고 서정호 감독이 함께한 자리였다. 한라소주 200병, 맥주 100병이 내 방에 가득 있었기 때문에 술과 안주를 걱정할 필요가 없었다. 밤엔 찬기운이 도는 바람이었지만 창을 열고 마음껏 공기와 함께한 술자리였다.

한참 술을 마시고 있는데 국정원 등 상황실 관계자 6명 정도가 들어왔다. 북한의 최명일이 후래삼배(後來三杯)를 권하자 상황실 단장이 맥주잔에 가득 부은 소주와 맥주가 반반씩 섞인 폭탄주를 석 잔 연거푸 마셨다. 상황실 단장이 마시자 뒤를 이어 상황실 관계자들도 석 잔씩 마셨다. 통일부 직원은 마시자마자 화장실로 뛰어가 토하기도 하였다. 상황실 단장은 이제 북측 차례라며 폭탄주를 제조하여 석 잔씩 돌렸다. 순식간에 술자리는 남북의 술 마시기 전쟁이 시작된 것이다. 서로 질 수 없는 한판의 승부였던 것이다. 술을 마시면서 몸을 부대끼고 농담하고 웃고, 다들 동무가 되었다. 웃음소리가 끊이질 않았고 넘어져서 다치는지도 모를 정도로 많이, 그리고 기분 좋게 마셨다. 이 자리에서 만큼은 통일이 된 것 같았다.

문득, 문익환 목사님의 비무장지대란 시 구절이 생각난다.

아아아아아 비무장지대!
너희는 백두산까지 밀어붙여라.
우리는 한라산까지 밀고 내려가리라.

한라에서 백두까지 우리나라를 비무장지대로 만들면 얼마나 좋을까!

　오늘, 평화의 섬 제주에서의 술자리는 잊지 못할 남북의 꿈인 것이다. 내일부터 오늘 술자리의 주역들은 보다 더 서로를 이해하려고 노력할 것이다

　언제 술자리가 끝났는지 어떻게 끝났는지 열린 창문 사이로 들어오는 새벽바람에 잠을 깼다. 이리저리 뒹구는 술병과 초고추장이 범벅이 된 안주들은 그 큰 특실방과 거실에 발 디딜 틈조차 없이 빽빽하게 들어차 있었다.

　프론트에 전화를 걸어 청소를 요청하였다. 잠시 후 올라온 청소 직원은 방안의 광경에 깜짝 놀라며 다시 내려가더니 5명과 함께 큰 짐을 옮길 수 있는 수레를 가져 와서 술병과 안주를 옮기고 청소를 시작하였다. 제주의 새벽바람을 맞으며 어제 그렇게 많이 마셨는데도 머리가 안 아픈 걸 보면 좋은 술자리였던 것 같다는 생각이 들었다. 하나둘씩 어제의 술 동무들이 얼굴을 비추며 제주의 3일째 아침은 시작되었다. 3월 30일 오후 5시부터 제주 월드컵경기장에서 박경훈 감독이 이끌고 있는 남한의 청소년대표팀과 친선경기가 예정되어 있는 북한 청소년대표팀은 더욱더 훈련에 열을 올렸다. 다음날 오후엔 숭실대학교 축구팀과의 연습경기가 있었다.

북한 청소년축구단 vs 숭실대 연습경기

　숭실대와의 연습경기는 당시 숭실대 학생처장이자 축구단 단

장이었던 조문수 박사의 간곡한 부탁으로 내가 추진한 행사이다. 연습경기는 제주 공설운동장에서 비공개로 진행되었는데 숭실대에선 총장, 총동문회장 등 대학 주요 관계자가 참석하여 북한과의 교류를 희망하였다.

이날 경기는 정식으로 하지 않고 숭실대와 북한 선수단을 반씩 섞어서 친선을 도도하는 방식으로 즉석에서 의논하여 친선 연습경기를 하였다. 북한의 안예근 감독이 남한 대표팀과의 경기를 준비하는 과정에서 부상 선수가 나올까 봐 제안해서 이뤄진 것이다.

이후, 숭실대 조문수 박사는 북한의 김형직사범대와의 교류를 지속적으로 요청하였다. 나는 조문수 박사가 숭실대를 대표해서 평양에 수차례 방북하여 북한의 관계자들과 실무회담을 진행하는데 도움을 주었다. 조문수 박사는 나와 친한 동무 사이였다.

훈련과 연습경기는 비공개로 진행하면서 3월 30일 남한과의 공식경기를 준비하였다. 제주의 훈련 일정은 아주 순조롭게 진행되었다. 북한 임원들의 한라산 등반을 추진하였으나 여러 가지 걸림돌을 해결하지 못해 진행하지 못하였다. 아직 남북의 문제는 해결해야 할 것이 너무 많았기 때문이다. 북한에선 선수단 전부를, 국정원에선 임원 일부만 하자는 차이로 추진되지 못한 것이다. 국정원에선 계획에 없던 북한 선수단 전원이 한라산 등반을 할 경우 돌발 사고에 대한 우려 때문이라는 것이다.

남북 공식경기를 위해 대한축구협회 임원들이 내려왔다. 이회택, 조중연, 김재한 부회장단과 김호곤 전무, 김주성 국제부장 등이 내려와서 북한 임원들과의 저녁 식사를 함께하자고 요청하였다. 이회택 부회장과 김호곤 전무와는 예전부터 친분이 있어 북한 임원들과의 저녁 자리와 술자리를 만들어 주었다.

술자리에선 축구인들의 만남이기 때문에 내내 좋은 분위기였다. 특히 이회택 부회장은 리찬명 북한 단장과 같은 시대에 선수 생활을 했기 때문에 할 말이 더 많았을 것이다. 1966년 북한의 천리마축구단이 잉글랜드월드컵에서 8강에 진입하여 세계적인 위상을 올리자 박정희 대통령은 양지축구단을 만들어 북한에 대응하고자 했다. 양지축구단 창단 멤버가 바로 오늘 참석한 이회택, 조중연 부회장인 것이다.

북한의 최고 수문장 리찬명과 남한의 최고 공격수 이회택의 만남은 시대를 넘은 영광의 시간을 재현하는 것 같았다. 리찬명 단장은 1966년 잉글랜드월드컵 8강전에서 포르투갈과의 경기를 회고하였다. 전반전에서 북한 축구의 영웅 박두익의 활약에 힘입어 포르투갈을 3대0으로 이기고 있었는데, 후반전에 포르투갈의 에우제비오가 나타나서 전광석화 같은 속도로 북한의 골문을 유린하였던 것이다. 당시 경기 규칙은 선수가 다쳐도 경기 도중에 교체를 할 수 없도록 되어 있었다. 따라서 경기가 시작되면 그라운드에 들어선 11명 이외 선수들은 전부 관중석으로 올라가야 했다. 북한 감독은 에우제비오를 퇴장시키기 위해 수비수들에게 거친 태클을 시도하였으나 오히려 페널티킥만 2개를 허용하여 3대5로 역전당했다는 것이다. 포르투갈 경기에서 5골을 내줬지만 리찬명은 엄청나게 많은 에우제비오 슛을 막아내고 쳐냈다고 하였다. 가슴에 멍까지 들었다고 하였다. 하여간 당시 북한 축구는 아시아의 맹주이며 세계적 수준이었다고 저녁자리에 참석했던 남북 축구인들이 모두 인정하였다.

이회택 부회장은 아버지 이야기를 주로 하였다.
6·25전쟁 때 아버지와 작은아버지가 북으로 올라갔다는 것이다. 아버지는 노동자였고 작은아버지가 학자였는데 북한에 가서도 교수셨다고 한다. 이회택 부회장은 1990년 남북통일축구대회 때 평양에 가서 아버지를 만났다. 북한 축구 영웅 박두익 선생이 도와줘서 아버지가 이회택 부회장이 숙박하는 호텔로 와서 하룻밤을 같이 자면서 그 당시 누구도 해보지 못한 부자 상봉을 한 것이다. 당시 아버지에게 달러를 주고 왔다고 한다. 그 이후 간접적으로 소식을 들었으나 아마 지금쯤은 돌아가셨을 거라고 하면서 분단의 현실을 아파하였다.

부모님에 대한 회고
나의 어머니, 아버지는 어떠했는가?
강원도 철원군 김화읍에서 살고 있었는데 전쟁 이후 마을이 남북으로 갈라져 큰집만 남한에 살게 되었고 모든 형제, 친척들이 북에 살고 있어서 아버지는 돌아가실 때까지 소식 한번 듣지 못했다.

어머니는 평양을 방문했을 때 친척들을 수소문했으나 끝내 찾지 못하였다. 누가 우리를 서로 만나지도 소식도 모르고 살게 만들었는가? 이념의 차이를 극복하지 못하고 아직도 남북은 커다란 장벽에 가로막혀 있지 않은가? 결국, 우린 아직도 미국과 중국의 힘의 논리에 이용당하고 있는 것은 아닌가?

엊그제 술자리처럼……, 오늘처럼 남북이 만나서 옛날을 이야기하고 서로 조금씩 알아간다면 이념의 벽은 높지 않다고 생각한다. 아직은 서로의 체제를 말할 단계는 아니라고 생각한다. 그냥 스포츠 교류를 자유롭게 하고 문화·경제 교류로 확대시키면 되는 것이다. 정치 개입을 줄이고 민간 교류를 확대하면서 정치적 잘잘못은 정치적으로만 적용하고 민간 교류는 자유롭게 하는 것이다.

그러나 우리는 지금 무엇이 두려운지 정치적 문제만 생기면 무조건 민간 교류까지 차단하는 것이 현실이다. 그러다 보니 교류 경험이 있는 북한 진보개혁파들의 입지가 줄어들고 위축되고 사라지는 것이다. 만찬은 늦게까지 진행되었고 리찬명 단장과 이회택 부회장의 대화는 끝이 없었다. 남북의 두 영웅의 첫 만남의 밤은 그렇게 깊어갔다.

남북축구 공식 평가 1차전

2007년 3월 30일 오후 2시 제주 월드컵경기장, 2만여 명의 관중은 통일기를 흔들며 남북 모두를 응원하였고, 통일아리랑을 부르는 경기장의 분위기는 한층 고조되었다. 나는 북한 선수들에게 많은 관중 앞에서 경기하는 경험이 많아야 큰 경기를 잘 치를 수 있다고 격려하며 함성을 즐기면서 경기에 임하라고 주문하였다. 북한 선수들은 이미 내가 3년째 쿤밍에서 훈련 지원을 하여 나를 교장 선생님이라 부르며 아버지처럼 따랐다.

　오후 3시, 경기 시작과 함께 양측 선수들은 긴장되어 정신없이 뛰기만 하였다. 전반전 내내 공방전이 지속되었다. 후반전에 북한 선수들의 체력이 급속도로 떨어졌다. 그중 명차현·안일범·한경광·오진혁 등이 눈에 띄게 떨어졌다. 남한의 구자명이(이후 구자명은 'MBC 위대한 탄생 시즌2'의 우승이라는 멋진 기록을 추가했다.) 중거리슛으로 북한의 골망을 흔들었고, 경기 종료 직전 윤빛가람의 프리킥 골로 승부를 갈랐다. 2대0 남한의 승리였다. 승부를 떠나 관중들은 축제 분위기였다. 하지만 북한 선수단은 침울했다.

남·북 청소년축구단 공식 평가 1차전

두 번째 훈련 장소 수원

2007년 3월 31일.

제주를 떠나 김포공항을 통과하여 수원 캐슬호텔로 왔다. 수원에 오니 찾아오는 사람도 많았다. 당시 나는 날마다 TV 뉴스와 신문에 나오다 보니 내 이동 경로를 그 누구나 알고 있는 것이다.

내게 가장 많은 부탁을 하는 것이 북한 선수단과 함께 식사하는 것과 북한 선수단의 사인볼을 달라는 것이었다. 나는 북한 선수단을 초청한 지방자치단체장을 제외한 정치인들의 부탁은 들어주지 않았으며, 다른 모든 것들에 대해선 북한 임원들을 잘 이해시켜 거의 다 들어주었다. 유명 축구인 용품 수집가 이재형 씨가 동아일보 기자를 통해 요청한 리찬명 단장과의 미팅을 들어주었는데, 이재형 씨는 리찬명 단장에게 감사의 뜻으로 1966년 잉글랜드월드컵 이탈리아전에서 결정적인 슛을 막아내는 사진을 액자에 담아 주었다. 참으로 귀한 물건이었다. 리찬명 단장은 그 액자에 본인 사인을 하여 내게 주었다. 나는 그 사진을 며칠 뒤 당시 MBC 최문순 사장에게 기념으로 주었고, 최문순 사장은 훗날 불우이웃돕기 경매에 참가해 불우이웃돕기에 사용하였다. 남을 위해 늘 희생할 줄 아는 최문순 사장은 국회의원을 거쳐 강원도지사가 되었다.

저녁엔 김용서 수원시장이 북한 임원들과의 만찬을 갖게 되었다. 김용서 시장에게 "시장님은 축구를 사랑하시는 분이며 축구발전에 대한축구협회장 이상으로 기여하셨다."라고 했더니, 김용서 시장은 "맞아, 대한민국 축구인 중에 날 고르면 빨갱이야!"라고 말하는 바람에 북한 임원들이 긴장하기도 하였다. 북한에선 빨갱이란 말을 제일 싫어한다.

남북축구 공식 평가 2차전

2007년 4월 2일 오후 2시 수원 월드컵경기장. 남북 청소년 대표 공식 평가 2차전이 시작되었다. 경기 전날 북측의 요청에 따라 대한민국이란 문구와 태극기를 모두 흰 천으로 가렸다. 그런데 "대한민국 대표우유 서울우유"란 홍보 문구를 갖고 문제 삼는 바람에 경기 직전에 문구를 가리는 해프닝이 벌어지기도 하였다. 북에선 남조선, 북조선이라 하고 남에선 남한, 북한이라 하여 문구로 부딪치는 경우가 남북 교류에선 종종 있는 일이었다. 심지어는 북에선 조선반도라 하고 남에선 한반도라 한다.

경기 시작 전 대한축구협회를 대표해서 정몽준 회장, 남북체육교류협회를 대신해서 정동영 의장, 수원시를 대표하여 김용서 시장이 시축을 하고 선수단을 격려해 주었다. 이날 경기는 MBC에서 생중계가 예정되었으나 갑작스러운 한미 FTA 발표로 모든 방송이 FTA 특별방송을 하였다. 생중계를 약속하고 농협에서 1억 원의 후원금을 받기로 했으나 중계가 되지 않아 5,000만 원만 받았다.

이날 경기는 치열하게 전개되었다. 북한대표는 경기내용은 좋았지만, 결과는 1대2로 패하였다. 결과적으로 남북 축구 공식 평가전 2회 모두 북한에 완패를 당한 것이다. 이늘 경기에

남북 청소년축구 공식 2차 평가전(수원월드컵경기장)
정동영 의장은 남북체육교류협회 후원회장 자격으로 리창명 단장을 격려하였다.

서 북한 선수 홍금성은 다리가 부러져 아주대학에서 큰 수술을 받았다. 수술비는 500만 원인데 아직도 남북체육교류협회 빚으로 남아 있다. 협회가 초청하다 보니 모든 걸 책임져야 하였던 것이다. 북한 청소년대표팀은 남북 대표 평가전에선 패했지만 아주대·연세대 등과 비공개 경기에선 모두 이겼다.

  수원에 오니 국정원 통제가 아주 심했다. 찾아오는 사람에 대해 만나는 것도 어렵게 승인해 주고 내가 방으로 물건을 사러 가는 것조차 숙소 입구에서 검사하는 것이다. 북한에서도 하지 않는 것들을 국정원에선 심할 정도로 통제하는 것이었다. 상황실에서 3대의 직통 휴대전화를 지급했는데 북한의 최명일, 국정원 연락관, 그리고 내가 갖고 있었다. 급한 일이 있을 때 1번을 누르면 최명일이, 2번을 누르면 내가, 3번을 누르면 국정원 연락관이 나오는 것이다.

순천, 광양에서의 훈련

4월 5일, 수원에서 순천의 로얄호텔로 이동하였다. 차량으로 이동하였는데 경부고속도로와 금산 무주로 가는 도로를 이용하여 순천에 도착하였다. 북한 선수들은 수원, 오산, 평택, 안성, 천안, 대전, 무주 등 남한의 많은 도시를 거의 다 보면서 순천에 도착한 것이다. 남한 도시를 이렇게 한번 방문으로 많이 본 것은 이번 대표단이 처음일 것이다. 안내를 맡은 사이드카와 경찰차는 자신의 지역을 통과할 때면 새로운 지역의 차량과 교체하였는데 순천까지 10대 이상의 차량이 교체된 걸 보면 그 이상의 도시를 지났다는 것이다.

순천의 로얄호텔은 규모가 작았기 때문에 선수단이 체류하는 동안 일반 고객은 받지 않았다. 훈련은 광양 축구전용경기장에서 하였는데 경기장이 아담하고 맘에 들었다. 광양고와의 연습경기에서 많은 골 차이로 이겼다. 전 남축구협회장과 임원들이 반갑게 환영해 주고 술자리도 자주 마련하였다. 로얄호텔의 식사는 대부분 해산물이었는데 특히 싱싱한 회가 많았다. 북한의 한상출과 해산물 이름을 놓고 서로의 주장을 굽히지 않았다. 나중에 알고 보니 북에선 오징어를 낙지라 하고 낙지를 오징어라 한다. 또한, 해삼 중 붉은 해삼은 갈미라 한다. 남북이 갈라진 지 60년이 지났으니 서로 다른 용어를 쓰는 경우가 많을 것이다. 남·북의 겨레말을 통일하고 근대 역사를 일치시켜야 할 것이다.

가끔 북측인사들과 대화를 하다 보면 근대사가 서로 많이 다르다는 것을 알 수가 있었다. 이것은 대학 교류를 통해 연구하고 일치시켜야 할 것이다. 나는 숭실대와 김형직사범대와의 교류를 깊숙이 진행해야겠다고 다짐했다. 교류를 희망하는 단체에 기회를 줘야 성과도 더 큰 것이다.

 서울에서 아내와 아들이 찾아왔다. 오랜만에 보는 얼굴이었다. 북한 선수단에선 나의 식구를 모르는 사람이 없었다. 가족에겐 늘 미안했다. 어머니가 지병으로 명지대병원에 입원했다. 당시 유명 인사였던 내 이름 덕분에 어머니는 명지대병원 원장의 특별 배려를 받았다고 하였다. 명지대병원을 가면서 원장님께 북한 선수단 사인볼을 갖다 주면서 인사를 드렸다. 원장님은 북한과의 산부인과 의학 교류를 하고 싶어 하였고 기회가 되면 돕겠다고 하였다. 명지대병원 2층 입구엔 지금도 북한 선수단 사인볼이 전시되어 있다. 어머니는 2년을 더 사셨다.

 순천과 광양을 오가며 훈련을 하면서 우리나라가 참으로 아름다운 나라라고 생각했다. 순천도 광양도 아름다운 도시였다. 봄꽃의 향과 멋도 있지만, 지형과 바다의 조화 또한 아름다웠다.
 순천에 온 지 3일째 밤, 지인들이 찾아와 호텔 옆 카페로 가서 맥주를 시켰다. 작은 공간이었지만 분위기가 있었다. 여주인이 나를 알아보았다. 북한 선수단이 언제 돌아가느냐고 물었다. 이유를 물으니 북한 선수단이 오고 나서 손님이 한 명도 없다는 것이다. 창밖을 보니 양쪽 골목 입구에 200명 정도의 경찰들이 경비를 서고 있었다. 그러니 누가 술을 먹으러 오겠는가? 이런 것들이 남북한 교류의 현실인 것이다.

마지막 훈련지 서울 방문

2007년 4월 10일.

순천에서 훈련 일정을 마치고 서울의 올림픽파크호텔로 이동하였다. 올림픽파크호텔은 그래도 가끔 와 봤던 곳이다. 일반 손님도 많이 있다 보니 상황실 통제 또한 더 심한 편이었다.

이곳에선 북한 보위부와 국정원이 자주 의견 충돌이 일어나서 양측이 서로 웃으면서 식사 하거나 술자리가 없었다. 서로 과거를 들먹이며 서로의 문제점만 갖고 공격하는 것이다. 미래를 계획하고 준비해야 하는데 아직도 지나간 것에 얽매여 한 걸음도 못 나가는 경우가 너무 많다.

남북의 견해차는 많이 있을 수 있다. 그러나 그건 사소한 차이에서 생긴 것 또한 많다. 예를 들어, 북은 4월 15일 김일성 수령 생일날을 태양절이라 부르며 아침에 꽃다발을 바치고 예를 갖추는 행사를 해야 한다. 북에선 연도표기를 서기와 주체를 같이 사용한다. 주체의 원년은 바로 김일성이 태어난 연도를 말하는 것이다.

그러니까 2007년은 주체 96년이 된다. 이날은 북의 명절 중의 하나이다. 이것이 옳다 아니다가 아니라 그들의 사상과 체제이다. 그러니 그것을 비판하고 행사를 못 하게 하는 것은 그들에겐 절대 양보할 수 없다는 것이다.

북한 체제가 옳다고 생각하는 사람은 별로 없을 것이다. 다만, 그들과 대화하고 교류를 통해 개혁·개방을 이루려면 그들을 이해하고 방법을 찾아주면 그들 또한 성의껏 우리들의 제안을 받아들이는 것이다. 남한은 희생과 양보를 할 수 있는 여력이 충분히 있다. 북한을 경쟁의 대상이라 생각 말고 협력을 통해 새로운 방향 제시를 서서히 하여주는 협력의 대상이 되어야 한다.

어떤 기업이 북한에서 고사리를 수입해서 판매하는 일을 한다면, 성공하는 방법을 찾아야 한다. 그것은 우선 북한을 잘 알아야 하고 파트너를 잘 찾아야 한다. 그것이 자본주의 방법과 맞지 않고 자신이 방식과 맞지 않는다고 힘으로 자신의 방법을 밀어붙인다면 그것은 시간 낭비일 것이다.

나는 북한의 고위층과 오랜 시간에 걸쳐 많은 대화를 가졌고 그들의 한숨과 의지를 함께 느끼고 보았기 때문에 북한과의 경제적 교류도 수익사업으로 발전시킬 수 있는 자신이 있다. 즉 대북사업의 문제점과 해결책을 가지고 있다.

북한 선수단의 태양절 행사

결국, 태양절 행사는 호텔 내에 있는 20평 정도의 빈방을 내어 주는 것으로 합의했다. 북측에서 꽃다발 구입을 요청했으나 국정원에서 거절하여 북한 선수단은 4월 13일 일산 종합운동장에서 용인의 백암고와의 연습경기 때 받았던 꽃다발을 냉장고에 보관했다가 4월 15일 태양절 행사 때 사용하였다. 태양절 날 북한은 훈련 없이 휴식을 취했으며 탁구와 장기 등 하루를 오락으로 보냈다. 호텔에 탁구대가 없어서 국민체육진흥공단의 김영득 감사의 협조를 받아 탁구대를 공수하여 사용하였다.

서울에서는 한국체대 축구장에서 훈련을 하였다. 4계절 잔디가 아니어서 아직 사용할 때가 아니었지만 한국체대에서 괜찮다고 하여 사용하게 되었다. 잔디가 많이 상하여 한국체대 측에 고맙고 미안하였다.

서울의 일정 중엔 국민체육진흥공단 내에 있는 체육과학연구원에서 모든 선수단과 임원들에게 신체 체력 측정을 해주었다. 기본 건강진단은 물론 민첩성, 순발력, 지구력 등 선수들의 필요 정보를 한눈에 알아볼 수 있어 도움이 많이 되었다. 리철호는 고혈압 판정이 나왔다. 나는 혈압 측정기계를 사주고 혈압관리에 대해 설명서를 주었고 리철호는 신기해하면서 고맙다고 했다.

통일부 차관의 방문

통일부 담당 사무관은 대북사업에 대한 업무능력이 탁월하고 의지가 높아서 나보다 나이는 어리지만 늘 깍듯이 대했다. 나는 올바른 생각과 소신이 있는 사람을 존경한다.

그 사무관이 통일부 차관을 모시고 왔다. 북한 임원들과 점심을 같이하는데 나는 그렇게 거만한 사람은 처음 봤다. 점심 후 북한 임원들은 무척 자존심 상하고 기분 나빠 했다. 나는 통일부 차관이 긴장해서 그랬다고 변경했으나 격려 차원에서 왔다면 논평과 표정 관리를 준비해서 오면 좋겠다는 생각이 들었다.

이번 북한 선수단의 방문 기간 중에 중국 직원 유동일이 함께 왔는데 북한 선수단과 함께 왔다는 이유로 중간에 돌아갈 수도 없었고 다른 곳에 관광 또한 할 수가 없어 선수단과 함께 움직여야만 했다. 나는 유동일이 중국에서 몇 년 동안 나 때문에 고생만 해서 한국에 와서 관광을 시켜주고 피로를 풀어주려 했는데, 오히려 더 힘들게 만든 것 같아 무척 미안했다. 뻔한 사항을 갖고 융통성을 발휘해 주지 못하는 정부 지침이 답답했다. 나 또한 입국할 때 이미그레이션(출입국심사대)을 통과할 때 여권에 입국 도장이 찍히지 않은 채 북한 선수단과 일괄 입국 처리되면서 출국할 때 같이 해결을 해야 했다.

북한 선수단과의 송별식

선수단이 떠나기 며칠 전 국민체육진흥공단 박재호 이사장이 초청하는 만찬이 있었다. 이날은 남북체육교류협회 임직원, 북한 선수단, 국민체육진흥공단 주요 임직원이 모두 참석하는 만찬이 되었다. 이제 훈련 일정도 끝났고 경기 일정도 없어서 북한 선수단이 돌아갈 준비를 하는 날이기에 송별식을 겸한 만찬이었다. 이 자리에는 양○○ 국장, 김○○ 사무관 등 통일부 인사와 국정원 직원들도 참석하였다. 모두 함께하는 자리에서 지난 한 달을 회상하며 많은 이야깃거리를 만들었다. 이제 모레 저녁엔 쿤밍으로 가는 비행기를 타고 돌아가는 것이다.

올림픽파크호텔 지배인이 내게 다가와 의문점을 제기하였다. '김경성 선생님은 북한 축구단 단장인데 왜 김정일 배지를 가슴에 달지 않고 있으며 남한에 아는 사람이 그렇게 많으냐'는 것이다. 아마 나를 북한 사람으로 알고 있었던 것 같았다. 호텔 직원들 대부분이 나를 북한 사람으로 알고 있으니 당연한 질문이었다.

나는, 장난으로 이렇게 말했다. "나는, 비밀요원입니다. 기밀사항이니 말해줄 수 없습니다."라고 말했더니, 지배인은 "네, 알았습니다." 하면서 돌아갔다.

북한 선수단이 돌아가고, 한 달쯤 후에 올림픽파크호텔 커피숍에서 정현숙 대한탁구연맹 전무를 만나고 있었다. 호텔 종업원들은 깜짝 놀라며 자기들끼리 수군거리며, "북한 비밀요원이 또 왔어."라며 나를 가리키기도 하였다. 그녀는 카운터에 계산을 하면서 사실을 말해주었다.

정현숙 전무와는 여름에 쿤밍에서 남북 탁구 합동훈련과 관련된 협의를 하였는데 대한탁구연맹은 당시에 회장선임 문제로 갈등을 빚고 있어 대표팀 훈련은 못 하고, 대한항공 탁구팀과 협의를 하여 쿤밍에서 남북 탁구 합동훈련을 하였다.

국민체육진흥공단 마라톤팀 북한 대회 참가

2007년 3월 29일 평양의 장경수로부터 연락이 왔다. 평양 만경대상 마라톤대회에 국민체육진흥공단 마라톤팀이 사상 처음으로 참가한다는 언론보도에 항의하는 전화이다. 물론 황영조 감독이 이끄는 국민체육진흥공단 마라톤팀이 평양 대회에 참가하는 건 사실이지만, 어디까지나 평양에 입국할 때까지 보도하지 않는 전제조건이었다. 왜냐하면, 북측에선 최고지도자의 승인 전에 보도하는 것을 절대적으로 꺼리기 때문이었다.

황영조에게 전화를 걸어 언론보도에 대한 책임을 추궁하였더니, 황영조는 아프리카에서 회의하고 돌아오는 도중에 비행기

> **매일경제**
>
> **한국마라톤팀 최초로 북한서 뛴다**
>
> (신문 기사 본문)

황영조 감독이 이끄는 국민체육공단 마라톤팀의 평양 만경대상
마라톤대회 참가 언론 보도

안에서 연합뉴스 기자에게 비보도를 전제로 말했는데 기사화되었다고 하였다. 황영조는 내가 수원 로얄호텔에 있을 때 마라톤화와 고급 추리닝을 갖고 와서 날 이해시키고 평양 대회에 차질 없이 참석할 수 있도록 도와 달라고 했다. 나는 대북사업의 요령과 성과를 위해 주의해야 할 몇 가지를 알려주었다. 국민체육진흥공단 마라톤팀은 나의 도움을 받아 사상 처음으로

평양 만경대상 국제마라톤대회에 참가하게 되었다. 이후 두 번이나 내가 운영하는 중국 쿤밍의 홍타 스포츠센터에서 남북 마라톤 합동훈련을 통해 교류하였다.

이후 남북 마라톤 교류는 남한 대회에 북한이 참가하고 북한 대회에 남한이 참가하는 교두보를 마련했으나, 2008년 이명박 정부 들어 대북강경책으로 모든 것이 원점으로 돌아갈 위기에 처했다. 황영조는 평양 대회에 참가하고 나를 찾아와 남북 체육 교류에 앞장서겠다고 하였다.

중국 쿤밍에서 남북 마라톤 합동훈련을 할 때 남·북한 지도자들이 서로의 방법이 옳다며 갈등도 많았으나, 결국 시간이 흐르자 서로 인정하게 되었다. 남북의 모든 교류는 갈등에서부터 시작되는 것이다. 다만, 어떤 방법을 통해 해소할 수 있는지가 중요하다.

MBC 최문순 사장, 박정근 단장과의 첫 만남

이번 전지훈련 기간 중 많은 사람을 만났다. 그중 최문순 사장, 박정근 단장과의 만남은 지금까지도 인연을 이어가는 의미 있는 만남이 되었다.

4월 16일, MBC 박정근 통일방송사업단 단장이 호텔로 찾아왔다. 내가 하고 있는 남북 교류사업을 통일방송사업단에서 후원할 수 있다는 것이었다. 박정근 단장은 그간 전화로만 통화하였는데 만나보니 솔직하고 일에 대한 의지와 자긍심이 대단한 사람이었다. 박정근 단장 같은 훌륭한 사람이 내 앞에 나타난 것은 내가 하는 대북사업의 부족한 부분을 보충할 수 있는 기회라고 생각했다. 박정근 단장은 최문순 사장을 만나서 같이 상의하자고 하였다.

다음날 최문순 사장, 박정근 단장과 같이 점심을 먹으면서 대북사업에 대한 여러 가지 의논을 하였다. 최문순 사장은 방송국 사장으로서 위엄이 있을 줄 알았는데 참으로 소탈하고 편한 분이었다. 살아오면서 많은 시간을 본인의 희생을 아끼지 않고 사회적 약자를 위해 살아온 것을 느낄 수가 있었다. 나에게 큰 힘이 되어주는 동지를 한꺼번에 둘씩이나 얻게 된 것이다.

이번 북한 선수단 방남을 통해 얻은 성과 중 가장 큰 것이 있다면 최문순 사장과 박정근 단장을 알게 된 것이라 해도 과언이 아니다. 이후 최문순 사장, 박정근 단장은 나와 MBC 문화방송을 통해 많은 사업을 추진하게 되었으며, 그것은 평생 해야 할 엄청난 일들의 시작이었다.

북한 선수단 방남 전지훈련을 마치고

2007년 4월 20일 오후 6시 40분, 쿤밍으로 가는 대한항공 비행기에는 북한 선수단이 탑승하고 있었다. 1개월 전에 이 비행기를 타고 와서 지금 다시 돌아가는 것이다.

한 달이란 시간은 참으로 짧고 긴 시간이다. 사고 없이 많은 성과를 낸 이번 방남이 계기가 되어 남북의 스포츠 교류가 활성화되고 문화 교류와 경제 교류로 이어지는 밑거름이 되기를 바랄 뿐이다.

북한 선수단을 인솔한 나는 눈을 감으며 지난 시간을 돌이켜 본다. 태국 킹스컵축구대회에 남북 단일팀을 참가시키기 위해 노력했던 일, 북한의 핵실험으로 모든 게 중단되고 자살까지 생각했던 극단의 시간, 그리고 김정일 국방위원장의 인정을 받아 이번 사업에 성공했던 순간들이 눈앞을 스쳐 지나간다.

영원한 친구 강경수와 부르는 노래 '홀로 아리랑'

강경수와는, 처음 만나서 서로 믿고 의지하며 서로 이해하고 인정하였다. 한 번도 서로 의심하지 않았다. 아무리 힘들어도 기다릴 수 있었다. 남북의 서로 다른 체제를 이해하였기에 서로 인정할 수 있었던 것이다. 우린 오랜 교류를 해오면서 사업의 어려움과 성과를 번갈아 닷보았다.

홀로 아리랑!

둘이 만나면 늘 부르던 노래였다.

금강산 맑은 물은 동해로 흐르고,
설악산 깊은 물도 동해가는데,
우리네 마음은 어디로 가는가
언제쯤 우리는 하나가 될까
아리랑 아리랑 홀로 아리랑 ♪
아리랑 고개로 넘어가 보자
가다가 힘들면 쉬어가더라도
손잡고 가보자 같이 가보자 ♪

나와 강경수는 만날 때마다 이 노래를 손잡고 불렀다. 그렇다. 남북 사업은 가다가 힘들면 쉬어가더라도 손잡고 같이 가야 할 사업이다.

쿤밍에 도착한 일행은 다시 홍타 스포츠센터에서 1개월간 훈련을 더한 다음 평양으로 돌아갈 것이다.

나는 최명일, 리철호, 한상출에게 쿤밍 관광을 직접 안내하면서 사업에 대해 여러 제안을 하였다.

쿤밍의 3대 관광지는 민족촌, 서산, 석림이다. 중국에는 56개 소수민족이 있는데, 그중 운남성에 가장 많은 소수민족이 살고 있다. 소수민족 중 20개 민족이 사는 마을을 만들어 관광지를 만들었는데 민족촌이라 불렀다. 쿤밍에선 중국 사람을 만나면 먼저 무슨 민족이냐고 물어보는 것이 제일 많았다. 다양한 문화를 소개한 민족촌은 중국의 역사에 대해 많이 알게 해주는 역할을 하는 것 같다. 갈수록 소수민족의 문화 소개를 줄이면서 상업화하는 것이 조금 안타까웠지만 소수민족이 사는 마을을 직접 볼 수 있어 많은 관광객이 온다.

그중 백족이 눈에 띄었다. 흰옷을 즐겨 입는 민족이라 백족이라 불렀는데, 지금으로부터 1300년 전에 고구려가 나당연합군에 멸망하면서 당나라는 고구려 젊은 남녀 20만 명을 이곳 운남성으로 강제 이주시켰다고 한다.

그때 이곳에 정착한 고구려 유민들이 백족이라는 것이다. 백족마을에서 그들의 문화를 자세히 살펴보면 색동저고리, 서

낭당 그림 등이 언뜻 보면 고구려 문화와 비슷하다는 것을 많이 느낀다. 나는 북측 임원들에게 관광지를 소개하면서 지난 1개월간 남한에서의 긴장을 풀어주었다.

제4장
진달래꽃은 북상하고 단풍은 남하한다
– 남북 체육 교류의 전성기를 맞이하다

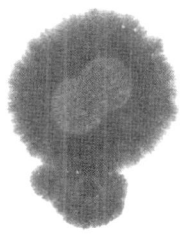

북한축구협회 대표로 선임되다

북한 대표로 청소년월드컵 조 추첨식 참석

2007년 5월 17일 서울 하얏트호텔에서 2007 FIFA 세계청소년(U-17) 월드컵축구대회 조추첨이 진행되었다. 북한축구협회는 FIFA에 나를 북한 대표로 보낸다는 공문을 공식적으로 발송했기 때문에 나는 북한 대표로 조 추첨식에 참석했다. 각 대륙에서 치열한 예선전을 통과하여 본선에 참가한 24개국의 대표단이 모두 모였다. 각국의 대표단은 축구협회장 또는 부회장 등이 기자를 동반하고 나름대로 규모를 갖추고 참석했는데 북한 대표로는 나만 홀로 참석했던 것이다. 조직위에서 보내준 통역의 도움을 받아 다른 국가대표단과의 대화를 하면서 정보 교류를 하였다. 북한 정부의 공식 공문과 통일부에서 승인한 최초의 북한 대표단 단장이 된 나는 이번 대회에서 북한 선수단이 좋은 성적을 거두는 데 막중한 책임감을 느꼈다.

조 추첨 결과가 나왔다. 늘 달로만 듣던 조 추첨을 직접 보면서 조작할 수도 있다는 생각이 들었다. 조 추첨 결과는, 한국

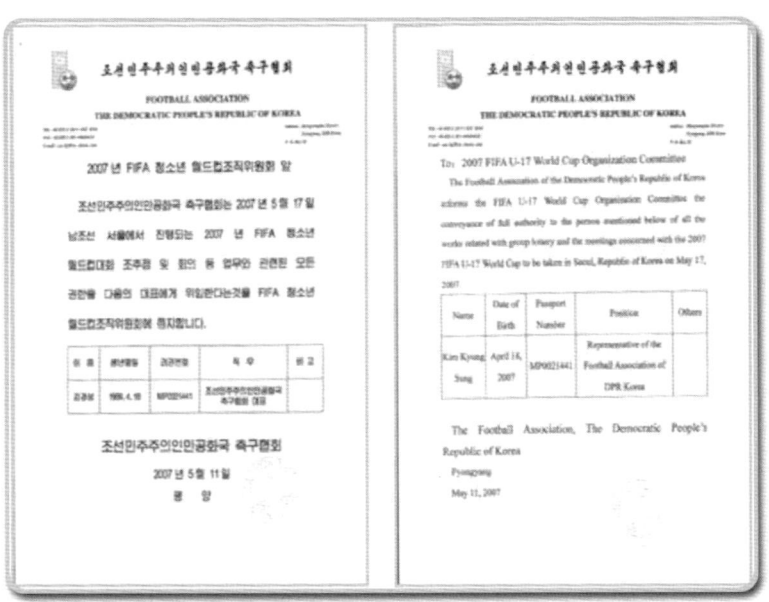

북한축구협회가 FIFA로 보낸 '김경성(필자)'에게 모든 권한을 위임한다는 공문

조 추첨식에 참석한 김경성 위원장

은 최상의 조를 만났고 북한은 죽음의 조에 편성되었다. 다만 제주도에서 예선전을 모두 치를 수 있는 배려에 조직위에 감사해야 했다. 한국은 페루·코스타리카·토고와 같은 조로 편성되어 해볼 만했고, 북한은 잉글랜드·브라질·뉴질랜드와 같은 그야

말로 죽음의 조에 편성되었다. 일본은 나이지리아·프랑스·아이티와 같은 조에 편성되어 힘난한 예선전이 예고되었다.

　잉글랜드·뉴질랜드 대표단이 내게 다가와 북한에 대해 많은 것을 질문하였다. 나는 답해주면서 중요한 질문을 통해 필요한 정보를 수집했다.

　그리고 대회조직위원회 이상호 경기국장으로부터 각 국가대표단의 준비 사항과 북한 대표단이 뛰게 될 경기장의 그라운드 상황, 대회 기간의 기후 및 온도, 호텔에서 경기장까지 거리 등 다양한 자료를 수집하였다. 대한축구협회 김호곤 전무와 당시 한국팀 감독이었던 박경훈의 도움으로 뉴질랜드·잉글랜드의 경기력을 분석한 영상 자료를 넘겨받았다. 또한, 브라질 자료도 준비되는 대로 내게 주기로 하였다.

　이번 조 추첨에 참가하면서 나는 엄청난 정보와 많은 자료를 북한 축구단에 제공할 수 있게 되었다. 이제 준비한 자료를 토대로 훈련을 통해 대비하는 일간 남았다. 나는 평양으로 가서 리종무 체육위원회 위원장에게 이러한 사항을 알려주고 준비할 것을 상의하였다. 어느덧 난 북한 청소년축구단의 실제 단장이 되어 있었다.

남북 유소년팀 상호 교환경기의 시작

북한 유소년팀 두 번째 남한 방문

2007년 6월 1일 인천공항, 나는 북한 4·25 체육단 유소년 축구단과 함께 인천공항에 입국했다. 지난번 북한 청소년팀이 순천을 방문했을 때 강진군 황주홍(현 19대 국회의원) 군수가 북한 선수단을 초청한 것이다. 강진군은 인구가 5만 명도 안 되는 전국에서 가장 작은 군으로 농업, 어업 등 1차 산업 중심의 전형적인 시골 마을이다.

황 군수는 부임하여 방치된 땅에다 4계절 잔디로 잘 가꿔진 축구장을 10개 이상 만들었다. 대한민국 축구 메카로 자리 잡을 수 있는 충분한 시설이다. 황 군수는 내게 남한에서 가장 끝 동내인 강진에서 북한 축구단을 초청해서 친선경기를 하는 것은 큰 의미가 있으며, 강진군의 축구장 홍보에 도움이 되니 꼭 북한 유소년축구단을 초청해 달라고 하였다.

그 후 난 강진군을 방문하여 황주홍 군수의 노력에 적극적으로 협력하기로 하였다. 간절하게 하고 싶어 하는 사람에게 기회를 줘야 더욱더 큰 성과를 낼 수 있다는 생각을 나는 늘 가지고 있다.

이번 강진군 방남 기간은 6월 1일에서 14일까지이다. 이미 지난번 1개월간 손발을 맞춰서 행사를 진행했기 대문에 국정원, 통일부 등은 무리 없이 일을 진행했다.

인천공항에서 아침 식사를 하고 차량으로 출발한 일행은 서해안고속도로로 목포를 거쳐 강진군에 도착하니 새벽 1시가 되었다. 지난 방문 때와 마찬가지로 1호차 앞에 탑승했으며 운전은 협회 직원 정지욱이 하였다. 뒷좌석에는 보위부 박호천 참사와 민화협 박현학 참사가 조리하였다.

북한 선수단 숙소 '다산수련원'

강진군 다산수련원에 숙소를 정했다. 수련원은 산 중턱에 자리 잡고 있어 근처엔 민가도 없고 상업시설도 없어 조용하고 아주 좋았다. 일행이 도착하기 전부터 강진 군수, 군의회를 포함해 많은 분이 환영하여 주었다. 시골이라 그런지 정감이 가고 긴장감 또한 별로 느끼지 못했다.

3층엔 북한 선수단, 북한 관리자, 그리고 내 방을 배정하고 2층엔 국정원 상황실이 있었으며 행사 요원들도 2층에 있었다. 1층은 식당으로 이용하였다. 내 방엔 회의용 소파를 10개 정도 놓아서 회의실을 겸해 사용하였다.

다음 날 6월 2일 아침은 맑은 여름 날씨였다. 일반인이 없는 숙소다 보니 지난번 방문 때처럼 시끄럽지 않아 조용하면서도 편한 일정을 보낼 수 있었다.

  선수단은 훈련 장소인 강진군 종합운동장 옆 보조경기장으로 이동하였다. 숙소에서 15분 거리였는데 보조경기장 잔디가 눈에 띌 정도로 좋았다. 이동하는 주변은 논밭이었다. 도로가 좁으니 앞 차가 서면 사이드카가 통제해도 차가 앞으로 나갈 수 없었다.

  차가 서 있는 동안 리찬명 단장은 모내는 방법에 대해 호기심을 보였다. 당시 강진군은 모내기가 한창이었는데, 모내는 방식이 북한하고 많이 다르다고 한다. 특히 북한에서는 모판을 사용하지 않는데, 우리는 모판을 사용하고 모내기도 일부 기계화가 된 것이다. 북한 선수단은 하루 4차례 이곳을 지나다니며 남한의 농사짓는 법을 실컷 보게 될 것이다.

  북한 선수단 입국 소식과 함께 나의 인터뷰가 MBC, KBS, SBS, YTN 등 방송 및 언론에서 집중 보도되었다. 북한의 15세 선수들이 왔으니 최연소 축구선수단 방문 기록인 것이다. 방송을 보고 22년 전 직장 후배였던 전진규가 축구경기장에 전복을 수백 마리 가져와서 선수단과 실컷 먹었다. 전진규는 직장생활을 하다가 고향인 강진군에 내려와 횟집을 하며 정착한 것이다. 그 후 나는 북한 임원단, 국정원 등과 전진규가 운영하는 정든 횟집을 이용해 주곤 했다. 강진은 한정식이 맛있었다. 1인당 15,000원인데 나오는 반찬은 수십 가지가 넘었다. 반찬 하나하나가 맛있었는데 그중 삼합이 제일 맛있었다. 그 후 어디를 가도 그 맛을 느낀 적이 없었다.

남북 어린 선수들의 교류는 시작되고……

6월 4일, 전국 우승팀인 강진중학교 축구팀과의 친선경기에서 5대1로 이겼다. 모든 언론에서 분단 이후 처음으로 열리는 유소년 경기라고 의미를 소개했다. 북한 유소년팀은 6월 8일 대한민국 15세 대표팀과의 경기에선 0대3으로 패했다. 이 경기는 MBC에서 생중계되었다.

남북 유소년축구 공식 1차 평가전(전남, 강진 종합운동장)

황주홍 군수 입장에선 강진군과 축구장 홍보를 하는데 크게 활용할 수 있게 되었다. 그해 겨울, 강진군에는 백여 개 축구팀이 전지훈련을 와서 강진군의 겨울 소득에 많은 기여를 하였다고 한다.

강진군은 우리나라 최남단의 자그마한 시골이지만 황주홍 군수 같은 의지와 실천이 있는 분들이 리더가 된다면, 작지만 경쟁력 있는 도시로 발전할 수 있을 것이다. 강진의 다산수련원은 다산 정약용의 유배지에 세운 것으로 다산초당이 근처에 있어 다산 선생의 업적에 대해 다시 한 번 알 수 있는 기회를 제공했다. 그리고 산 중턱에 위치하고 있어, 멀리 보이는 강진만은 천연자연의 아름다움을 보여주었다.

근처의 목천이란 곳은 우리나라에서 세발낙지로 제일 유명한 곳이다. 전남축구협회 회장 일행은 목천 낙지를 산채로 가져와서 내 방에서 북한 임원들에게 산낙지를 통째로 먹는 시범을 보여주었다. 낙지머리 뒤를 보면 모자처럼 벗겨지는 부분이 있는데 나무젓가락 하나를 그곳에 끼고 다른 젓가락은 바깥쪽에 댄 다음 낙지다리를 젓가락에 감고 다음 손가락으로 낙지다리 끝을 꽉 쥐면 낙지가 움직이지 못한다. 그러면 통째로 먹어도 낙지가 움직이지 못하는 것이다.

북한의 박호천과 박현학 등은 같은 방법으로 낙지를 먹으려 했으나 입에 초고추장만 잔뜩 묻혀서 웃음만 남겼다. 목천 세발낙지는 맛있었다.

보위부 박호천과 민화협 박현학은 대남사업을 많이 했던 간부들이다. 나와는 평양에서 자주 보았으나 남한에 같이 오리라는 생각은 하지 못했다. 두 사람 모두 간이 좋지 않은 것 같았다. 술도 많이 마시지 못하였고 얼굴이 늘 까맣게 변해 있었다. 두 사람은 내 사업을 적극적으로 도와주고 지원하였다.

6월 11일, 남한 15세 축구대표팀과 공식 평가 2차전을 가졌다. 1차전에서 0대3으로 패했기 때문에 2차전을 준비하는 북한 선수단의 각오는 대단했다. 하지만 2차전 역시 2대3으로 패했다. 총 4차례 경기를 하여 2승2패였으나 대표팀 간의 경기는 북한 유소년팀이 모두 패한 것이다.

나는 경기 중의 문제점을 분석해서 경기력 향상을 위해 중국 쿤밍으로 가서 훈련 프로그램을 북한 감독에게 제공했다. 유럽 명문 구단의 지도법을 구입하여 선진축구의 프로그램을 북한 축구 감독에게 전수했다. 과학적 방식의 프로그램은 총 5권의 책자로 되어 있었으며, 이 책에는 선수들 식단까지도 상세하게 나와 있었다.

이번 방남의 성과는 이념이 없는 어린 선수들의 교류가 대한민국 최남단 조그만 군에서 이뤄졌다는 점에서 그 의의가 있었다고 본다. 이제 이들의 앞날에 정치적 문제로 교류가 중단되는 일이 없었으면 좋겠다. 북한 유소년 축구대표단은 6월 14일 중국 쿤밍의 홍타 스포츠센터로 예정대로 무사히 돌아갔다. 그곳에서 새로운 훈련을 시도할 것이다.

남한 유소년팀 평양 방문경기

2007년 6월 23일, 전남 강진에서 북한 선수들이 돌아간 지 열흘도 되지 않은 때였다. 나는 그 기간에 MBC 리토국제축구학교를 설립하고 대북사업의 기틀을 만들었다. 대북사업을 이해하고 참여하는 사람이 많아야 한다.

이날은 남한 유소년축구선수들을 인솔하여 평양대회에 참가하러 가는 날이다. 29명의 선수 및 임원들과 베이징에서 평양행 고려항공을 타고 갔다. 평양의 문수대초대소에서 숙식을 하면서 김일성 종합운동장에서 3회의 경기를 하였다. 북한의 4·25 유소년 축구단과 2회, 소백수유소년 축구단과 1회 경기에서 남한 유소년팀은 1승 2패를 하였다.

나는 평양에 7월 3일까지 10일간 머무르면서 4·25 체육위원회 리종무 위원장, 강경수 등과 2007년 8월 18일부터 9월 9일까지 남한에서 진행되는 '2007 FIFA 세계청소년(U-17) 월드컵 축구' 본선에 진출하는 북한 청소년 축구대표단 훈련 일정과 대회 준비를 하였다. 그리고 탁구 및 마라톤 합동훈련을 합의하였다.

남북 마라톤 합동훈련

평양에서 귀국한 나는 대한항공 탁구팀과 국민체육진흥공단 마라톤팀을 쿤밍으로 전지훈련을 보냈다. 북한도 탁구팀과 마라톤팀을 보내서 2007년 8월 3일부터 9월 3일까지 쿤밍의 홍타 스포츠센터에서 남북한 합동훈련이 민간 단체의 힘으로 진행되었다.

마라톤은 합동훈련이 잘 진행되었으나 탁구는 남북한의 실력 차이로 합동훈련이 제대로 진행되지 못하였다. 이러한 합동훈련은 훗날 올림픽 단일팀 구성의 희망을 구체적으로 실현하는 밑거름이 될 것이다.

MBC 리토국제축구학교 설립

유소년 꿈나무를 발굴하다

MBC와 합작하여 MBC 리토국제축구학교를 설립하였다. 최문순 사장과 박정근 단장의 적극적인 지원 아래 스포츠제작국 오창식 국장, 이드윤 제작팀장, 허연회 부장 등이 MBC에서 나서주었다.

중국 운남성 쿤밍에 소재한 MBC 리토국제축구학교의 청소년 감독은 박노봉 감독이 맡았고, 유소년 감득은 2002 월드컵의 영웅 유상철이 맡았다. MBC는 축구 꿈나무 장학생 사업을 지원하였다.

나는 전국에서 축구 꿈나무 장학생을 모집하였다. 2007년 6월 24일 1차 선발전을 하였는데, 참가자가 너무 많아 30대1의 경쟁률을 기록하였다. 2차 선발전까지 50명의 축구 꿈나무들을 선발하여 1년간 중국 쿤밍의 홍타 스포츠센터에 있는 MBC 리토국제축구학교에서 북한 유소년팀과 함께 축구와 공부를 병행하는 것이다. 선발된 선수는 연간 1,500만 원의 비용을 지원받는 셈이다.

　MBC 리토국제축구학교에는 박노봉, 유상철 감독을 비롯하여 브라질 코치 4명, 중국 코치 2명, 한국 코치 3명과 북한 감독 4명이 선수들을 지도했다. 이곳에서 선수들은 좋은 시설과 여러 지도자의 장점을 습득할 수 있었으며, 기술 습득 속도가 빨랐다.

　남북한 어린이들이 입학하여 처음 만날 때는 작은 충돌도 있었지만, 이념의 갈등이 없는 아이들이라 그런지 금방 친해지고 서로 도왔다. 중국 아이들과 싸움이 벌어지면 서로 편을 들어주었다. 역시 피는 물보다 진한 것 같았다.

　이제 축구 꿈나무들이 한 곳에서 먹고 자고 배우는 장소가 마련되었고 MBC가 후원을 맡았으니, 나는 이곳을 통하여 남북의 스포츠 교류를 확대하고 남·북한의 왕래 교류를 넓혀서 갈등을 해소하고 남·북한의 어려운 사업을 해결하는 밑거름이 되도록 노력할 것을 결심했다. 최문순 사장과 박정근 단장을 자주 만나서 대북사업에 대해 의논을 하였다.

　만날 때마다 최문순 사장은 많은 지원을 해주었다. 나는 더욱 힘을 얻을 수 있었다. 최문순 사장은 일산의 내 집과 불과 300미터밖에 떨어지지 않았다. 가끔 집 앞에서 밤늦게 만나서 술 한 잔씩 하며 내가 하고 있는 남북 교류사업에 대해 함께 고민해 주었다.

　당시 MBC는 2008년 2월 27일로 예정되어 있던 뉴욕필하모닉의 평양 공연을 위성 생중계 방송을 하려고 노력하는 중이었다. 나는 내가 할 수 있는 모든 노력을 다해 협조할 것이다. 최문순 사장은 겉으로 보기엔 유해 보이지만 내공이 깊은 분이었다. 노조 출신 사장답게 약자 편에서 일했지만 부자 친구도 많았다.

 보도 문제로 조선일보와 갈등이 있었지만 조선일보 사장과도 가까운 관계였다. 그 후 국회의원을 거쳐 강원도지사가 되었는데, 내가 본 최문순 사장은 국회의원과 도지사를 뛰어넘는 인품을 가진 분이었다.

2007 FIFA 세계청소년(U-17) 월드컵대회

북한 선수단 인천공항 도착

2007년 8월 7일, 사상 처음 한국에서 개최되는 2007 FIFA 세계청소년(U-17)월드컵에 참가하기 위해 북한 선수단과 함께 인천공항에 도착했다. 대회 참가국 중 가장 먼저 도착한 북한 대표팀은 언론에 집중 보도되었다.

나는 언론과 인터뷰를 통해 4강까지 가기 위해 이곳에 왔다고 알렸다.

북한 청소년 월드컵대표팀 인천공항 입국, 김경성 단장(필자)의 인터뷰

숙소인 광양의 펠레모호텔은 작지만 불편한 점은 그다지 없었다. 날씨는 35도를 넘나드는 무척 더운 날씨였다. 내가 선수단을 위해 할 수 있는 일은 좋은 운동장 제공과 예선전을 치르는 잉글랜드·브라질·뉴질랜드팀과 비슷한 스타일의 팀을 섭외하여 연습경기를 갖는 것이다. 그리고 더운 날씨에 체력이 떨어지지 않게 하는 음식을 제공하고 컨디션 조절에 필요한 휴식을 제공하는 것이었다.

운동장은 가까운 거리에 있는 천연잔디 구장을 준비하여 이동 거리를 최대한 줄였으며, 연습경기팀은 일본과 예선전을 치르는 아이티를 섭외하였다. 또한, 창원시청팀과도 연습경기를 준비하였다. 아이티와는 1대1로 비겼고, 창원시청팀과는 1대0으로 이겼다. 연습경기에서 나타난 문제점은 골을 넣는 문전 처리 능력이었다. 훈련 상황에선 슛을 잘하면서도 경기만 하면 되지 않는 것이다. 아마도, 문전 처리 능력은 남북한 선수단 공통의 문제일 것이다. 북한 선수들은 단고기를 무척 좋아하고, 먹으면 힘을 발휘한다 했다. 단고기란 보신탕을 말하는 것이다. 나는 선수단 체력을 위해 단고기, 전복삼계탕, 낙지, 문어 등을 식단에 편성하여 제공하였다.

북한 선수단 월드컵 예선 첫 결전지, 제주

8월 14일, 광양에서 현지 적응훈련을 마치고 예선전 장소인 제주 하얏트호텔로 왔다. 같은 조인 잉글랜드·브라질·뉴질랜드도 같은 호텔을 사용하게 되었다. 경기조직위원회에선 각 팀의 책임자들과의 미팅을 통해 규칙 및 협조 사항을 설명하였다. 하얏트호텔 지배인은 내게 찾아와 "단장님! 북한 선수단이 저희 호텔에 묵게 되어 영광입니다. 저희 호텔에 북한 국기까지 다 달아보게 되네요."라고 말하면서 뭐든지 협조하겠다고 하였다.

이제 선수들은 컨디션 조절만 잘하면 된다. 날씨가 너무 덥다. 첫 경기는 8월 18일 오후 2시에 잉글랜드와 시작한다. 가장 더운 계절의 오후 2시 경기. 그야말로 체력전이 될 것이다.

만화가 허영만 선생의 격려 방문

허영만 선생님에게서 전화가 왔다. 선수들에게 본인의 작품인 《식객》을 북한 선수단에 보게 하고 싶다며 200권을 가지고 제주로 오겠다 하였다. 그 무거운 책을 혼자 들고 하얏트호텔로 오셨다. 고맙고 미안했다.

1년 전에 서울에서 연세대 이광은 야구감독 소개로 만화가 허영만 선생을 만났다. 평양에 가서 북한 음식에 관해 취재하고 싶다고 했다. 당시 허영만 선생은 《식객》이란 작품을 쓰고 있었다. 나는 허영만 선생과 식객 취재기자들과 남북체육교류협회 후원자 중 방북을 희망하시는 분들을 모시고 평양을 다녀왔다.

허영만 선생은 음식에 대해 다양한 지식을 갖고 있었으며 유머도 풍부하고 인생을 즐길 줄 알고 후배들에게 존경받는 분이었다. 그때 나이가 60세를 막 넘기셨지만, 술자리든 어떤 자리에서든 부담 없이 편하게 분위기를 이끌어 주셨다. 오랫동안 작품 활동을 해오면서 70년대에는 고우영 선생에 밀려 2인자로 지냈고, 절치부심 끝에 찾아온 80년대에는 이현세 선생에 밀려 2인자를 벗어나지 못했다고 했다. 하지만 지금은 허영만 선생님의 독주 시대라 해도 틀린 말이 아니다. 〈타짜〉와 〈식객〉은 만화뿐 아니라 영화로 제작되어 엄청난 인기를 끌었다.

나는 가끔 이광은 감독과 허영만 선생을 만나면서 맛있고 저렴한 식당에서 즐거운 시간을 보내며 삶의 여유를 배웠다. 하루는 술자리에서 앞에 앉아있던 허 선생님한테 문자가 왔다.

'바쁘세요?'라는 메시지였다. 앞을 보니 허 선생님 소주잔이 빈 것이다. 나는 바로 소주를 따라주면서 "바빴습니다."라고 답해주었다. 우린 한참 웃으며 재미있는 시간을 보냈다.

코오롱의 김경룡 상무가 찾아왔다. 협회에서 북한에 인조잔디 구장을 지원할 때 2억 원을 후원하는 데 큰 역할을 해준 분으로 내게 많은 도움을 주었다. 제주 시내에서 술 한잔하자 하였다. 제주 SK 프로축구단 정해성 감독과 같이 만났다. 하얏트호텔에서 1호차를 빌려줘서 아무도 모르게 하얏트호텔을 빠져나왔다. 서귀포에 있는 조그마한 술집이었다.

김경룡 상무, 정해성 감독과 같이 세 명이 함께 술을 여러 병 마셨다. 술집 여주인은 내게 TV에서 자주 보았다며 북한에 대한 많은 것을 물어보았다. 아마도 내가 북한 단장이다 보니 북한 사람인 줄 알았던 모양이다.

재미있었던 질문은 북한에선 카드대금 독촉을 어떻게 하느냐고 물어보는 것이었다. 남북은 아직 서로 잘 모르고, 잘못 알고 있는 부분이 많다. 그래서 상호 교류가 필요한 것이다.

예선 첫 경기! 잉글랜드를 만나다

2007년 8월 18일 오후 2시 제주 월드컵경기장. 무더운 날씨였다.

"체력과 정신력의 싸움이 될 것 같다."

오늘 E조 첫 경기, 북한과 잉글랜드 경기를 앞두고 나온 말이다. 나는 북한 축구대표단 지원단장 자격으로, 김정식은 경기단장 자격으로 VVIP석에 앉았다.

VVIP 좌석에는 각국 대표단 단장 및 FIFA 임원, 대한축구협회 이회택 부회장 등이 자리를 같이 하였다. 이회택 부회장은 농담으로 내게, "김경성 동무, 오늘 경기 잘하라우."라며 북한팀을 응원하였다.

경기 시작과 함께 체력이 좋은 잉글랜드 선수들의 몸놀림이 좋아 보였다. 개인기와 체력도 북한 선수들보다 우위에 있었다. 잉글랜드가 먼저 선제골을 넣었다. 축구 종주국답게 잉글랜드 축구는 강했다.

패색이 짙을 무렵 경기 종반에 북한은 선수를 교체했다. 림철민을 투입했다. 림철민은 키도 크고 몸무게도 제법 많이 나가 몸싸움엔 강했지만, 속도가 느려 베스트 멤버에선 항상 제외됐다. 림철민에게 기회가 왔다. 혼전 중에 튄 공이 림철민에게 다가갔고 그 공을 놓치지 않고 림철민이 차 넣었다.

극적인 동점골이었다. 조직위원회 이상호 국장이, "김경성 단장님! 북한 선수단. 왜 이렇게 잘해요?"라며 놀라워했다. 동점골이 터진 순간 김정식 단장과 나는 순간적으로 껴안고 펄쩍 뛰며 좋아했다. 전후반 90분 내내 가슴 졸인 결과인 첫 경기 성적은 1대1로 만족해야만 했다. 한국은 A조에서 페루를 상대로 0대1로 패했고, 일본 역시 나이지리아에 0대3으로 패해서 그나마 아시아에서는 북한이 체면을 세워 주었다.

경기가 끝나고 약물검사를 하였는데 잉글랜드 선수들은 5분도 안 돼 검사가 완료되었고, 북한 선수들은 2시간이 넘게 걸렸다. 소변이 나오지 않아 오래 걸린 것이다. 경기어 대한 부담감, 그리고 긴장감과 체력 고갈로 말미암은 결과라 생각하니 온 힘을 다해준 선수들이 고마웠다. 경기 전에 나이 테스트를 할 때도 긴장을 많이 하여서 내가 나서서 긴장을 풀어주었었다. 나이 테스트는 손목 관절의 성장판을 확인하는 방법인데 다행히도 아무 문제가 없었다.

예선 2차전, 브라질과의 경기

2007년 8월 21일 오후 8시, 잉글랜드와 비기고 두 번째 경기는 세계 최강 브라질과의 경기였다. 시작부터 브라질의 다양한 공격이 이어졌다. 찬스는 북한에게 먼저 왔다.

시작한 지 2분도 채 되지 않아 골키퍼도 없는 노마크 찬스에서 북한의 박광룡이 헤딩슛을 날렸으나 공은 골대 위를 가로질렀다.

정말 아쉬운 상황이었다. 아쉬운 공격이 끝나자마자 브라질은 쉽게 골문을 열었다. 경기 결과는 1대6으로 패했다. 정신없이 얻어터졌다. 1무 1패가 되어 예선 통과가 어려울 전망이다. 예선 마지막 경기인 뉴질랜드전에서 반드시 이겨야만 16강에 오를 수 있다.

A조 한국 역시 코스타리카에 0대2로 패했고, D조의 일본도 프랑스에 1대2로 패했다. 오늘 경기는 아시아팀의 참패였다.

예선 마지막 경기 뉴질랜드전

2007년 8월 24일 오후 5시, 뉴질랜드전. 벼랑 끝이었다. 더는 물러날 곳이 없다. 오늘 경기에서 반드시 이겨야만 16강에 오를 수 있다.

전·후반 90분이 다 되도록 0대0 무득점 상태였다. 16강 탈락의 순간이다. 또 림철민을 투입했다. 오늘도 림철민이 해결을 해줄까! 림철민에게 기회가 왔다. 안일범의 패스를 림철민이 가슴으로 볼을 받아 침착하게 슛을 때렸다. 뉴질랜드 골망을 흔들면서 16강의 진출이 확정되었다. 1승 1무 1패, 승점 4점으로 16강 진출이 결정되었다.

A조의 한국은 마지막 경기에서 토고를 2대1로 이겼으나 예선 탈락하였고, D조의 일본도 아이티를 3대1로 이겼으나 예선 탈락이 결정되었다. 예선 마지막 경기에서 한국·일본·북한이 모두 이겼으나 16강에 진출한 팀은 북한뿐이었다. 한국의 박경훈 감독으로부터 많은 도움을 받았는데 16강 탈락이 되어 무

척 걱정되었다.

16강! 스페인과 울산에서 만나다

제주에서 예선전을 마치고 16강 경기 장소인 울산으로 이동하였다. 김해공항에서 내려 차량으로 울산 현대호텔로 이동하였다. 1호차 앞좌석어 탑승한 나는 뒷좌석에 앉은 브호천, 김정식과 많은 대화를 나누었다. 박호천은 보위부 간부로서 한국에 와본 경험이 많았다. 울산시내에 '김정일 변호사 사무실'이란 간판이 눈에 띄었다. 박호천은 웃으면서 저 변호사 돈 많이 벌겠다고 말했다.

8월 29일 스페인과의 경기 준비를 위해 울산 현대호텔에서 훈련장까지 오전 오후 두 번씩 이동했다. 거리는 짧았지만 차가 많이 밀려 차 안에서 보내는 시간이 훈련 시간보다 더 많았다. 40도 가까이 되는 살인 더위가 계속해서 이어지그 있었다. 선수들의 컨디션 조절이 무척 신경이 쓰였다.

상황실과의 잦은 마찰

울산 종합운동장에서 훈련경기를 하였는데 노동자들이 엄청나게 많이 와서 북한 선수단을 응원하였다. '통일아리랑' 등 북한 선수단을 위해 노래와 북, 꽹과리를 치며 응원해 주었다.

상황실에서 긴장하는 것 같았다. 상황실의 통제가 갈수록 심해졌다. 나는 북한 선수들도 FIFA 규정에 따라 관리해 달라고 요청하였고, 상황실에서는 잘 받아 주지 않았다. 나는 선수단 컨디션 조절이 너무 걱정되어서 북한 선수단에 대한 통제 범위를 줄여 달라고 재차 요청하였는데 상황실은 받아 주지 않았다.

국정원과의 갈등이 심해졌다. 마침내 나는 북한 선수단을 평양으로 돌려보내겠다고 선포하였다. 상황실에서는 이른 아침에 내 방으로 찾아와 경고했다.

"당신! 대한민국 사람이지 북한 사람이 아니야. 당신 조심해. 다치는 수가 있어."

더 까불다간 다친다는 뜻이었다. 맞다, 나는 한국 사람이다. 하지만 지금 이 순간은 북한 축구단 단장이다. 북한 선수단이 좋은 성적을 내기 위해 최선을 다하는 것이 내 임무이고 사명감이라고 생각한다. 하지만 내가 상황실과 싸워서 이길 수는 없다. 나는 지금부터 신경 쓰지 않고 짐을 싸서 집으로 갈 테니까 북한 선수단은 당신들이 알아서 하라고 했다.

가방을 싸고 1층 로비에 나와 정지욱에게 전화하여 차를 갖고 오라고 했다. 정지욱 대리와 나는 울산에 있는 일산해수욕장으로 갔다.

이른 아침이었다. 뜨거운 여름이었기 때문에 아침부터 찜통더위였다. 막상 상황실에 큰소리 치고 나왔지만 걱정이 태산 같다. 상황실에서 지급한 흰색 전화를 주시하고 있었다. 상황실에서 전화가 걸려 오기를 기다린 것이다.

오전 내내 전화가 오지 않았다. 내가 먼저 상황실장에게 전화하였다. 상황실에서도 내 전화를 기다린 것 같았다. 나는 최선을 다해 협조할 테니 도와 달라고 부탁하였다. 나로서는 북한 선수단 컨디션과 조절을 통한 16강전에서 우승 후보인 스페인과의 경기 준비가 급선무였기 때문이다.

그 후 난 대회가 끝나서도 국정원 상황실장과 친분을 쌓았고 많은 도움을 받았다. 국가를 사랑하는 방법의 차이를 우리는 극복하지 못할 때가 있었던 것 같았다.

탈북자 축구 감독과의 만남

울산에는 북한 국가대표 축구선수였던 문귀남 감독이 탈북하여 울산대 감독을 맡고 있었다. 문귀남 감독은 오래 전부터 나를 만나고 싶어 했다. 선수단 훈련을 마치고 저녁 식사 후 문귀남 감독과 시내 호프집에서 만났다. 문 감독은 평양에 어머니와 누님을 두고 온 것이 마음에 걸렸나 보다. 내게 북한 선수단 부단장으로 온 김정훈과 만나게 해 달라는 부탁을 하였다. 나는 내키지 않았지만 간절한 부탁을 뿌리칠 수가 없었다. 8월 29일 스페인과의 경기 전반전 종료 후 잠깐 만나게 추진해 보겠다고 하였다. 그러나 문제는 김정훈 부단장이 문귀남 감독을 만나줄지가 걱정되었다.

선수단 대기실에는 안쪽에 샤워실과 화장실이 있었다. 김정훈 부단장이 용변을 보려고 화장실로 들어갔다. 나는 뒤를 따라가 옆에 서서 소변을 보면서 "문귀남 감독이 만나고 싶어 한다."라고 하자 김정훈 부단장은 펄쩍 뛰면서 내게 안 된다고 하였다. 나는 다시 "문 감독의 어머니와 누님은 잘 계시냐?"라고 물었다. 김정훈 부단장은 아무 탈 없이 잘 지내고 있으니 염려하지 말라고 하였다.

나는 문귀남 감독과 다시 만나서 상황 설명을 해 주었다. 문 감독은 60이 넘은 나이에도 내 앞에서 눈물을 펑펑 흘리며 어머니와 누님을 걱정하였다. 내가 해결해 줄 방법이 없어 몹시 가슴이 아팠다.

16강 스페인전

2007년 8월 29일 오후 5시, 울산 종합운동장. 이번 대회에서 스페인은 우승 후보 0순위였다. 특히 '보얀'이라는 선수는 명문 프로축구단 바르셀로나에서도 주전급 선수였다.

북한 선수단 또한 각오가 대단했다. 안일범, 한경광, 박광룡의 몸놀림이 가볍고 좋아서 기대할 만했다. 하지만 세계 최고의 스타플레이어 '보얀'을 막기엔 역부족이었다. '보얀'은 북한 수비수를 2~3명씩 달고 다니면서도 골문의 구석으로 정확하게 골을 연결하였다. 혼자서 2골을 해결하고, 세 번째 골도 어시스트해 주었다.

북한이 0대3으로 패했다. 8강 진출이 좌절되었다. 체력과 기술 모두 열세였다. 나는 이 대회를 위해 북한 선수단을 2년이나 훈련을 지원했고 모든 노력을 바쳤었다. 그러나 아시아에서 주최국인 한국도 올라가지 못한 16강에 유일하게 올랐다는 위안으로 마음을 달랠 수 있었다. 김정일 위원장에게 4강까지 진출하겠다고 약속한 적이 있었는데 결국 지키지 못했다.

8월 31일, 인천공항에서 고려항공으로 평양으로 가는 선수단을 환송했다. 고려항공 앞에서 선수단에 한마디 해주었다.

"정말 고생하고 수고 많았다. 지금부터 다시 시작하자."

평양 홍수, 구호물자 전달

살인 더위가 지나자마자 폭우가 쏟아졌다. 평양의 홍수는 사상 최악이었다. 보통강이 범람하여 수많은 주택이 침수되고, 엄청난 이재민이 발생하였다.

나는 MBC 문화방송 박정근 단장의 협조를 받아 북한에 수해물자를 전달하였다. 2007년 9월 17일, 개성을 통해 북한 4·25 체육단에 웅진코웨이 최고급 정수기 200대(4억 원 상당), 운동화 6,000컬레(2억 원 상당)를 전달하였다.

지난봄에 지원했던 인조잔디 구장도 수해 피해가 크다고 들었다. 이미 지원해준 코오롱 생산 인조잔디(5억 원 상당)와 관리기계(5,000만 원 상당) 외에 추가로 부자재를 보내 주었다.

강진군 국제유소년(U-15) 축구대회

북한 유소년, 또다시 강진에 오다

 2007년 10월 16일, 나는 북한 유소년(U-15) 선수들과 함께 전남 강진군에서 개최되는 '국제유소년(U-15)축구대회'에 참가하기 위해 쿤밍에서 인천공항을 통해 강진군에 왔다. 강진군은 지난 6월 이후 두 번째로 온 것이다. 숙소는 폐교를 숙박시설로 리모델링한 아미가모텔을 이용하였다. 도시와 떨어져 있는 숙소는 조용하고 마음에 들었다.

 숙소 앞에는 감나무가 깊어가는 가을 정취를 흠뻑 느끼게 해주었다. 식당은 숙소 1층을 이용해서 임시로 만들고, 광양 필레모호텔 주방팀을 불러 뷔페식으로 준비했는데 만족했다. 북한 선수들도 두 번째 방문이어서 그런지 이곳 생활에 익숙해진 것으로 보였다. 강진군 공무원들도 선수단과의 두 번째 인연에 정성을 다해 협조해 주었다.

 지난번에 방문했을 때는 모내기가 한창이었는데 이번 방문에는 벼 수확을 하고 있었다. 북한 선수단은 모내기와 수확 장면을 다 보는 셈이다. 남한의 농사 풍경을 제대로 알게 되었을 것이다. 숙소에서 훈련장까지는 20분 거리였는데 시골이라 차량도 한산해서 그런지 편안했다.

강진 종합운동장에 강진군 어느 단체에서 "북한 선수단을 환영합니다."라는 현수막을 걸어 놨는데, 북한 민화협의 김승찬 참사가 내게 북한이라는 단어를 북측 또는 조선이라 바꿔 달라 요청하는 바람에 현수막을 아예 제거해 버렸다.

강진군 국제축구대회 전야제

2007년 10월 17일 오후 6시, 강진군 실내체육관에서 개막식 전야제 축제를 하였다. 한국 청룡과 화랑·일본·프랑스·브라질·북한·동티모르·중국 등 8개 참가 팀과 강진군민 등 1,000여 명이 참석했다. 식사와 술, 그리고 각 국가의 장기자랑이 이어졌다. 일본 선수들은 볼 다루기 기술을 보여 주었고, 브라질 선수들은 춤, 프랑스는 노래 등 다양하게 재미있는 장기자랑을 하였다.

사회자가 특별한 소개를 하였다.

"다음은 조선민주주의인민공화국 4·25 유소년축구단을 소개합니다."라며 크게 소개를 하였고, 강진군민들은 기립 박수를 보내며 환영하였다. 북측 선수들은 VIP석에 앉아 있는 내게 인사를 하고 올라가 〈반갑습니다〉라는 노래를 하였다.

노래가 끝나자 관중석에서 "앵콜"을 외쳤다. 선수들은 내 눈치를 보기에 나는 손짓으로 한 곡 더 하라고 했다. 골키퍼를 보는 '송태'가 기타를 들고 독창을 했다.

노래 제목은 〈장군님을 따르는 마음〉이었다.

♬♬아버지라 부릅니다. 우리 장군님……

순간 관중석은 조용해졌다. 남한에서는 부를 수 없는 노래였다. 그날 밤 국정원에선 나를 밤새도록 괴롭혔다. 내가 일부러 그 노래를 시켰다는 것이다.

내가 시키지 않았다는 것을 본인들이 더 잘 알고 있었을 텐데…….

강진군 국제유소년축구대회 개막

드디어 개막전이 시작되었다. A조는 북한·브라질·중국·한국 청룡, B조는 일본·프랑스·동티모르, 한국 화랑으로 편성되었다. 예선전에서 북한은 한국 청룡을 1대0으로, 브라질을 3대1로, 중국을 9대0으로 이겨 조 1위를 하였고 브라질이 조 2위가 되었다. B조에선 한국 화랑이 3승으로 조 1위, 프랑스가 2승 1패로 조 2위가 되었다.

국제 유소년(U-15) 축구대회 MBC 생중계 방송 장면

북한은 준결승에서 프랑스를 3대1로 이겨 결승전에 올랐고, 한국 화랑은 브라질을 1대0으로 이겨 결승에서 북한과 만나게 되었다. 결승에서 북한은 한국 화랑에게 0대1로 패해 준우승 했다. 개막전은 KBS가, 결승전은 MBC가 생중계하였다. 이번 대회에 북한이 참가한 것이 계기가 되어 앞으로 남·북한에서 개최되는 경기에 남·북한 축구 꿈나무들이 자주 만나서 교류도 하고 꿈을 같이 키워나가면 이들의 미래는 사상과 이념의 갈등이 없는 화해와 평화, 그리고 협력의 시대를 만들어 나갈 것이란 확신이 들었다.

결승전 중계방송을 위해 이곳에 와서 북한 선수단을 격려했던 MBC 스포츠 제작국 오창식 국장, 이도윤 팀장, 통일방송 사업단 박정근 단장과 강진군의 명소를 찾아다녔는데, 강진군의 청자는 역사와 함께 최고의 도자기로 인정받을 만하였다. 대회가 끝나고 10월 28일 북한 선수단은 중국 쿤밍으로 돌아갔다.

평양에서 남북 축구 꿈나무들의 경기

남한 선수단 세 번째 평양 방문

2007년 11월 3일 평양 국제공항.

전남 강진군 대회를 마친지 10일 만에 나는 남한 축구선수단을 인솔하고 평양에서의 남북 축구를 위해 방북하였다. MBC 국제축구학교 선수들과 인천유나이티드 선수들을 연합하여 남한 대표단을 구성해서 북한과의 3회 친선경기를 위해 온 것이다. 2007년에 들어 남한 선수들이 평양을 두 번 방문했고, 북한 선수단들이 전남 강진을 두 번 방남했으니 이제 남·북한 축구 꿈나무들의 교류는 정기적 교류로 이어지는 데 문제가 없을 것으로 생각했다. 이번 평양에서의 남북 축구경기에는 인천유나이티드 프로축구단 소속 유소년 선수들도 참가했다. 인천시는 '평화 3000'을 통해 조건부로 북한에 인조잔디 경기장을 지원하였다고 한다. 남북 축구경기를 갖기로 하였는데 '평화 3000'에서 남북 축구경기를 개최하지 못하였다. 나는 아무 조건 없이 인천유나이티드 유소년팀에게 남북 축구 교류 기회를 제공한 것이다.

안상수 인천시장 참관

2007년 11월 7일 오후 2시, 김일성 종합운동장.

2만여 명의 관중이 모인 가운데 북한 4·25 체육단 유소년

필자의 MBC 인터뷰, 김일성 종합경기장

팀과 MBC 국제축구학교·인천유나이티드 유소년팀의 연합팀의 친선경기가 시작되었다. 이 경기를 보려고 인천광역시 안상수 시장을 비롯한 150명의 일행은 전세기를 타고 평양으로 와서 양각도 호텔에 숙소를 잡았고, 묘향산 등을 관광하고 이 경기장을 찾았다.

경기는 1대1로 비겼다. 경기 결과와 상관없이 양팀의 분위기는 무척 좋았다. 이번 선수단 방문 때는 MBC와 KBS가 동행하여 평양에서의 경기내용을 11월 7일(MBC 9시 뉴스), 11월 12일(KBS 9시 뉴스)에 보도하였다. 평양에서 취재는 쉽지 않았지만 내 협조로 MBC와 KBS는 어렵지 않게 방송 활동을 할 수 있었던 것이다.

김일성 종합경기장 안에서 MBC 유재광 기자가 내게 경평축구가 열리던 이곳 김일성 종합경기장에서 남북 축구 꿈나무들의 경기를 진행한 소감을 물었다. 나는 이번 평양 방문은 남한 유소년 축구팀의 세 번째 방문으로 매년 정기적으로 남북 유소년 축구 교류를 하고 있으며, 현재 정기적으로 행해지는

교류는 남북 유소년 축구 교류가 유일하다고 소개하였다. 중단된 경평 축구를 부활하여 민족의 최대 이벤트로 발전시키겠다는 소감을 전했다.

경기 종료 후, 나는 안상수 시장 일행을 경기장으로 안내하여 선수단 격려와 방송 인터뷰를 하는데 협조하여 주었다. 관중석에서 경기장으로 내려오는 건 상당히 어려운 일이었다. 이번 방북으로 남북 축구 꿈나무들은 서로 더 많이 알게 되었고 우정을 느끼게 되었을 것이다.

이러한 교류는 내년에도 또 그 이후에도 변함없이 추진되어 정기적 대회로 자리매김하고 문화 교류와 경제 교류로 확대 발전해야 할 것이다. 가장 중요한 것은 계획과 말로만 하는 것이 아니라 끊임없이 노력하여 실천하는 것, 행동에 옮기는 것이라고 생각된다. 나는 그동안 쉴 새 없이 남북 교류를 위해 노력하였다.

2007년에 나는 평양을 10회 방문해서 60일을 체류했고, 북한 선수들과 남한에 4회 방문하여 85일을 함께 지냈다. 또한, 중국에서는 25회 5개월을 체류했으니, 모두 합치면 10개월을 평양, 중국, 남한에서 북한 선수들과 보낸 것이다. 집에서 가족들과 생활한 건 고작 2개월인 셈이다.

남북 친선경기, 위성 생중계

2010 남아공월드컵 아시아 3차 예선 조 편성에서 남북이 만나게 되었다. 요르단·투르크메니스탄과 남·북한이 3조에 편

성되었다. 일본은 2조에서 바레인·오만·태국과 호주는 1조에서 중국·이라크·카타르와 경쟁하게 되었다. 아시아 3차 예선은 5개조로 분류하여 조별 4개 팀이 홈 앤드 어웨이 경기 방식으로 조별 상위 1,2위 팀이 최종 예선에 진출한다.

남한 월드컵 축구 대표단도 북한 축구팀을 가장 상대하기 어려운 팀으로 분류하여 북한 전력 파악에 총력을 기울이고 있었다. 모든 사람이 원하고 있을 때 남북 축구를 성사시켜야겠다고 생각했다. 난 즉시 실천에 옮겼다.

대북사업에 관심이 많은 인천유나이티드 안종복 사장과 여의도 렉싱턴호텔 커피숍에서 만났다.

남북의 국가대표팀 간의 경기는 대한축구협회와 협의해야 하기 때문에 단시일 내에 개최가 어려웠다. 일정 등 여러 가지를 고려할 때 남·북한 프로팀 간의 경기는 수월하게 진행할 수 있었다. 남한은 프로팀 간의 경기를 K리그라 하고 북한은 갑조 경기라 한다. 인천유나이티드는 시민 구단이지만 안종복 사장의 탁월한 마케팅 능력으로 성적을 뛰어넘어 매우 역동적인 프로축구단이다. 나는 안종복 사장에게 인천유나이티드 프로축구단과 4·25 축구 종합팀의 경기를 제안했다.

인천유나이티드 안종복 사장

안종복 사장은 축구계에서 뛰어난 인물이다. 중학교 때까지는 앞이 깜깜한 문자아였는데 축구를 통해 새로운 인생을 도전하게 되었다고 한다. 경신고와 고려대를 거쳐 청소년 국가대표로 발탁되었고, 선수 시절에 북한 대표팀과 경기한 경험이 있었다.

그 후 대우에 입사하여 프로축구단(대우로얄즈)을 창단하면서 승승장구하여 선수 출신 최초로 프로축구단 단장이 되었으며 40세가 되기 전에 대우 임원(상무)으로 승진하여 축구선수 출신으로서 성공 신화를 이룬 입지적인 인물이었다. 대우 김우중 회장이 대한축구협회 회장을 맡았을 때는 기획실장으로서 1990년 남북통일축구를 성사시킨 바 있었다. 또한, 인천 시민구단인 인천유나이티드 프로축구단을 창단하여 선수 출신 최초로 CEO가 되면서 축구선수들에게 새로운 희망 모델이 되었다.

안종복 사장의 가장 큰 장점은 스포츠 마케팅 능력이었다. 특히 전망 있는 선수들을 상대적으로 적은 금액에 영입하여 선수의 가치를 높이게 한 다음 높은 가격으로 타 구단에 넘기는 능력은 축구계에서 자타가 공인하였다. 이러한 능력 덕분에 인천유나이티드 프로축구단은 대한민국 프로축구단 중 최초의 흑자 구단이 되기도 하였다. 아마 언젠가는 대한축구협회 회장이 되어 대한민국 축구 발전에 이바지할 수 있을 것이란 생각이 든다.

안종복 사장은 대북사업에 관심이 많았다. 나는 가끔 안종복 사장에게 남북 축구를 제안했고 그때마다 안종복 사장은 거절하지 않고 내 뜻을 존중해 주었다.

나와 안종복 사장은 뜻이 일치하지 않는 부분도 많았으나 남북사업을 하고자 하는 의지는 서로 일치하였다. 3년 뒤 나는 안종복 사장을 남북체육교류협회 회장으로 추대하여 남북 스포츠 교류에 관련한 여러 사업을 같이 추진하게 되었다.

난 언제나 남북사업만큼은 본인이 하고자 하는 의지와 열정이 있어야 가능하다고 생각했다. 안종복 사장에게 북한 4·25 체육단과의 친선경기 소요 예산으로 MBC의 위성 생중계, 인천유나이티드 항공 운임과 체재비를 포함하여 2억 원을 요청했다. 당시 평양 능라도에 건축 중인 '김경성 체육인 초대소'의 마감 자재 비용이 필요했기 때문에 2억 원을 요청한 것이다.

안종복 사장, MBC 최문순 사장, 인천광역시 안상수 시장이 지원과 협조를 약속했다. 이로써 남북 축구의 기본적인 교통정리가 되었다.

최초의 위성 생중계를 지휘하다

위성 생중계 방송 진행을 위해 MBC 스포츠 제작단 오창식 국장, 이도윤 부장 등과 의견 조율을 마쳤다. MBC 방송 차량이 움직이면 그 비용이 상당하므로 현지 방송국에 위탁하여 위성 생중계를 하는 것으로 하였다.

- 대회명 : 남북 평화 친선 축구대회
- 일 시 : 2007년 12월 14일 오후 2시
- 장 소 : 중국 쿤밍 신아시아 제1체육장
- 참가팀 : 북한 4·25 체육단 종합팀,
          한국 인천유나이티드 프로축구단
- 방 송 : MBC 위성 생중계

중국 쿤밍 국제축구경기장(신아시아 경기장)
인천유나이티드 프로축구단 / 북한 4·25 축구
종합팀의 경기는 MBC에서 위성 생중계되었다.

나는 북한 4·25 축구단에 협조 공문을 보내 2007년 12월 5일까지 중국 쿤밍 훙타 스포츠센터로 전지훈련을 와 달라고 요청하였고, 중국 운남성 쿤밍 TV 방송국과 위성 중계 차량에 대한 용역 계약을 하였다.

　2007년 12월 14일 오후 1시 30분, 신아시아 제1축구경기장의 VIP 단상에는 인천광역시 안상수 시장을 비롯하여 인천시 초청 인사들이 자리하여 곧 있을 남북 축구경기를 기다리고 있었다. 잠시 후면 양측 선수단 입장이 있어야 하는데 북한 선수단이 나오질 않고 있다. 안종복 사장은 내게 재촉을 하고, 나는 북한 4·25 종합팀 박명훈 감독에게 선수들의 입장 준비를 완료하라고 소리를 질렀다. MBC 여의도 본사에선 이도윤 부장이 왜 아직 화면에 북한 선수단이 보이지 않느냐며 전화 독촉을 하였다.

　1시 55분, 드디어 북한 선수단이 대기실 앞에 나왔다. 나는 페어플레이기를 먼저 입장시키고 남·북한 선수들을 입장시켰다. 이도윤 부장에게 국제전화로 화면이 잘 나오느냐 물으니 잘 나온다고 대답했다. 내가 방송을 섭외하고, 용역 계약도 하고, 사전 점검도 하여 내 생애 최초로 위성 생중계 방송을 내

손으로 경험했다.

　관중석엔 북한 여자축구 선수단, 북한 청소년축구 선수단과 남한 안상수 시장 일행이 있었다. 나는 응원할 때 가급적 통일기를 사용했으면 좋겠다는 제안을 했는데 남·북한 관중 모두 협조를 잘해 주었다.

　경기는 양측의 자존심이 걸려 있듯이 치열하게 전개되었다. 팽팽했던 경기는 북한의 선제골이 터지며 분위기는 북한으로 넘어갔다. 결국 2대0으로 북한 4·25 축구단 종합팀이 인천 유나이티드를 이겼다. 2010 남아공월드컵 3차 예선에서 북한을 만난 대한민국 대표팀의 정해성 수석코치가 관중석에서 경기를 지켜보고 나서 북한팀의 빠른 역습과 조직력에 대해 대비하지 않으면 북한 대표팀과의 경기가 어려울 것이라 평가했다.

　경기가 끝나고 나는 안상수 시장을 안내하여 남·북한 선수단을 격려할 수 있게 하였다. 안상수 시장은 인천광역시의 대북사업에 대한 노력과 관심을 북한 선수단에 전했다. 남·북한 프로팀과의 공식 경기가 드디어 첫 성과를 낸 것이다. 비록 장소는 제3국인 중국이지만 위성 생중계 속에 이뤄진 이번 경기는 대단히 큰 의미가 있다고 본다.

남북 클럽 축구의 의미

　나는 지난 2년 동안 북한 선수단(유소년, 청소년)의 남한 방문 4회, 남한 선수단의 평양 방문 4회를 통해 '남·북한 왕래 유소년축구 정기 교류전'을 성사시켰다. 이것은 내년에도 지속할 것이다.

　남북 유소년축구단이 남·북한 도시를 서로 방문하여 정기적으로 교류하는 축구경기를 내 손으로 이루어냈다.

　앞으론 남북 청소년·유소년 축구 교류를 발판으로 남·북한 프로축구팀들의 교류를 성사시켜 K리그를 평양과 북한 도시에서 할 수 있도록 추진할 것이다. 그래서 이번 북한 4·25 축구 종합팀과 인천유나이티드 프로축구단의 경기가 매우 중요한 의미가 있다고 생각했다.

북한 축구에 대한 이해

북한 축구 리그

북한 축구 리그는 1, 2, 3부로 나뉘어 있다. 1부 리그인 '갑급 축구 연맹전'에는 12개 팀이 속해 있고, 2부 리그엔 40개 팀, 3부 리그엔 80개 팀이 있다. 모두 132개 팀이 리그를 구성하고 있어 우리가 생각한 것보다 규모가 더 크다.

매년 상위 리그 최하위 팀과 하위리그 우승팀이 승강제를 실시한다. 아직 K리그(한국 프로리그)에서도 정착시키지 못한 승강제가 북한에는 이미 잘 되어 있다는 것이다. 북한 1, 2, 3부 리그 아래로 청년 리그와 각 공장팀이 가동되고 있다. 북한의 최고팀은 4·25 체육단이다. 4·25 체육단은 인민무력부 소속으로 전원 장교급 대우를 받고 있다. 4·25 체육단은 조선인민혁명군 창립일인 4월 25일을 기념해서 만든 축구단이다. 북한의 군대가 4·25 군대인 것이다.

1부 리그에는 4·25팀, 소백수팀, 기관차팀, 압록강팀, 월미도팀, 자동차팀, 만경봉팀, 리명수팀 등 12개 팀이 있으며,

여자팀도 평양에 6개, 전국에 15개 팀이 1부 리그에 참여하고 있다. 1부 리그에 12개 팀이 있으나 소백수팀은 4·25 체육단 소속이고 북한 국가대표의 95% 이상이 4·25 체육단 선수들이다. 가끔 압록강 체육단과 기관차 체육단이 4·25 체육단과 경쟁을 하기도 하지만 실력 차가 많았다. 그래서 4·25 축구단은 국내 리그엔 관심이 없고 아시아 챔피언스리그에 참여하기 위해 현재 절차를 밟고 있다.

몇 년 전까지는 4·25 체육단이 압록강팀이나 기관차팀 같은 팀들에게 패한 적도 있지만, 내가 4·25 체육단을 중국 운남성 쿤밍의 홍타 스포츠센터에서 훈련을 지원한 이후 전력이 월등히 상승하여 이젠 대적할 팀이 북한 내에선 없는 셈이다. 그래서 소백수팀 같은 팀을 몇 개 더 만들어 4·25 체육단을 나누어서 전력을 균등하게 하고 있다.

남북 프로리그를 통합한다면…….

북한의 갑급 리그와 남한의 프로리그가 홈 앤드 어웨이 방식으로 우승팀 또는 양측 리그 4강 팀들이 교류한다면 민족 최대의 스포츠 이벤트인 '경평축구'와 함께 우리 민족이 스포츠로 하나 되고 서로 이해하며, 갈등을 해소하고 화해와 평화의 시대를 앞당길 수 있다 생각한다. 나는 모든 노력을 다하여 이러한 성과를 낼 수 있도록 노력할 것이다. 그러려면 나와 뜻을 같이할 수 있는 사람들이 많아야 한다. 물론 남북 관계도 더는 악재가 생기지 않아야 할 것이다.

경기 종료 후 인천광역시 안상수 시장 측에서 북한 임원들과 저녁을 하자는 제안이 왔으나 북한 측에서 거절하여 만찬은 함께 하지 못했다. 안상수 시장은 대북사업에 관심이 많았으며 특히 스포츠 분야의 교류어 강한 의지를 갖고 있는 것 같았다.

제5장
물은 낮은 곳으로 흘러 바다가 된다
― 시련의 시작, 남북 경협 사업에 뛰어들다

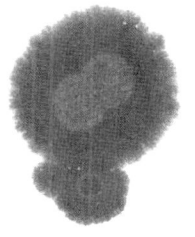

평양공단 개발사업 추진

이명박 대통령 당선

2007년 12월 19일 대통령 선거에서 이명박 대통령이 당선되었다. 나는 기업인 출신인 대통령이 당선되었으니 대북 지원도 강화되고 남북 관계가 훨씬 좋아질 것으로 생각했다.

기대 또한 무척 컸다. 더욱이 노무현 전 대통령의 '10·4 선언'이 있은 지 얼마 되지 않았기 때문에 새 정부에선 실천만 하면 되는 것이다. 새로운 시대에 맞춰 그동안의 체육 교류에 대한 신뢰를 바탕으로 경제 교류를 추진해야겠다고 생각하고 즉시 계획을 세웠다.

MBC 최문순 사장과 박정근 단장을 만나서 상의했다. 박정근 단장은 평양공단을 만들자고 제안했다. 김정일 국방위원장의 승인을 받을 수 있으면 평양 시내에 토지를 받아서 공단을 조성하고 남한의 기업을 유치하면 개성공단보다 훨씬 크게 성공할 수 있다는 제안이었다. 새로운 정부에서도 과거 정부에서 추진하던 사업이 아니고 신정부 탄생 이후 땅을 받아 공단 승인을 받으면 현 정부로서도 좋을 것이고, 평양공단 사업에 적극적인 지원도 할 수 있을 것으로 생각했다.

최문순 사장도 대찬성이었다. 만약 계획대로 평양에 공단 부지를 받을 수 있으면 'MBC 스포츠산업공단' 개발사업을 추진하겠다는 의견도 나누었다.

평양공단의 개발 이유

평양을 방문할 때마다 평양의 물가가 너무 비싸다고 늘 생각했었다. 평양 물가는 중국의 두 배 이상이었다. 생산 시설과 원자재가 부족하여 대부분 수입에 의존하기 때문에 나타난 현상이었다. 만약 평양공단을 개발해 각종 스포츠용품을 생산하여 북한 전역에 보급한다면 스포츠용품의 가격을 1/3 수준으로 낮출 수 있을 것이다. 생산 원가의 2배를 받고 팔아도 북한 물가가 워낙 높아서 1/3 수준으로 줄이는 것이 절대 어렵지 않을 것이다. 그러면 평양 공단에 진출한 남한 기업들도 수익을 낼 수 있고, 북한의 물가도 낮추고, 평양의 우수한 인력을 활용하면 좋은 품질의 제품을 생산하여 수출도 할 수 있을 것이다.

평양 시내에 10만 6,000평 토지를 제공받다

2007년 12월 23일, 4박 5일 일정으로 박정근 단장과 함께 평양으로 갔다. 강경수, 박정훈, 최명일 등이 우리 일행을 안내했다. 군초대소인 문수대초대소에서 4박 5일 일정으로 보내면서 평양공단 조성에 필요한 토지 제공을 요청할 것이다.

내가 강경수에게 평양공단 개발사업을 설명하고 토지 공급을 제안하니, 강경수는 너무 큰 것을 요청한다며 당황하여 윗분들과 상의해 보겠다고 하였다. 첫날부터 문수대초대소 만찬장에서 많은 술을 마시며 이명박 대통령의 신정부에 대한 기대와 우려에 대한 이야기가 밤늦게까지 이어졌다.

문수대 초대소는 평양 대동강변에 있는 북한 인민무력부대에서 운영하는 초대소로 초대소 내부도 잘 꾸며져 있고 소나무 숲이 있는 정원도 므척 넓어서 주로 북한군 간부들의 휴식 장소와 회의 장소로 이용되는 곳이다.

평양에서 보낸 크리스마스, 그리고 선물

밤새 함박눈이 내렸다. 크리스마스이브 아침이다. 이 시간에 서울의 젊은이들은 화이트 크리스마스를 맞이하는 기쁨으로 각종 모임과 희망찬 새해 준비를 하고 있을 것이다.

몇 년 동안 크리스마스를 가족과 보내지 못했다. 어린 아들 성훈이에게 특히 미안하다. 외로움 속에 또래 친구들에게 위축되지 않아야 할 텐케……. 어떤 일이든 선구자의 역할엔 희생이 따를 수밖에 없는 것 같았다.

북한에선 크리스마스 축제가 없었다. 눈은 낮에도 쉬지 않고 내렸다. 눈이 계속하여 내리자, 외부 일정을 줄이고 실내에서 실무회의 등으로 시간을 보냈다. 윗분들과 상의 하러 갔던 강경수가 돌아왔다. 나는 침을 삼키며 내가 제안했던 평양공단 사업에 대한 답을 기다렸다.

강경수는 대답하였다. 평양시 사동 구역 장천동 소재의 4·25 체육단 토지 10만 6,000평을 나에게 무상 제공(50년 사용 권한) 한다는 것이다. 그리고 국토개발승인서, 토지이용승인서, 합의서 등 관련 기관 승인을 받는데 1개월 정도 소요된다고 했다. 강경수는 "경성 교장 선생이 요청하는 건 우리는 최선을 다합니다."라고 말하면서 가능한 빠른 시간 내로 절차를 완료하겠다고 하였다.

가슴이 벅차올랐다. 뜨거움이 가슴속에서 살아 움직였다. 그동안의 고생이 한꺼번에 사라진 것 같았다.

"강 동지! 강 동지! 경수 동지!"

난 강경수 손을 잡고 몇 번을 불렀다.

"고맙소. 앞으로 더욱 경수 동지를 믿고 사업을 추진하겠소."

강경수는 나에게 "교장 선생은 잘 먹고 잘살 수도 있었는데 우리 때문에 어려워졌으니 우리는 경성 교장을 계속하여 밀어드리겠습니다."라고 하였다.

강경수와 나의 믿음은 오래전부터 크게 쌓여 있었다. 남북사업에서 가장 중요한 것은 언제나 믿음이 흔들리지 말아야 한다는 것이다. 남이든 북이든 어느 쪽에서든 상대를 의심하거나 믿음이 흔들리면 리스크가 큰 남북사업에서 성과를 낼 수가 없다. 북한도 결과에 대한 자신이 없을 때는 사업 추진을 하지 않는다. 왜냐하면, 잘못되면 추진했던 본인이 다치기 때문이다.
 오늘은 크리스마스이브 날이다. 난 크리스마스 선물을 크게 받은 것이다. 산타클로스 할아버지, 감사합니다!
 전망 좋은 문수대초대소에 수북이 쌓이는 함박눈……. 강경수, 최명일 등 가까운 동지들……. 그리고 나의 최대 협력자 박정근 단장……. 기분 좋은 날 좋은 사람들과 함께여서 좋았다.
 문수대초대소 2층엔 조그만 바가 있는데 접대원들이 무척 예쁘다. 그중 금희가 제일 예뻤는데 성이 황씨였다. 황금희다. 동생은 은희라고 해서 우리가 매일 놀리기도 하였다. 남한의 이영애보다 더 예뻐 보였다. 오늘따라 더욱 아름다워 보였다.
 바 앞에는 당구장이 있었는데 포켓볼 당구대가 있었다. 강경수와 나는 같은 편을 먹고서, 조를 나누어 술내기 게임을 하였다. 강경수와 내가 이겨서 술을 얻어먹게 되었다. 오늘은 뭐든 되는 날인 것 같다.
 아……! 세상일이 오늘만 같았으면 좋겠다. 황금희가 따라주는 술잔을 비우면서 술에 취해가고 있었다. 접대원 중에 김경희가 있었는데 내가 황금희 옆에만 있자 "교장선성님은 금희 동무를 좋아합니까?"라며 농을 던졌다. 눈은 계속해서 내리고 있었다.

평양 국제공항으로 회항
 2007년 12월 26일 평양 국제공항. 평양 일정을 마무리하여 큰 성과를 갖고 서울로 돌아가려고 평양국제공항에서 고려항공 탑승 준비를 하고 있었다. 오전 10시에 출발하기로 되어 있는 비행기가 눈이 많이 내려 출발을 못 하고 있었다. 서울을 가려면 중국 심양을 거쳐 가야 하는데 심양에 눈이 더 많이 왔다는 것이다.

오후 5시가 되어서야 비행기는 출발할 수 있었다. 며칠 동안의 피로로 비행기 안에서 나는 깊은 잠에 빠졌다. 한참을 잔 것 같다. 비행기 안에 안내방송이 흘러나왔다. "여러분은 방금 평양 국제공항에 도착하였습니다." 나는 내 귀를 의심했다.

중국 심양에 도착해야 할 비행기가 출발지인 평양에 도착하다니……. 사연인즉슨, 심양에 눈이 많이 내려 회항을 해 다시 평양으로 왔던 것이다. 겨울에는 심양에 눈이 하도 많이 내려 가끔 있는 일이라는 것이다.

모든 승객은 고려 호텔로 안내되었다. 나는 4·25 체육단에 전화하였다. 강경수 집으로 전화하니 강경수는 교장 선생님 영접으로 내일 들어 온다는 것이다. 강경수는 내 핑계를 대고 외박을 하나 보다. 남한이나 북한이나 사내들이 부인에게 거짓말을 하는 것은 똑같다.

박정훈 단장이 20분도 되지 않아 공항으로 차를 갖고 나왔다. 문수대초대소로 다시 돌아갔는데 밤 10시가 넘었다. 모든 직원이 퇴근하여 관상용으로 기르던 꿩을 잡아 백숙으로 해 먹었다. 한참 먹고 있는데 11시가 넘어 최명일이 왔고, 12시가 넘은 시간에 강경수가 왔다. 강경수는 오면서 안주를 많이 사 왔다. 눈 덕분에 우리는 다시 만난 것이다.

"내일은 토끼 사냥이나 갈까?"하고 농담을 하자, 강경수는 "갑시다."라고 대답해 모두가 웃었다. 계획에 없던 날이라 늦잠을 잤다. 고려항공에서 전화가 왔다. 우리 때문에 비행기가 못 뜨고 있다는 것이다. 모든 승객은 고려호텔에 묵어서 한 번에 연락을 취해 탑승했으나 나와 박정근 단장은 어디 있는지 몰라 여기저기 찾고 난리가 났던 모양이다. 제대로 씻지도 못하고 공항으로 가니 출입국 심사도 없이 탑승을 시켰다. 우리 때문에 한 시간이나 늦게 출발을 한 것이다. 무척 미안했다.

'평양아! 한 달 후에 다시 보자.'

나도 이젠 평양에 10만 6,000평의 땅을 가진 사람이다!

평양 땅을 개발하기 위해 같이 일할 수 있는 동지들을 규합했다. 노무현 정부에서 비서관을 역임했던 황이수를 영입했다. 2008년 1월 27일부터 4박 5일간 평양방문 때 같이 가서 토지에 관련된 서류도 받고, 현장 방문도 해야 할 것이다.

황이수와 난 20여 명의 기업인을 모집하였다. MBC 문화방송 최문순 사장도 적극적으로 사업 추진에 도움을 줬다. 박정근 단장은 합의서 문안을 작성해 주었다. 올해는 뭔가 잘될 것 같았다.

2010 남아공월드컵 아시아 3차 예선 평양 경기 중계권

2010 남아공월드컵 3차 예선에서 남·북한은 같은 조에서 경쟁을 하게 되었다.

대한민국 축구대표팀 경기 일정은 2010년 2월 6일 홈에서 투르크메니스탄과 첫 경기를 시작으로, 3월 26일 북한과 원정 (평양)경기, 6월 2일 요르단과 홈경기, 6월 7일 요르단과 원정경기, 6월 14일 투르크메니스탄과 원정경기, 6월 22일 홈에서 북한과의 경기를 갖는다.

언론에서 최대 관심은 3월 26일 평양에서 열리는 남·북한 대표팀 경기였다. 역대 축구 중계권 중 가장 큰 금액은 한·일전 경기로 14억 원의 중계권료가 지급되었다. 3월 26일 평양에서의 중계권은 부르는 게 값이었다.

SBS 신중섭 국장에게서 전화가 왔다.

신 국장은 나의 도움을 받아 2005년 5월 15일부터 6월 5일까지 2006년 독일월드컵 북한 축구대표팀을 취재하여 SBS가 8회에 걸쳐 메인뉴스로 북한 축구대표팀을 보도하였다. 그 당시엔 북한 대표팀을 취재하기가 무척 어려웠는데 내 도움으로 특종을 따낸 신중섭 국장은 내가 북한에 어느 정도 영향력이 있다는 것을 직접 보았기 때문에 대북사업에 대한 나의 능력을 무척 신뢰하는 분이었다. 신중섭 국장은 3월 26일 평양에서 남·북한 월드컵 예선경기를 SBS가 중계할 수 있게 해준다면 200만 달러+α를 준다는 파격적인 제안을 했다. 난 욕심이 생겼다. 그러나 MBC와의 의리가 있는데 돈 때문에 SBS에 넘긴다는 것이 마음에 걸렸다. MBC 최문순 사장과 박정근 단장에게 상의했다. 스포츠 제작단 오창식 국장에게 상의하라는 것이다.

오창식 국장과 이도윤 부장을 만나 만일 MBC가 평양에서의 월드컵 예선전 남북 경기를 독점 중계한다면 중계권료로 얼마를 지급할 수 있는지 묻자 30만 달러 이상을 주기 어렵겠다고 했다.

신중섭 국장이 비밀로 해 달라는 말을 깨고 SBS에서 200만 달러+α를 제안했다는 사실을 말하자, 오창식 국장은 펄쩍 뛰면서 SBS의 돈 싸움에 대해 항의를 하겠다고 난리를 쳤다. 일이 이상하게 꼬인 것이다.

결국 MBC, KBS, SBS 스포츠 국장단 회의에서 과도한 중계권 경쟁을 하지 않는다는 합의를 하고, 평양 중계권은 제비뽑기로 하기로 하였다. 제비뽑기를 하면 경쟁에서 밀려난 방송국도 입지가 좁아지지 않아 선택한 것 같았다.

제비뽑기에서 SBS가 뽑혔다. 난 MBC와의 의리 때문에 SBS와 신중섭 국장의 비밀 제안까지 알려 줬는데 이 일로 신중섭 국장과의 사이가 어색해졌다. 하여간 난 SBS를 대리하여 북한과 중계권료를 협상하였는데 북한에선 130만 달러를 요구하였다. 내가 200만 달러를 받으면 70만 달러가 남는 것이다.

그러나 일이 틀어지기 시작했다. 북한에선 평양 경기를 할 때 남·북한 국기 사용을 하지 말고 한반도기를 사용하자고 하였고, 대한축구협회에서는 FIFA 규정대로 남·북한 양국 국기를 사용하자는 주장이 팽팽히 맞섰다. 개성에서 두 차례의 실무회담을 가졌는데 서로의 입장만 되풀이할 뿐이었다.

결국 평양 경기는 무산되었고, 북한은 평양 대신 상하이에서 홈경기를 치르는 방식으로 월드컵 예선전 남·북한 경기를 하였다. 평양에서의 남북 경기는 의미도 있고 중계권도 가치가 있으나, 상해에서 치러지는 경기의 중계권은 그 가치가 반감되는 것이었다. 200만 달러+α의 파격적인 중계권 사업은 이렇게 허무하게 물 건너갔다.

조선민주주의인민공화국 국토개발승인서를 받다

2008년 1월 26~29일, 평양공단에 투자를 희망하는 기업인들과 평양을 방문하였다. 강경수는 대동강과 보통강이 만나는 지점에 있는 량강호텔로 우리를 안내했다.

겨울이지만 날씨가 좋았다. 이번 일행 중에는 평양공단 개발 사업에 최초로 참여한 최창욱 사장과 신정부에서 대한체육회장 후보로 거론되는 김정행 총장과 김진도 대한유도협회 부회장, 심판위원장 등 유도 관계자 7명도 포함되어 있었다. 김정행 총장 일행은 나의 친한 친구인 용인대 김태수 축구감독이 소개하여 나와 인연이 되었고, 평양을 같이 오게 된 것이다.

내가 용인대 축구팀의 전지훈련을 한 달간 지원해준 적이 있어서 용인대에선 내게 고마워했다.

2008년 4월 26~27일 아시아 유도선수권대회가 제주에서 열리는데 김정행 총장은 북한이 참가한다면 북한이 좋은 성적을 내는데 최대한 도와주겠다고 하였다. 3개월 후인 4월 24일 북한 유도팀은 임원을 포함하여 17명의 선수가 제주 대회에 참가했다. 김정행 총장은 약속대로 북한 유도 선수단을 도와줘서 북한은 금메달 1개, 은메달 1개, 동메달 2개를 따냈고, 올림픽 출전권도 남자 2체급, 여자 4체급을 확보했다. 북한도 대한 유도협회 협조로 좋은 성적을 냈다고 내게 말하였다.

약속을 지킨 김정행 총장은 사나이 세계의 보스 같았다. 김정행 용인대 총장 일행은 모두 유도인 출신이다. 김정행 총장이 유도 10단이고 김진도 부회장이 9단, 이번에 동행한 분들 모두 6단 이상의 고수들이다. 조용철(유도 금메달 리스트)교수가 가장 젊었고, 모두 60대 이상으로 100kg 이상의 거구였다.

모두 김정행 총장에게 깍듯하게 대했는데 북한 사람들은 이런 행동에 놀라워했다. 량강호텔 7층에 김정행 총장 일행이 묵고 있었다. 김정행 총장과 내 방은 특실이라 서로 마주 보고 있었다. 아침에 식사를 가기 전에 김정행 총장 일행은 식당으로 바로 내려가지 않고 김정행 총장 방문 앞에 3명씩 두 줄로 줄을 서서 총장이 나오길 기다리다 나오면 "편히 주무셨습니까?"라고 인사를 한 뒤 옆에서 호위하며 엘리베이터를 이용해 식당으로 내려가 의자 옆에 서 있다가 김정행 총장이 먼저 앉으면 그 뒤에 차례대로 앉았다. 식사를 끝내도 절대 먼저 일어나지 않고 김정행 총장이 일어나면 뒤따라 일어나서 밖으로 같이 따라들어가곤 했다.

술을 마실 때도 엄청나게 많이들 마셨다. 술안주로는 달걀을 30개씩 먹어서 량강호텔에 달걀이 동나기도 했다. 맥주잔에 소주나 양주를 가득 부어서 마시는데 김정행 총장이 권하면 거절 없이 단숨에 마셨다.

단고기를 먹고 싶다 하여 20kg짜리 개를 잡았는데 통째로 삶아 나왔다. 김정행 총장 일행이 단숨에 먹어 치우는 걸 보면서 강경수, 최명일, 고종철 등은 모두 말문이 막힌 표정을 지었다. 그야말로 사나이 세계를 보는 듯 했다. 마치 마피아 영화 같다는 생각도 들었다. 63세의 대한유도협회 심판위원장도 김정행 총장 앞에선 담배를 피우지 못했다.

동명왕릉 관광에서 심판위원장이 수석을 구입했는데 멀리서 지켜보던 김정행 총장이 "그게 뭐냐, 이리 가져와 봐!"라고 하니, 뛰어와서 "여기 있습니다." 하며 구매한 수석을 보여 주었다. 이 장면을 보고서 북한 안내원들은 "저분은 대단한 분이신가 봐요."라고 말하였다.

김정행 총장 일행은 북한 사람들에게 영원히 잊혀지지 않을 분으로 확실한 인상을 심어 주었다. 대한민국을 넘어서 아시아 유도계의 보스로 인식시켜 준 것이다.

그날 밤 나는 김진도 부회장과 의형제를 맺었다. 김진도 부회장은 대구에서 섬유 산업을 하는데 평양공단으로 진출을 검토하고 있었다. 북한에서 귀국하여 대구의 김진도 부회장의 공장을 2~3회 방문했고, 술도 함께 많이 마셨다. 김진도 부회장도 김정행 총장 못지않은 보스 기질을 가진 분이었다.

마지막 날에는 평양공단 예정부지를 돌아보았는데 북한의 책임자가 투자에 관련한 질문에 답해 주었다. 그리고 저녁때 강경수는 나에게 드디어 기다리고 있던 서류를 주었다.

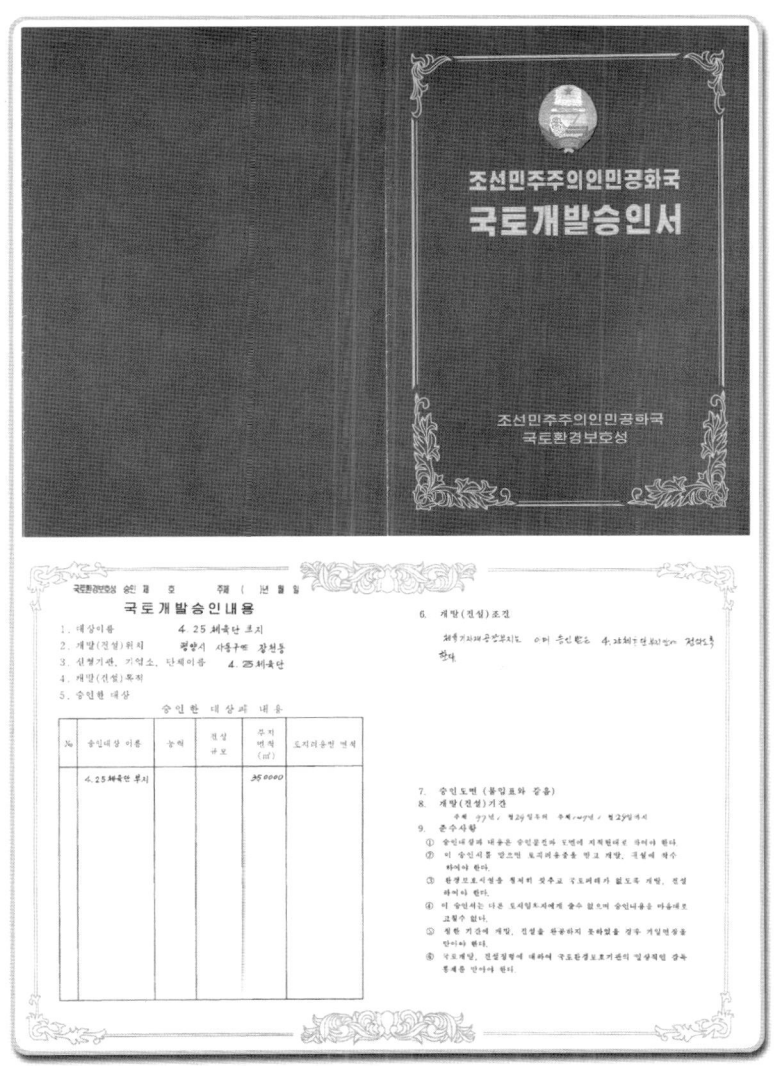

조선민주주의인민공화국 국토개발승인서

모두 무상으로 받았다. 그동안 나의 노력에 대한 결과이다. 하늘은 스스로 돕는 자를 돕는다 하였다. 그동안 난 북한에 무엇을 바라고 지원하지 않았다. 어쩌면 순수하게 아무 요구 사항 없이 지원했던 내게 북한은 믿음과 동지 의식을 느꼈을지도 모른다.

이제 북한과의 사업을 어떻게 하면 성과를 낼 수 있는지 알 것 같다. 이제부터 평양공단을 잘 개발하여 남한 기업도 수익을 창출하고, 북한의 물가를 낮춰서 남·북한 경제에 기여하고, 북한에 내가 만든 제품이 공급될 수 있도록 잘 추진할 일만 남았다.

평양공단 개발사업 추진

서울로 돌아온 후, 북한의 국토개발승인서 등 평양공단 개발에 관련된 서류와 평양공단 개발사업 승인신청서를 제출하고 구체적인 사업 계획을 세웠다.

내가 4·25 체육단으로부터 받은 각종 권리는 그동안 대북사업가들이 북한 정부로부터 받았던 권리에 비해 파격적인 내용이었다. 우선 4·25 체육단과의 긴밀한 협조를 통해 안정적으로 공단 운영을 할 수가 있는 장점이 있다. 나는 중국 쿤밍의 홍타 스포츠센터에서 북한 4·25 체육단 소속 선수단의 훈련을 1년 내내 지원하고 있기 때문에 4·25 체육단의 협조 체제는 잘 구축되어 있었다.

평양은 인구가 250여만 명이나 되기 때문에 개성공단과 비교하면 우수한 노동력을 확보할 수 있다. 더욱이 이번에 내가 받은 권리는 무척 파격적이었다.

- 원자재 및 기계설비 무관세 반입, 반출 허용
- 생산 제품 북한 내 판매, 외국 수출 허용
- 이익금 해외 반출 허용
- 국제통신(전화 팩스) 허용
- 장기 체류를 통한 기술지도 허용 등

평양공단 개발에 참여하는 업체는 평양 시장을 선점할 기회를 얻게 될 것이다. 개성공단에서 생산되는 제품은 모두 남한으로 가져와 국내 및 외국 판매를 하지만 평양공단에서 생산된 제품은 북한 및 해외 판매를 할 수 있는 권리가 있기 때문에 북한 시장을 선점할 수 있다. 또한, 전기와 용수 등을 우선 공급 대상으로 지정되어 공급문제가 완전히 해결되었고, 유통에 대한 문제도 개성공단과 달리 해상(남포), 항공(평양), 육로(개성, 신의주 등) 다양한 통로가 있어 편리하다.

나는 평양공단 개발과 관련하여 황이수를 통해 과거에 봉제공장 근무 경력이 많은 김영대를 영입하였다. 김영대는 민주노총 사무총장을 거쳐 제17대 국회의원을 지냈으며 대북사업에도 관심이 많았다. 이제 평양공단 개발을 같이할 수 있는 창단 멤버가 구성된 것이다. 최문순(MBC 사장), 황이수(전 청와대 비서관, 서울대 총학생회장), 김영대(17대 국회의원) 등이 중심이 되어 평양공단 개발사업의 출발을 준비했다.

이제 매달 1회 이상 공단 개발에 참여할 업체를 평양으로 초청하여 투자 설명 및 사업 계획을 발표하여 개성공단처럼 활성화시키는 일만 남았다. 2008년 2월 25일 황이수는 노무현 대통령과 이재정 통일부 장관으로부터 평양공단의 성공을 기원하는 사인을 받았다.

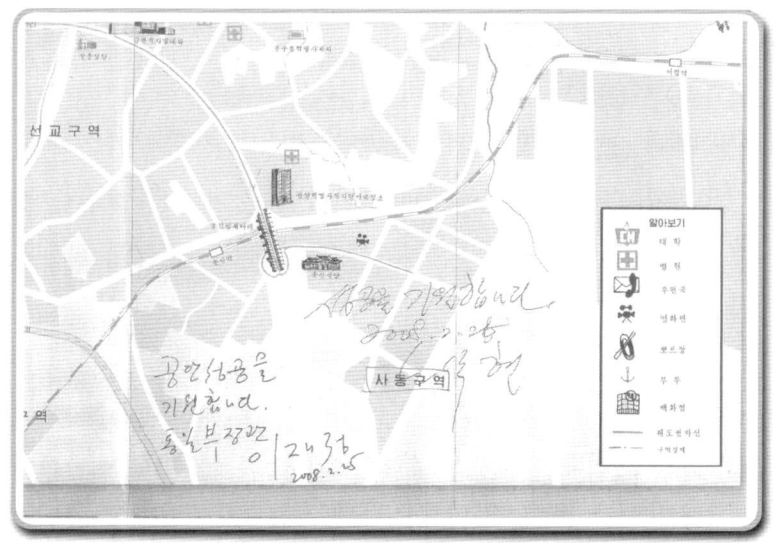

평양공단의 성공을 기원하는 노무현 전(前) 대통령, 이재정 전(前) 통일부 장관의 친필 서명

이날은 바로 이명박 대통령이 취임하고 노무현 대통령이 퇴임하는 날이었는데, 봉하마을로 가려고 탑승한 기차 안에서 황이수가 노무현 대통령에게 사업 계획을 설명하고 성공을 기원하는 사인을 받은 것이다.

노무현 대통령은 '전(前) 대통령'이라고 적고 사인을 했는데, 이재정 장관은 "난 아직 현직이야!"라며 주변에 웃음을 선사했다고 전했다.

평양에서 미국 국가를 연주하다

2008년 2월 26일 오후 6시 평양 동평양대극장.

세계 3대 교향악단 중 하나인 뉴욕필하모닉 교향악단의 평양 초청 연주회가 열렸다. 북한 국가 연주로 막을 열었으며, 이어 미국 국가 '성조기여 영원하여라'가 연주되었다. 양국 국가가 연주되는 동안 관객들은 일어나 경청하였고, 국가 연주가 끝나자 아낌없는 박수를 보냈다. 아리랑 앵콜 공연을 마지막으로 역사적인 공연이 막을 내리자 공연장은 5분간 휘파람과 박수갈채로 가득 찼다.

뉴욕필하모닉 교향악단 동평양대극장 생중계 장면

최문순 MBC 사장도, 티근 북한 외무성 부국장도, 윌리엄 페리 전 미국 국방장관도 앉아 공연이 끝날 때까지 지켜보았다. 이 공연은 조선중앙방송, MBC 위성 생중계를 통해 전 세계로 실황이 중계되었다. 실로 가슴 벅찬 순간이었다.

MBC는 뉴욕필하모닉 교향악단의 공연 중계권을 따내려고 엄청난 노력을 하였다. 최문순 사장은 발로 직접 뛰어다니며 스폰서를 유치했고, 박정근 단장은 북한과의 실무 접촉을 통해 공연 중계방송하는 과정의 문제점을 해소시켰으며, 나는 MBC가 중계권을 딸 수 있도록 옆에서 보좌해 주었다. MBC 최문순 사장의 임기가 2008년 2월 29일이니까 임기 3일 전에 역사에 길이 남을 업적을 남긴 것이다.

뉴욕필하모닉 교향악단은 이틀 뒤인 2008년 2월 28일, 한국의 예술의 전당에서도 성공적인 공연을 하였다. 평양과 서울에서 성공적인 공연을 마친 뉴욕필하모닉 교향악단은 평화의 전도사였고, 그 뒤에는 MBC 방송사의 최문순 사장이 있었다.

2008년 2월 27일, 개성을 통과한 최문순 사장에게서 전화가 왔다. 내겐 너무도 반가운 전화였다. 바로 만나자는 것이다. 평양에서 오자마자 나를 만나겠다는 것이다. 최문순 사장은 평양공단 개발사업을 하는데 적극적으로 참여하기로 하였다. 원래 평양공단은 MBC 스포츠산업공단으로 개발하려 했는데, 정권이 교체되면서 최문순 사장은 연임하지 못하고 엄기영 사장에게 후임 자리를 물려 주었다. 엄기영 사장은 내가 하는 대북사업과는 인연이 아닌 것 같았다. 그래서 'MBC 스포츠산업공단' 개발 계획을 '평양대동강공단' 개발 사업으로 전격 수정하였다.

(주)남북경협 탄생

　최문순 사장이 이 사업을 같이해 준다니 더욱 힘이 생겼다. 이제 '평양대동강공단'을 개발하는 법인 설립을 추진하였다. 법인 명칭은 (주)남북경협으로 하였고, 최문순 회장, 김영대 대표, 황이수 부사장으로 하여 국내 업무를 맡고 나는 북한 쪽 업무를 맡는 것으로 정하였다.

　공단 개발을 하는 데는 자금이 필요하다. 최문순 사장은 MBC에서 받은 퇴직금 전액을 투자하였는데, 아내의 반대가 컸다고 했다. 또한, 투자자를 여러 명 소개했는데 모두 투자에 참여했다. 김영대 대표와 황이수 부사장도 투자자를 유치하여 회사가 규모를 갖추기 시작하였다.

　2008년 4월 29일, 경기도 고양시 일산동구 장항동 웨스턴타워에 (주)남북경협을 설립하였다. 그리고 평양대동강공단에 대동강 1호 공장(연건평 1,500평)을 건설하기 시작하였다. 건축 설계는 개성공단에 진출하여 사업에 성공한 낙원건설 부사장 남상준을 (주)남북경협 건설본부장으로 영입했으며, 통일부 사업승인은 오재록(전 청와대 행정관)을 이사로 영입하여 담당하게 했다.

　2008년 3월 15일, 최문순 사장에게 전화가 왔다. 긴급히 만났다. 이명박 정부와 한나라당이 방송통신위원회 위원장으로 최시중을 내정하고, '방송통신법'이란 악법을 발의하려고 하는데, 그것을 막기 위해 언론 대표로 추천받아 민주당 비례대표로 국회로 진출할 것이라면서 전면에 나서서 평양 대동강공단 개발

사업을 함께하지 못하고 뒤에서 도울 수밖에 없다고 하였다.
나는 최문순 사장의 국회 진출을 축하해주었다. 최문순 사장은 약자를 배려할 줄 알고, 따뜻한 가슴과 냉철한 판단력을 가진 지도자로서의 덕목을 모두 갖추고 있다고 생각한다.

평양공단 착공식

최문순 사장은 국회의원 당선자 신분으로 2008년 5월 7~10일 투자자 20명과 함께 김포공항에서 고려항공 전세기를 타고 평양으로 갔다. 나는 최문순 사장과 김영대 대표, 황이수 부사장, 윤병길 회장(강원도 약사회 회장), 그리고 림승찬(4·25 체육단 단장)과 함께 역사적인 대동강 1호 공장 착공식을 가졌다.

평양공단 '대동강1호 공장 착공식'
좌로부터 6번째 최문순 의원(현 강원도지사), 림승찬 북한 4·25 체육단 단장, 윤병길 회장, 김영대 대표, 필자 등이 착공식에 참여했다.

대동강 1호 공장의 규모는 지상 1,2층으로 연건평은 1,500평이며, 스포츠용품을 생산하는 공장으로 추진하였다.

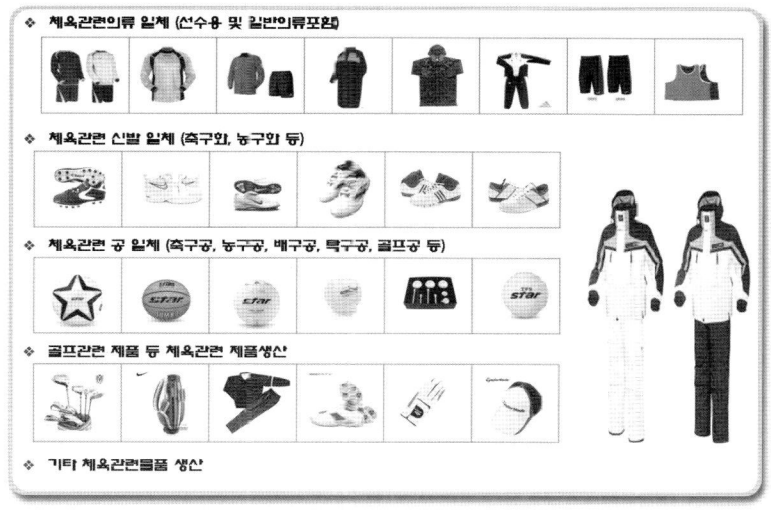

평양 대동강1호 공장에서 생산 예정인 스포츠용품

투자자는 매월 모집하여 평양대동강 1호 공장 건설 현장을 견학시켰고, 부지 시찰과 함께 능라도에 건설 중인 김경성 체육인 초대소 건설 현장과 내가 제공한 인조잔디 구장에서 북한 4·25 체육단 축구선수들이 훈련하는 현장을 보여 주었다.

투자자의 평양 방문은 거의 매월 진행되었다.
- 1차 : 2008년 1월 26~29일
- 2차 : 2008년 3월 1~4일
- 3차 : 2008년 3월 29~4월 1일
- 4차 : 2008년 5월 7~10일

- 5차 : 2008년 6월 14~25일
- 6차 : 2008년 8월 9~13일
- 7차 : 2008년 10월 8~11일
- 8차 : 2009년 2월 25~28일
- 9차 : 2009년 3월 28~31일

정권 교체 후 평양에서 열리는 첫 남북 경기

통일부에서 통보가 왔다. 남북체육교류 계약에 의해 이미 통일부 사업 승인과 함께 지원금을 받기로 되어 있었는데, 갑자기 지원금을 중단하겠다는 내용이었다. 남·북한 축구 교류사업 승인은 해 주겠지만, 지원금은 줄 수 없다는 것이다. 통일부에 항의했지만 결과는 마찬가지였다. 그래도 남·북한에서 유일하게 진행되어온 정기 교류전을 포기할 수 없었다.

2008년 6월 14~25일에 MBC 국제축구학교 선수들, 동티모르 어린이들과 함께 평양을 방문하여 4·25 유소년, 소백수 유소년(13세 이하) 선수들과 세 차례의 평가전을 갖고 조선 4·25 체육단과의 정기 교류전을 중단 없이 진행했다. 정권 교체 후 평양에서 처음 열린 남과 북, 그리고 동티모르의 어린 꿈나무들의 축구경기는 2008년 6월 27일 MBC 〈화제집중〉에 방영되었다. 정부(통일부) 지원금이 중단되어서 교류 자금은 내가 개인적으로 마련해야 했다. 지인들의 협조를 받아 어렵게 자금을 마련하여 유상철 감독과 남한 선수들을 평양 대회에 참가시킨 것이다.

어린 꿈나무 선수들을 데리고 평양대회에 참가한
우상철 감독(MBC '화제집중' 화면)

  MBC 리토국제축구학교를 설립해 유상철 감독을 영입한 지도 벌써 1년이 다 되었다. 유상철 감독은 평양에서 조선 4·25 체육단 선수들과의 평가전과 합동훈련에서 아주 열심히 잘 해 주었다. 세 번의 평가전에서 남한 대표는 1승 2패의 성적을 올렸다.

경평축구 재개를 위한 실무회담

금강산을 승용차로 들어가다

나는 최문순 국회의원과 경평축구 부활을 추진키로 했다. 경평축구는 민족 최대의 스포츠 축제 행사였다. 일본강점기 서울(경성)과 평양에서 매년 정기적으로 치러지는 축구대회로 당시 조선일보가 주최하였으며, 1946년 제7회 서울(경성) 대회를 마지막으로 중단되었다. 만일 경평축구 대회를 부활하려면 평양에서 제8회 경평축구 대회를 개최하면 되는 것이다.

북측에서 일본 강점기 때 사용되었던 '경평축구'란 명칭을 새롭게 변경하는 게 좋겠다 하여 '서울-평양 왕래 축구 교류전'으로 추진하기로 하였다. 최문순 의원과 나는 조선일보 사장의 방북을 조선일보에 제안했고, 조선일보는 문화사업단 승인배 단장과 최정태 위원을 실무회담 대표로 결정하였다.

2008년 7월 4일 이른 새벽, 조선일보 승인배 단장, 최정태 위원, 최문순 의원과 함께 금강산에서 1박 2일 실무회담을 위해 서울을 출발하였다. 금강산까지는 승용차를 이용하기로 하여 내가 운전을 하고 옆자리엔 최문순 의원이 나머지 두 명은 뒷좌석에 자리했다.

우리 일행은 고성에서 점심을 먹고 금강산으로 들어가는데 남한의 DMZ를 통과할 때는 헌병이 차량을 정지시키고 헌병 초소와 10m 거리를 두고 시동을 컨 채 대기하였다. 초소 근무자들은 모두 선글라스를 끼고 있었고 말없이 수신호를 통해 의사전달을 하는 것 같았다. 잠시 후 남방한계선 철문이 자동으로 열렸다. 통과하라는 손짓을 보고 차를 진입시켰다. 처음 북한에 들어가는 뒷좌석의 조선일보 대표단에서 침묵 속에 침 삼키는 소리가 들렸다. 아마도 많이 긴장하는 것 같았다.

나는 내 차를 이용해 개성공단에 왕래했던 경험이 많던 터라 DMZ를 차로 통과하는 것은 이미 익숙해져 있었다. 남방한계선을 통과한 지 얼마 되지 않아서 북한 초소가 나왔다. 이곳에서도 수신호를 통해 의사전달을 하는 것 같았다. 북한 병사가 내 차를 향해 손짓하여 오라는 줄 알고 진입을 하였더니 총을 들고 다시 손짓을 하여 뒤로 갔더니 또 다른 손짓을 하고……. 수신호를 못 알아들어 진땀을 뺐다.

북한 병사가 코앞에서 지켜 보고 있어 차 안에서는 긴장된 분위기 속에 침묵만 흐르고 있었다. 차를 정지시키고 나서 10분을 기다리니 북한 병사가 손으로 철문을 밀어서 열어주었다. 북한 초소를 지나니 평양에서 안내자가 마중 나와 있었다.

우리 일행은 평양에서 나온 안내원을 따라 DMZ에서 금강산까지 잘 포장된 도로를 따라 시원스럽게 달렸다. 북한의 선도 차량은 일제 승합차였는데 평양에서 온 차량이었다. 멀리 보이는 금강산은 우리나라의 최고 명산답게 아름다움을 뽐내고 있었다.

경평축구 실무회담

금강산에 도착한 우리 일행은 현대아산에서 운영하는 호텔에 방을 정하고 4시부터 시작하는 실무회의를 준비하며 잠시 휴식을 취했다. 북한에서 준비해 놓은 회의실에 도착한 양측 일행은 잔뜩 긴장하고 있었다. 북한은 민화협 박경철 부회장을 단장으로 하여 5명이 참석하였다.

회의가 시작되자마자 북한 대표단에서 조선일보 보도 내용을 문제 삼았다. 듣고만 있던 조선일보 측에서 반격했다. 조선일보 보도가 문제라면 북한의 노동신문 보도는 남측의 시각으로 볼 때 문제가 되지 않을 것 같으냐는 것이다. 갑자기 양측의 분위기가 험악해졌다.

나는 양측에 해결이 날 수 없는 이견을 갖고 논쟁을 하지 말고 잠시 쉬었다 하자고 제안하고 20분 뒤 다시 만나기로 하였다. 회의가 다시 시작되기 전, 나는 양측에 이곳에서 결론날 수 없는 문제로 서로 공격하지 말고 할 수 있는 것부터 의논하자고 설득하였다. 회의가 다시 시작되니 양측은 서로 조심하는 분위기로 돌아갔고 차츰 웃음과 함께 해결책들이 나왔다.

조선일보 사장의 방북 문제는 평양에서 다음 실무회의 때 구체적으로 의논하기로 하고 중단되었던 경평축구를 추진하기로 합의했다. 제7회 경평축구 서울 대회로 중단되었으니 제8회 경평축구는 평양 대회로 추진하기로 하였다. 대회 장소에 김정일위원장이 참석하고 조선일보 사장이 인터뷰하여 가감 없이 조선일보에서 보도하는 방식으로 추진하는 것을 합의하고 구체적인 사항은 1개월 뒤에 평양 실무회의에서 의논하기로 하였다. 또한, 양측은 서로의 신뢰를 쌓기 위해 작은 교류부터 시작하여 성과를 내기로 하였다. 긴장된 분위기로 시작하여 논쟁도 있었지만 서로 조금씩 양보하고 노력하여 조선일보와 북한의 첫 회의는 비교적 좋게 마무리되었다.

저녁때의 분위기는 더욱 좋아졌다. 처음에는 건강 때문에 술을 많이 마시지 못한다는 양측 대표단은 몇 잔의 술잔이 돌아가고 부담 없는 대화가 오가면서 나이를 물어 형님 동생하며 옛 친구처럼 편하게 서로 대했다. 조선일보에서는 북한 대표단을 평양특파원으로 임명한다고 농담도 하였고 북한 대표단은 열심히 일하겠다고 화답도 하였다. 만찬이 끝난 다음 승인배 단장, 최문순 의원은 내 방에서 나와 술자리를 이어갔다. 술을 마시던 중 최문순 의원은 그대로 앉아서 잠이 들었다. 당시 최문순 의원은 방송통신법의 통과를 막으려고 매일 밤 명동에서 밤을 지새우며 투쟁을 하고 있었다. 온몸을 희생하면서 본인의 소임을 다하는 모습에 감탄하면서도 건강이 염려되었다.

승인배 단장과 끝까지 한잔을 더 하면서 조선일보가 대한민국 언론사 중 최고인 이유를 알 것 같았다. 승인배 단장은 사명감과 애사심이 강하고 능력도 뛰어났다. 나는 그날 많은 것을 보고 느꼈다. 남한의 조선일보 입장, 그리고 북한의 노동신문 입장……. 각자의 환경에서 바꿀 수 없는 문제를 서로 양보하기를 바라는 것 자체가 가능한 일인가? 그래도 오늘, 시작은 부딪쳤지만 마무리는 잘되었다. 중요한 것은 처음부터 상대가 양보할 수 없는 문제를 갖고 논쟁을 하지 말고 할 수 있는 문제를 찾아내 성과를 내고 신뢰를 쌓고 조금씩 양측이 서로의 양보를 키워나가는 것이 남북 교류의 중요한 방식이라 생각한다.

최문순 의원과 승인배 단장은 서로 존중하는 사이다. 하지만 MBC와 조선일보는 서로 공격하며 보도를 통하여 엄청난 갈등을 보여주었다. 또한, 현실은 어떠한가! 최문순은 국회의원이 되어 방송통신법을 저지하기 위해 온몸을 던지고 있고, 조선일보는 지상파 사업의 참여를 위해 방송통신법을 통과시키려고 얼마나 노력을 하는가! 서로 물러날 수 없는 이유가 너무 많다. 하지만 승인배 단장과 최문순 의원이 서로 존중하고 있으니 이런 갈등은 충분히 해소될 수 있을 것 같았다. 우리는 서로 다른 입장, 환경을 인정하지 않고 존중해주지 않기 때문에 분열과 갈등이 해소되지 않는 것이다. 오늘 하루가 바로 우리의 현실을 보여주는 것 같았다.

금강산에서 하룻밤은 의미 있는 시간이었다. 다음 날 아침 공식 일정이 시작되기 전에 일행은 쇼핑하면서 금강산의 분위기를 보았다. 판매원의 절반 이상이 중국 조선족이었다. 북한 판매원도 많았지만, 반수도 되지 않는 것 같았다. 나중에 알았지만, 남한 관광객들의 개방된 모습에 대한 부담도 작용한 것 같았다.

금강산 바닷가에서. 조선일보 승인배 단장, 최문순 의원, 필자.
'금강산 해금강', 이곳은 군사 지역으로 일반인들에게 공개되지 않은 장소이다.

  북한 안내원은 해수욕장을 다녀온 관광객들이 버스에서 내릴 때 모습을 가리키며 "저건 너무 하는 것 아닙니까?"라며 손짓을 하였다. 버스에서 내리는 일부 여성 관광객들이 비키니차림에 윗옷을 걸친 것 같은데 물에 젖어 온몸이 노출된 모습이었다. 북한의 입장에서 볼 때 충분히 그럴 수 있겠지만, 관광객들은 금강산도 하나의 관광지라 특별히 조심하지 않는 것이다.
  현대아산의 금강산 관리소장이 우리 일행을 찾아와 인사하면서 이곳의 모든 통제는 현대아산에서 하고 있으니 불편한 것이 있으면 도와주겠다고 하였다. 오전 10시 북한대표단은 우리 일행을 특별한 곳으로 안내하였다. 일반인이 들어갈 수 없는 군부대를 지나 바닷가로 가서 점심을 하기로 하였다.

금강산 실무회담이 끝나고

평상시 굳게 닫혔던 철책 문이 열리고 몇 개 초소를 통과하니 바닷가로 향하는 좁은 길이 나왔다. 가까이에 해안포가 보였다. 바위로 둘러싸인 바닷가는 표현할 수 없는 아름다움 그 자체였다. 우리는 바위 위에 구두와 양말을 벗고 바닷물에 발을 담갔다. 바닥이 유리알같이 보였다. 수학여행을 온 소년들처럼 우리 일행은 사진을 찍고 덤벙대며 물놀이를 하였다.

남북이 같이 여행을 온 것 같은 기분이 들었다. 통통배가 지나가고 있었다, 어선 같았다. 북한 대표단이 배를 부르니 배가 다가왔다. 해삼, 멍게, 성게 등이 가득했다. 우리는 싱싱한 해산물을 실컷 먹을 수 있었다. 소주잔을 부딪치며 우정을 다진 남북의 오늘 모임은 앞으로 뭐든지 해결할 수 있을 것만 같았다. 북한대표단도 조선일보도 최문순 의원도 만족하는 것 같았다. 이번 회의를 추진했던 나로서는 정말 보람을 느낄 수 있었다. 아쉬운 일정을 마무리하면서 우리는 다시 내 차를 이용해 서울로 돌아왔다.

이제 한 달 뒤에 평양 실무 접촉에서 모든 것을 마무리해야지 하면서 경평축구에 대해 준비를 하였다. 이렇게 남북 교류는 전망이 밝아만 보였다.

두 번째 시련
– 금강산 관광객 사망 사건

평양공단 개발 투자 유치에 타격

신은 내게 시련을 주는 것인가! 금강산 관광객이 북한 초병의 사격에 의해 사망했다는 뉴스 속보가 나왔다.

2008년 7월 11일이었다. 금강산 실무회의가 7월 4일이었으니까 7일 만에 사고가 터진 것이다. 많은 것을 잃을 것 같은 불길한 생각이 들었고 그것은 곧 현실이 되었다.

나는 그 당시 말레이시아 코타키나발루 방기 섬을 방문하고 있었다. 방기 섬에서 벌목, 조림사업을 하는 이기남 회장의 사업 현장을 견학하고 있었던 것이다. 이기남 회장이 내게 북한에 조림사업을 제안해서 지난 5월 8일 함께 평양을 방문하여 북한의 실무자들과 협의를 한 바 있었다. 이기남 회장의 제안 내용은 북한에서 1억 평의 토지를 제공하면 그곳에 북한에서 원하는 수종의 나무를 무상으로 심어주고 조림사업에 들어가는 비용을 모두 제공한다는 것이다.

또한, 조림 인근 지역의 난방 해결을 위해 펠렛을 이용한 발전소를 건설하여 주고, 발전소에 필요한 우드칩, 펠렛을 무상으로 공급하여 조림 지역에 사는 주민들이 난방용으로 나무를 베어 가는 것을 방지한다는 계획이다. 이 모든 것을 제공하고 이기남 회장이 원하는 것은 북한에서 탄소 배출권만 이기남 회장에게 제공하면 된다는 것이다. 그리고 조림 간격이 3미터 정도 되기 때문에 옥수수와 콩을 재배하면 좋은 수확을 얻을 수 있다고 하였다. 옥수수와 콩은 공기의 영향을 많이 받기 때문에 조림 지역에서는 더 많은 열매를 생산할 수 있다는 것이다. 나는 이기남 회장의 제안이 양측에 큰 이익이 된다고 판단하여 적극적으로 추진하고 진행을 하는 중이었다.

금강산 관광객 사망 사건은 이후 남북 관계를 급격히 악화시키는 계기가 되었다. 우선 금강산과 개성 관광이 중단되었다. 그리고 북에 제공되는 물자 지원과 정상적인 교류도 여러 가지 제한을 받았다. 내가 추진하고 있던 사업 중 경평축구 재개 사업과 평양 인근 지역 조림사업을 보류할 수밖에 없었다. 금강산 남북 실무회담을 성공적으로 끝낸지 불과 1주일 만에 일어난 일이었다. 말레이시아에서 귀국한 나는 급격히 악화되고 있는 남·북 관계의 현실에서 가능한 사업을 새롭게 계획하여 추진해야 했다.

황이수 부사장과 김영대 대표도 더는 남북 관계가 악화하지 않을 것이라는 의견을 냈고, 나 또한 그렇게 판단하여 평양 대동강 1호 공장 건설사업을 더 적극적으로 추진하기로 하였다. 하지만 모든 사업엔 사업자금이 뒷받침되어야 한다. 금강산 관광객 사망 사건으로 악화된 민심은 대북사업의 투자를 불안하게 만드는 절대적인 요인이 되었다. 내가 추진하는 사업 역시 그 한계를 벗어날 수가 없었던 것이다.

하지만 나는 사업을 중단할 수가 없었다. 현실에 맞게 사업방향을 수정하여 계획을 세웠고 어려운 환경이었지만 투자자들을 설득하였다. 비록 조선일보 대표단의 평양 방문은 보류되었지만 나는 예정대로 기업인들과 함께 평양을 방문하였다. 또한, 그동안 많은 성과를 내었던 체육 교류 사업에 대해서도 현실에 맞게 수정하여 추진하였다. 그러나 정부 지원은 기대할 수 없는 상황이었다.

금강산 사건 이후 첫 방북

2008년 8월 9~13일 평양 방문.

나는 기업인들과 양각도호텔에 숙박하면서 대동강 1호 공장 건설현장, 김경성 체육인 초대소 건설현장, 4·25 축구선수단 훈련장 등을 시찰하며 투자에 대한 질문과 불안 요소에 대해 답변을 충분하게 해줬지만, 대북사업 투자에 따른 리스크는 현실의 남북 분위기를 감안할 때 줄일 수는 없었다.

아직 대북사업은 지원 사업 위주로 진행되고 있었고 수익 사업의 투자는 많지 않았고 성공을 거둔 사례도 별로 없었다. 특히, 평양에 투자한 사업에 대한 성과는 더욱 없었던 것이다.

그러나 북한 당국은 파격적인 조건으로 나에게 평양 대동강 공단 사업 개발권을 주었고, 4·25 체육단에서도 적극적으로 지원하고 있어 수익을 창출하는 성공적인 남북 협력사업의 모델을 만들 수 있다고 자신했다. 그리고 반드시 그렇게 하리라고 다짐 하고 또 다짐했다. 그러기 때문에 지금보다 더 큰 시련이 오더라도 이 사업을 반드시 성공하여 남북 협력 사업의 새로운 이정표를 만들고, 대북사업은 실패한다는 막연한 리스크를 없애야 한다는 각오를 했다.

사실 우리 기업들은 저임금 근로자들을 고용하기 위해 중국으로 동남아로 진출하며 생산 활동을 하고 있는데 말도 통하지 않고 문화가 다르다보니 생산성이 북한 근로자들보다 많이 떨어진다. 남한의 기술·자본과 북한의 노동력과 자원이 결합하여 협력 사업을 한다면 최고의 경쟁력 있는 제품이 나올 것이다.

나는 평양 대동강공단에 이러한 형태의 남북 협력 단지를 만들 것이다. 이번 기업인의 평양 방문에 4·25 체육단에서도 투자 유치에 적극 지원하였는데 결국 효과는 크게 보지 못하였다. 금강산 관광 중단 등 정부의 대북 압박 조치에 따른 부담감이 기업인들에게 큰 영향을 준 것 같았다.

김문수 지사와의 만남

남북체육교류협회 이창복 회장이 김문수 지사를 소개해 주었다. 지사 공관을 방문하여 김문수 지사와 면담하였다. 애초에는 면담 시간을 30분 잡았는데 1시간 반 동안 대북사업에 관련된 제안을 들어주었다.

나는 두 가지를 제안했다. 한 가지는 남북체육교류계약서에 의거 매년 정기적으로 남북 유소년 왕래 축구 교류를 하고 있는데, 통일부가 지원 승인을 하고도 지난 정부 승인 건이라 그런지 지원을 중단하고 있으므로 이번 하반기에 평양 초청 유소년 경기에 경기도 팀이 참가하고 관련 경비를 지원을 해달라는 내용이었고, 두 번째는 평양 대동강공단 개발사업에 경기도가 참여해 달라는 요청을 하였다.

김문수 지사는 그동안 나의 대북사업의 과정과 두 가지 제안을 듣고 그 자리에서 전화를 걸어 담당자들을 연결해 주었다. 평양 초청 유소년 경기는 경기도 수원월드컵관리재단 송기출 사무총장에게 전화를 걸어 남북 축구를 평양에서 해야 하는데 비용을 대고 추진할 수 있는지 물어본 다음 나에게 연결해 주었다.

또한, 경기도 기획실장에게 전화를 걸어 평양 대동강공단 사업 참여에 대해 김경성 위원장을 바로 만나서 설명을 들은 뒤 검토를 하여 보고하라고 지시하였다.

그리고 판문점 앞에 경기도관광공사 건물이 있는데 그곳에 북한식당을 운영해보라며 경기도관광공사 사장을 연결해 주었다.

김문수 지사와 토요일에 첫 면담을 하였는데 경기도 기획실장, 남북협력팀장 등은 다음 날인 일요일 일산에 있는 내 사무실로 찾아와 현황을 파악하였다.

김문수 지사의 조치는 매우 신속하였고 결단력이 있었다. 김문수 지사에게 제안했던 평양공단 사업 및 판문점 북한식당 사업에 경기도의 참여는 다소 시간이 필요했고, 평양 초청 유소년 축구경기는 바로 진행할 수 있게 되었다.

경기도 수원월드컵관리재단 송기출 사무총장과의 만남은 최문순 의원·박정근 단장과의 만남 이후 오랜만에 대북사업에 열정을 가진 인물을 만난 것 같았다. 송 총장은 평양 유소년 축구경기를 추진하고 그 이후에도 사무총장으로 재임하는 동안 나와 협력하여 대북사업에 대한 성과를 꾸준히 내었다.

경기도 유소년 축구대표팀 평양 초청 경기 참가!
2008년 10월 2~18일, 경기도 서효인 행정부지사를 단장으로 하여 경기도의원·경기도 남북협력팀·경기도 수원월드컵경기장 관리재단 송기출 사무총장 등의 임원과 함께 경수클럽 유소년 축구선수들의 평양 초청 친선축구경기에 참여했다. 이 행사는 MBC 통일전망대 취재진이 참가해 통일전망대에 소개되었다.

이번 방문은 이명박 정부 탄생 이후 자자체 공무원의 첫 번째 방북이 되었다. 방문단은 남북 유소년 축구경기 관람 및 평양 대동강공장 건설현장 등을 시찰하면서 남북 경제 협력사업에 대한 소개를 받았다.

서효원 경기도 부지사는 MBC와 인터뷰에서 대동강공장의 성과는 남북 경제 교류의 새로운 사업 모델로 제시될 것이며 경기도가 적극 참여할 수 있도록 노력하겠다고 하였다.

경기도 유소년축구팀 평양 방문 친선경기 기념사진

평양 공장에 대한 남북 경협 협력사업자 승인

2008년 10월 10일, 이명박 정부에서 최초이자 유일하게 평양 대동강공장에 대해 스포츠의류 생산공장 운영을 내용으로 사업자 승인을 받았다. 또한, 직접 송금할 수 있는 계좌에 대해 승인을 받았기 때문에 평양으로 현금을 갖고 드나드는 불편 없이 우리은행을 통해 송금을 할 수가 있게 되었다.

승인을 받는데 많은 어려움이 있었으나 북한과의 합작 계약서가 잘되어 있었고, 정부도 막을 수 있는 명분이 없기 때문에 승인되었을 것이다. 이번 통일부 남북경협사업 승인은 오재록 이사의 행정적인 노력이 크게 뒷받침을 하였다.

이제 본격적으로 공장을 완성하고 스포츠용품을 생산하고 운영할 수 있는 기틀은 마련된 것이다. 하지만 주변의 여건은 더욱 어려워지고 있었다. 금강산 관광객 사망 사건 이후부터 악

평양 대동강1호 공장 건설 현장　　　대동강1호 공장 기초공사 현장

화되기 시작한 남북 관계는 점차 회복할 수 없는 수순을 밟아가고 있었다. 올해 들어 7차에 걸쳐 200여 명의 투자자들을 모아 평양공단 현장을 둘러보고 사업 소개를 하였지만, 현재의 불안한 남북 관계를 돌파하고 투자를 관철하기는 매우 어려웠다.

　평화은행장 출신의 황석희 회장을 최문순 의원으로부터 소개받아 남북경협회장으로 추대하고, 평양 대동강공장 건설 완성을 위해 방법을 찾아봤지만 남북 상황의 어려움을 돌파하기는 어려웠다.

　어려운 상황 속에서도 평양공단 건설은 쉬지 않고 진행되었다. 단지 자금이 뒤따르지 못하다 보니 건설 진행이 매우 느려 북한의 관계자들과 현실적인 고민을 같이하면서 여러 방법을 강구하였다.

2008 FIFA 여자청소년월드컵 대회 북한 우승

평생 잊지 못할 선물

나는 지난 4년 동안 쿤밍 홍타 스포츠센터에서 북한의 17세 이하 여자 청소년축구선수들으 여름과 겨울 훈련을 지원하였다. 처음 이곳 쿤밍 훈련장에서 기초기술부터 익힌 선수들은 2년 동안 서울시청 여자축구단과의 합동훈련 및 훈련경기를 하기도 하였다. 서울시청 여자축구단선수들과는 언니 동생 하며 많은 친분도 쌓았으며 서정호 감독은 많은 지도를 허주었다.

나는 4년 동안 훈련지원단장으로서 노력을 다하였고 선수들은 우승으로 보답하였다. 뉴질랜드 여자월드컵 결승에서 미국을 2대1로 이기고 감격스런 우승을 한 것이었다.

이날이 2008년 11월 16일, 뉴질랜드 17세 이하 여자월드컵 제1회 대회에서 북한이 우승한 것이다.

아시아 1위로 본선어 오른 북한팀은 B조에서 독일(1대1 무승부), 가나(1대1 무승부), 코스타리카(2대1 승)의 시합에서 1승 2무의 성적을 올려 조 2우로 8강에 진출하였다.

2008 FIFA 뉴질랜드 17세 이하 여자월드컵 선수단 보도 내용

　한국은 D조에서 잉글랜드(3대0 승), 나이지리아(1대2 패), 브라질(2대1 승), 2승 1패의 성적으로 조 1위로 8강에 진출하였으며, C조의 일본 역시 미국·프랑스·파라과이와의 예선에서 조 1위로 8강에 올랐다. 한국은 8강전에서 미국에 2대4로 패했고, 일본 역시 잉글랜드와의 8강전에서 승부차기로 4대5로 져서 4강에 오르지 못하였다. 한국 선수 중 지소연·고경연·송아리·이현영 등이 활약했으며 이후 지소연은 한국 여자대표팀의 간판선수로 성장하게 된다.

　북한은 덴마크와 8강전에서 전명화·리은애·김은주의 연속골로 4대0으로 이기고 4강에 진출하여, 일본을 누르고 올라온 잉글랜드를 호은별, 전명화의 활약으로 2대1로 승리하고 결승에 올랐다.

결승에서는 한국을 4대2로 이기고 올라온 미국을 홍명희·정현선의 골로 2대1로 이기고 17세 이하 여자월드컵 첫 대회 우승컵을 그들의 조국에 바치게 된 것이다.

4·25 선수단으로 구성된 북한 17세 여자 선수단은 평양에서 대대적인 환영을 받았으며, 북한은 영화로 제작하여 우승에 대한 기쁨을 오랫동안 누리고 홍보하였다. 나는 지난 4년 동안 훈련 지원을 하면서 많은 어려움도 있었지만, 선수들의 우승에 기쁨을 감추지 못하였고 평생 잊지 못할 선물을 받은 셈이다.

북한에서의 내 명성은 더할 것 없이 올라갔고 나에 대한 신뢰는 더 깊어지게 되었다. 선수들은 돈을 모아서 조그만 축구공을 사서 나에게 사인볼을 만들어 주었는데 정성이 가득 차 있는 것이었다. 그날 받은 사인볼은 수원 월드컵경기장 박물관에 있는 북한관에 전시되어 있다. 북한관에 전시된 물품들은 모두 내가 북한으로부터 받은 것들을 전시한 것이다.

나는 쿤밍의 홍타 스포츠센터에서 북한의 어린 선수들을 집중 육성한 결과가 좋은 성적으로 나타난 것을 기초로 하여 이듬해부터는 10세 이하 남녀 선수들도 쿤밍 홍타 스포츠센터에서의 훈련을 지원하게 되었다.

남북 교류사업은 중단할 수 없다

2009년 남북 합동훈련 및 친선경기

북한의 4·25 청소년대표팀과 수원고 축구단이 중국 쿤밍에서 2009년 1월 4~31일까지 공동훈련을 하면서 3차례 평가전을 하였다. 1월 16일에는 수원고 관계자들과 김용서 수원시장이 친선경기를 참관하였는데, YTN에서 '남북 친선경기로 민간 교류"라는 내용으로 보도되었다.

지자체 지원으로 치른 남북 친선경기(YTN 2009. 1. 16)

수원고 축구선수 출신의 김용서 수원시장은 나와 쿤밍의 홍타 스포츠센터에서 같이 있는 동안 축구인 출신다운 시장의 멋을 많이 보여주었다.
　가난했던 학창 시절을 이겨내고 축구를 사랑하면서 축구를 통해 정치에 입문하여 수원시 시의회 의장을 거쳐 수원시장에 당선되었던 것이다. 김용서 시장은 재선에도 성공하였는데, 수원의 축구 발전은 물론 수원시민들의 축구에 대한 사랑과 열정은 김 시장의 노력이 많이 반영되었을 것이다.
　대한민국에서 축구 도시하던 수원을 첫 번째로 꼽는 이유는 김 시장의 작품이었다. 내가 남북 청소년 대표팀의 수원 경기를 제안했을 때에도 가장 적극적으로 지원해 주신 분이 김용서 시장이었다. 지금까지 국가대표 경기를 가장 많이 치른 경기장이 아마 서울 상암경기장과 수원 월드컵경기장일 것이다. 수원에서 국가대표팀 유치는 대부분 김 시장의 적극적인 축구 지원에 따른 효과였을 것으로 생각한다. 김용서 시장은 유머도 무척 뛰어나신 분이었다. 같이 있다 보면 시간 가는 줄 모를 정도로 재미있는 말씀을 많이 해주었다.

북한 청소년축구대표팀과 인천 대건고와의 교류
　2009년 2월 1~20일, 인천 대건고와 북한 청소년대표팀이 공동훈련을 하고 평가전을 2차례 가졌다.
　평가전을 치를 때 인천 대건고의 김현태 교장 신부가 참석하였는데, 짧은 기간 동안 김 교장 신부께 많은 것을 배울 수 있었다. 북한과의 친선경기를 마친 후 김 교장 신부는 내게 사인을 부탁해 고마운 마음으로 사인을 해주었다.

한국으로 귀국한 후 교장 신부는 나를 학교로 초대해 남북사업의 성과를 격려해 주었고 여러 신부들과 만찬을 마련해 주었는데 신부님들이 술을 잘 마셔 내심 놀랐다.

교장 신부께서는 남북 교류사업에 신부들이 도움을 주겠다고 하였는데, 몇 달 뒤 북한의 광명성2호 발사로 인해 기회를 갖지 못했다.

인천 대건고와 북한 청소년팀과의 교류가 진행된 같은 기간에 수원시청, 인천유나이티드, 북한 4·25 축구종합팀의 공식 친선 축구경기를 하였다. 이 경기 내용은 2009년 2월 16일 MBC 통일전망대에서 방영되었다.

후원회장 송광석 경인일보사장 추대

경기도 수원월드컵관리재단 송기출 사무총장의 소개로 송광석 경인일보 사장을 만났다. 송광석 사장은 시원스런 성격에다 카리스마가 넘쳤으며 언론인 사장답게 정보에도 빨랐다. 따르는 후배들이 많았으며 주변의 기업인들과 정치인들에게도 많은 도움을 줘 존경하는 사람들이 많았다. 송광석 사장을 만나려고 경인일보 사장실엔 늘 대기하는 사람들이 많았으며, 그들 또한 사회의 저명한 인사들이었다. 송광석 사장을 한마디로 표현한다면 '보스'라고 하면 잘 어울릴 것 같다는 생각이 들었다.

송광석 사장에게 남북체육교류협회 후원회장과 평양공단을

'김경성 체육인 초대소 전경'
능라도에 위치한 초대소 앞에는 대동강이 흐르고 가까이인
모란봉이 보이는 평양 최고의 자리에 위치하고 있다.

개발하는 남북경협 회장을 맡아달라고 요청하였다. 송광석 사장은 결정도 빨랐고 추진 또한 정확했다. 우선 쿤밍의 북한 선수단 훈련 현장을 방문하였고 평양 방북을 추진하였다. 내가 요청한 남북체육교류협회 후원회장과 남북경협 회장 자격으로 사업을 추진하였다.

2009년 2월 25~28일 기간 중 평양공단 투자단, 송광석 사장 일행과 함께 평양을 방문하였다. 송광석 사장이 분야별로 전문가들을 구성하여 짜임새 있는 투자단을 추천하여 그 어느 때보다도 기대가 되는 방문단이었다.

평양에 도착하니 우리 일행을 맞이한 4·25 체육단, 민경련 대표단, 민화협 등이 '김경성 체육인 초대소'로 안내했다. 김경성 체육인 초대소가 완공되어 처음으로 손님을 맞이한 것이다.

김경성 체육인 초대소

초대소는 잘 꾸며져 있었다. 단지, 우리 일행을 맞이하려고 급하게 마무리 하다 보니 아직 전기선을 연결하지 못해 자동발전기를 통해 전기를 공급하고 난방과 온수를 공급하다 보니 남한의 편리한 시설을 이용하던 투자단에겐 불편함이 많았을 것이다. 자동발전기 기능은 한계가 있었고 온수와 난방 공급이 자주 끊겨 밤새 추위에 고생하였다. 그냥 호텔로 안내했으면 좋았을 텐데 북한 대표단은 투자단에 나를 위해 준비한 '김경성 체육인 초대소'를 일찍 보여주려고 했었던 것이다.

하지만 시설은 잘되어 있었다. 3층으로 되어 있는 초대소의 위치는 능라도에서도 가장 전망이 좋은 장소에 위치하고 있었으며, 옆에는 아리랑공연장 장소인 5·1 경기장이 있으며 앞엔

김경성 체육인 초대소 현관과 내부

모란봉이 가까이에 보였다. 초대소 30미터 바로 앞에 있는 대동강은 초대소 앞에서 양쪽으로 흐르고 있어 그야말로 최고의 자리였다.

3층엔 내 집무실과 특별 방을 만들어주었으며, 외빈들이 이용하는 20개의 방이 있었다.

2층엔 식당과 회의실, 방이 있었는데 2층 방은 북한 관리자들이 이용하였다. 1층엔 사우나, 당구장, 탁구장, 노래방 등이 있었으며 3층엔 바가 운영되고 있었다.

TV는 벽걸이형이 장착되었고 천정형 에어컨, 냉장고 등은 최신 고급형으로 모두 MBC 방송국에서 제공한 것이었다. 가전제품 앞에 모두 MBC 로고를 부착시켜 마치 MBC가 생산한 가전제품 같은 느낌이 들게 하였다. 이것을 볼 때마다 최문순 사장과 박정근 단장에게 고마움을 느낀다.

이번 투자 방문단은 평양공간 8번째 방문단으로 추위에 고생도 많이 하였지만 김경성 체육인 초대소의 실체를 보고서 나에 대한 북한 정부의 신뢰를 인정하고 공장 건설 현장을 방문할 때 북한 관계자에게 많은 질문을 하며 관심을 가졌다. 송광석 사장 또한 나를 다시 한번 평가한 것 같았다. 나는 송광석 사장을 회장님이라 부른다. 내가 운영하는 단체의 후원회장이기 때문이다.

송광석 회장은 1개월 뒤 다시 투자 방문단을 구성해 오자고 제안한 뒤 우리는 뜻깊은 평양 일정을 마쳤다. 평양에서 심양을 거쳐 오는 비행기 안에서 이번 방문단에 대한 기대와 앞으로의 대북사업이 잘될 것 같다는 기대감에 더디게 진행되고 있는 평양공단 건설 완공을 위해 빠른 시간 내로 자금을 만들어 보내야겠다는 계획을 세웠다.

인천세계도시축전 기념 남북 축구 추진

2009년 3월 10일, 인천유나이티드 프로축구단과 인천세계도시축전 행사 때 남북 축구경기에 대한 계약을 체결했다. 남북체육교류협회는 4월 15일까지 북한 4·25 체육단으로부터 4·25 축구 종합팀이 인천세계도시축전 기념 남북 친선축구대회에 참가하겠다는 동의서를 받아오고, 인천유나이티드 축구단은 3억 원을 제공하는 내용의 계약을 체결하였다.

이제 동의서만 받으면 3억 원도 들어오고, 4월 말에는 평양공단 투자금도 30억 원 정도 예약이 되어 있어 대북사업이 순조롭게 풀릴 것 같은 생각이 들었다. 다소 무리하지만, 돈을 여러 곳에서 차입하고 일부 투자금을 포함해 2009년 3월 25일 우리은행을 통해 2억 원을 북한 계좌로 송금시키는 등 3억 원 정도를 평양공단 건설자금으로 지출하고, 쿤밍의 북한 선수단 훈련비용으로 3억 원을 지출하였다.

6억 원의 돈을 대부분 일시 차입 또는 투자금으로 대북사업 비용을 지출한 것이다. 남북 관계가 다소 악화되었지만 나에 대한 북한 정부의 신뢰를 확인한 투자자들이 투자를 약속하였기 때문에 이번에 지출한 6억 원은 무리한 지출이었지만 큰 걱정은 하지 않았다.

마지막이 된 평양 방문

 2009년 3월 28~31일, 평양공단 건설 투자단 9차 방문단은 송광석 회장의 주도 아래 평택도시공사 이사장, 경기신용보증재단 감사 등 평양공단 사업에 대해 신뢰 있는 평가를 해줄 수 있는 인사들로 구성되었다.
 민경련 대표단·4·25 체육단·민화협으로 구성된 북한 다 표단은 우리 일행을 성의 있게 안내했고, 김경성 체육인 초대소는 1개월 동안 불편함을 많이 해소하여 안정적으로 운영되고 있었다.
 이번 방문단은 평양공단 건설 투자단으로 9번째 평양을 방문하는 셈이다. 일정은 공장건설 현장 방문과 실무회의를 주로 하였는데 북한 대표단 입장에서도 그동안 많은 투자단 방문으로 평양공단이 어느 정도 투자단에게 알려졌다고 판단했던 것 같았다. 실무회의는 초대소 회의실에서 하였다. 실무회의를 통해 평양공단 건설투자에 대한 여러 가지 문제점들을 보완했으며, 투자에 따른 리스크도 많이 해소되었다.

공식 일정이 끝나면 저녁땐 1층 노래방에 가서 술을 마시고 춤을 추면서 우리는 평양공단의 미래를 설계하였다. 노래방 기계도 최신 설비를 갖췄으며, 여성 접대원들은 최고의 연주 실력을 겸비하고 춤과 노래를 잘하는 팔방미인들로 구성되어 있었다. 그중 향금이란 접대원 팀장은 팔방미인이었다. 피아노, 기타, 가야금 할 것 없이 연주 실력도 뛰어났고 춤과 노래 또한 일품이었다. 누구나 좋아할 수 있는 최고의 미인이었다. 나중에 향금이가 유부녀란 사실을 알고 다들 실망이 컸다.

평택도시공사 이사장은 60대 중반을 지났는데도 젊음과 열정이 넘쳤다. 이미 평양을 방문하기 전, 나는 송광석 회장의 소개로 평택시장을 만나서 평양공단에 관련하여 여러 의논을 한 상태였으며 이번 평택도시공사 이사장 방문은 투자에 대한 결정을 위해 온 것이라 할 수 있었다.

평택도시공사에서 평양공단 사업에 진출하면 원활한 물류유통을 위해 북한의 남포항과 평택항을 연결하는 제안을 하였고, 큰 문제 없이 추진되고 있었기 때문에 평택시의 평양공단 사업 참여는 빠르게 검토되고 있었다.

축구화 공장을 먼저 하기로……!

송광석 회장과 투자단은 4월 말 투자단 평양 방문 때까지 성과를 어느 정도 낼 것을 북한 대표단과의 마지막 실무회담에서 약속하였다. 북한 대표단은 내게 평양 대동강 1호 공장 완공 이전에 평양 시내에 빈 건물을 제공할 테니 우선 축구화 공장을 먼저 시작하자고 제안하여 난 바로 시작하겠다고 약속하였다.

축구화 공장의 자동화 공장시설은 30억 원 정도가 소요되지만 내가 추진하는 것은 수제화 공장으로 설비투자가 많이 들어가지 않기 때문에 원자재 공급만 잘되면 북한의 기술자들이 축구화 생산을 잘할 수 있을 것으로 생각했다. 더구나 나는 지난 평양 방문 때, 축구화 공장을 오픈하면 김봉학이란 수제축구화 장인이 평양에 와서 본인의 기술을 전수해 주겠다는 확답을 받았다.

김봉학의 기술을 북한 기술자들이 전수받으면 명품 수제축구화를 생산하여 브랜드 가치를 높일 수 있기 때문에 북한에 공급은 물론 수출도 많이 할 수 있을 것이다. 자동화가 아무리 발전해도 수제화를 이길 수는 없다.

북한 대표단도 이번 방문단에 대해 기대가 큰 것 같았고, 나 또한 구체적으로 진행되고 있는 것이 있었기 때문에 기대가 그 어느 때보다 컸다. 계획된 대로 투자가 이뤄지면 공장 건물은 앞으로 3개월이면 완공되며 기계설비를 갖춰 늦어도 올 10월이면 첫 생산을 할 수 있을 것이다.

스포츠 패션 공장에선 각종 스포츠 의류, 신발, 등 등 모든 스포츠용품을 생산할 예정이다. 이곳에서 생산한 의류를 입고 평양 태성골프장에서 기업인들을 초청하여 골프대회를 통해 평양공단 개발을 소개할 것이다. 평양공단에 대한 전문인력 공급, 생산품 평양 판매 및 외국 수출 등 개성공단보다 우수성을 홍보하면 평양공단 개발 투자는 순조롭게 진행될 것이다. 이곳에서 생산된 제품의 판매로 북한 물가는 3분의 1로 줄어들 것이며, 기업 또한 원가의 2배 수익을 올릴 수 있어 양측의 경제적 가치가 큰 사업이다.

평양의 물가는 생각보다 훨씬 높다. 그것은 생산 공급이 이뤄지지 않고 대부분 수입에 의존하다 보니 일어난 현상이다. 또한, 우리가 생각하는 것보다 평양의 소비시장 규모는 훨씬 크다.

따라서 평양공단 개발사업은 북한의 물가를 낮추고 우리 기업이 평양 시장 선점을 통해 경제적 가치를 높일 수 있는 남북협력 사업 중 첫 번째로 해야 할 사업이다. 개성공단의 생산품은 전량 남한으로 가져오기 때문에 북한 경제에는 큰 파급 효과를 주지 못한다.

나는 북한에 대한 스포츠 지원을 통해 평양공단 토지를 받았다. 남북 경협 사업을 통해 수익을 얻으면 북한 스포츠 지원을 더 늘려서 올림픽에서 남북 단일팀 구성을 하여 자연스럽게 남·북한이 하나가 되어 응원을 하고, 그러다 보면 서로에게 나쁜 감정은 없어지고 좋은 감정으로 다가갈 수 있으니 이것이 우리가 해야 할 진정한 통일 사업이라 생각했다.

2008년 베이징올림픽 남북 단일팀 구성의 최대 걸림돌은 바로 남·북한의 실력 차이가 컸던 것이었다. 어쩌면 이러한 것들은 내 힘이 기초가 되어 가능할 수 있다는 생각이 들었다.

평양에서 서울로 돌아왔다. 평양공단 투자에 대한 구체적인 진행과 새로운 투자자 면담 등 정신없는 스케줄에 옆을 볼 수 없는 시간이 이어졌다.

제6장
밤이 깊을수록 별은 더욱 빛난다
– 남북 교류사업의 고난과 위기

세 번째 시련
– 북한의 광명성2호 발사

어머님은 돌아가시고, 광명성2호는 발사되고
아……, 어머니!
악! 광명성2호…….

2009년 3월 31일 평양에서 귀국했으나 2일 뒤인 4월 2일, 어머니가 돌아가셨다. 여의도로 향하는 자유로에서 운전 중이었는데 명지병원에 있는 형에게서 전화가 왔다. 눈물이 펑펑 쏟아지고 가슴이 터질 것만 같았다.
아, 어머니!
아……!
어머니……! 난, 어찌해야 합니까?
어머니는 돌아가시기 전날까지도 내가 대북 지원 사업을 통해 내 모든 재산을 날리고 빚까지 잔뜩 지게 되자 늘 내 걱정만 하시다 돌아가신 것이다. 어머니가 사시던 집도 내 명의로 되어 있어 경매로 넘어가자 놀라 쓰러지신 후 병이 되어 돌아가

시게 된 것이다.
 난, 어떻게 해야 하나!
 형제들 얼굴을 어떻게 보나!
 어머니, 어머니!
 이 불효자식을 용서하지 마십시오. 절대 용서하지 마십시오.
 소리쳐 울부짖었다. 명지병원 장례식장에 어머니를 모셨다.
 큰형은 2003년 5월, 내 생일날 돌아가셨다. 1970년대 월남전 참전으로 고엽제 후유증 때문에 60세도 안 된 나이에 생을 마감한 것이다. 형이 내 생일날 돌아가신 이후 내 생일을 잊어버렸다. 둘째 형이 있었지만 오랜 지병으로 내가 장남 역할을 하고 있었기 때문에 나의 대북사업은 가족 전체의 삶을 바꿔놓고, 나는 늘 가족들의 원망 소리를 들으며 살아야 했다.
 나는 어머니 영정 앞에서 수없이 가족들의 원망 소리를 들으며 뼈에 사무치게 어머니께 죄를 빌었고 저세상에서라도 걱정 없이 편히 쉬시라고 신께 기원하였다.

 최문순 의원은 상주를 자청하여 문상객들을 맞아주셨다. 난 다시 한 번 더 최문순 의원께 고마움을 느꼈다. 문상객은 이틀 동안 600명이 넘게 왔으며 명지병원 관계자는 장례식장이 생긴 이래 가장 많은 문상객이 왔다고 하였다. 내가 아직 인심을 잃고 살지는 않았나 보다. 대북사업을 통해 알게 된 분들도 많았다.
 파주에 있는 동화경모공원 납골당에 어머니를 모시고 30년 전에 돌아가신 아버지를 화장하여 어머니 옆에 안치시켰다. 이제 두 분이 편하게 지내시길 기도할 뿐 내가 부모를 위해 할 수 있는 게 없어졌다. 장례가 끝난 후 모든 것이 허전해졌다. 이제는 아버지, 어머니, 큰형도 안 계시고 오랜 지병에 시달리는 작은 형과 누나와 여동생만 남게 되었다. 더는 나로 인해 가족들이 고통스럽지 않아야 될 텐데……!

평양에서 부푼 꿈을 앉고 서울에 온 것이 3월 31일 어머니가 돌아가신 날이 4월 2일, 어머니를 동화경모공원에 모신 날이 4월 4일이었다. 신은 내게 시련을 더 주려나 보다. 아니 어머니에 대해 용서하지 말라는 내 죄를 묻고 있는지 다음 날 내게 충격을 안겨주었다.

2009년 4월 5일, 북한에서 광명성2호를 발사해 온 세계가 난리가 났다. 미국·일본은 대한민국 정부와 함께 북한을 강력하게 비난했으며 국제사회의 지지를 얻어 대북 제재를 하기 시작했다. 할 수 있는 대북 제재는 전부 동원되었다. 평양 방북 중단은 물론, 북한의 미사일 탈사와 핵실험 속에서도 진행되었던 남·북한 스포츠 교류도 중단되었다.

내가 할 수 있는 일은 아무것도 없었다. 3월 25일 평양공단 건설자금을 북한에 송금한 지 10일 만에, 3월 31일 평양에서 부푼 꿈을 앉고 돌아온 지 5일 만에, 어머니 장례를 치른 지 1일 만에 일어난 충격적인 사건이었다.

너무나 엄청난 변화에 나는 감당할 수 있는 생각조차 할 수가 없었다. 4월 말에 자금이 들어올 걸로 알고 3월 말에 평양

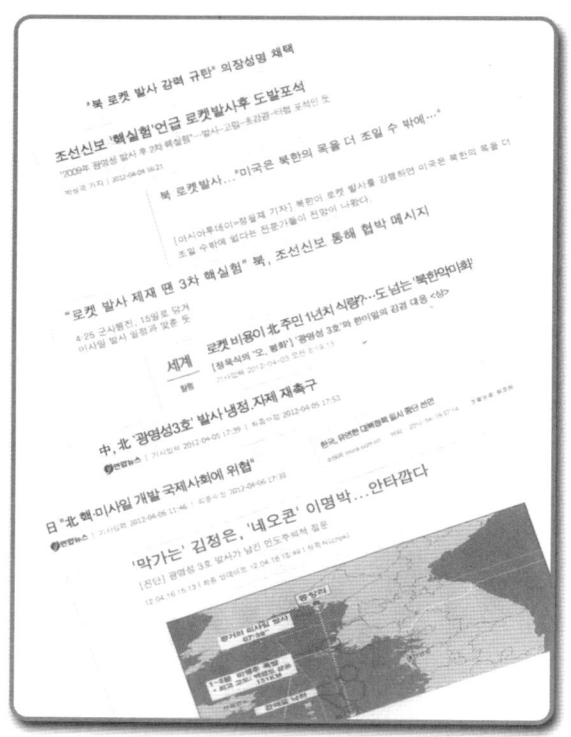

광명성2호 발사를 보도한 각 언론 기사

공장 건설자금과 북한 선수단 훈련비용을 단기차입하여 조달하였는데, 북한의 광명성2호 발사로 내 대북사업에 불안을 느낀 채권자들이 거세게 상환을 요구했다. 전화로 시달리는 것은 문제도 아니었다. 사무실에 찾아와 직원들에게 욕을 하고 집으로까지 찾아와 가족들을 괴롭혔다.

어머니 영정 앞에서 다시는 나로 인해 가족들을 고통스럽게 하지 않겠다고 맹세했는데, 단 하루도 그 약속을 지키지 못하게 된 것이다.

어머니!

신이시여, 난 어떤 삶을 살아야 합니까?

할 수만 있다면 내 목숨이라도 바쳐 내 판단 잘못으로 고통 받는 가족을 대신하고 싶었다.

아내의 협조를 얻어 전세를 월세로 돌리고 급한 불을 꺼보았으나 차입한 돈은 줄어들지도 않은 것 같았다. 채권자의 고발에 의해 경찰서와 검찰에서 조사를 받았다. 결국, 무혐의로 끝났지만 한동안 나를 사기꾼으로 몰고 가는 바람에 난, 사기꾼 아닌 사기꾼 소리를 들어야 했다.

모든 영광과 부푼 꿈을 갖고 평양공단 사업을 시작하였는데 성공 직전에 남북 경협사업을 임시휴업해야 했다. 최문순 의원, 송광석 회장, 윤병길 회장 등 고마운 분들의 보람도 못 찾아주었다. 김영대 대표, 황이수 부대표, 오재록 이사, 이경남 간사, 이은영 대리, 장재현 부위원장, 정지욱 대리, 김훈열 차장 등 사무실 직원들은 다시 만날 날을 약속하고 지난 고생과 찬란한 기대를 뒤로한 채 각자 자신들의 새로운 길로 흩어져야만 했다.

참으로 가슴 아픈 시간이었다. 모든 사람은 남북경협을 떠났지만, 그때 남은 채무는 내 몫이 되어 두고두고 내 가슴의 상처와 고통으로 남게 되었다. 북한 4·25 체육단 전지훈련지원사업을 통해 어려움을 겪는 상황에서 평양공단 개발사업은 내게 치명적으로 신용을 잃게 하는 작용을 한 것이었다.

그때 모두 그랬다.
그때 모두 그렇게 꿈꿨었다!
그때 모두의 가슴엔 희망이 샘솟고 있었다.
우리 모두의 가슴은 뜨거웠다.
우리 모두의 가슴은 뜨거운 동지였다.
나와 그들은 우리의 힘으로 큰일을 해낼 것으로 믿어 의심치 않았다.

이젠, 다 떠났다.
다시 우리가 뭉칠 수 있을 수 있을지……!
아니, 다시 만나면 예전처럼 뜨거운 가슴으로 서로 포옹할 수 있을지……!
평양공단 사업 실패와 그에 따른 사기꾼이란 이름만 남긴 채 모두 내게 멀어져가고 있었다. 내가 빈손이란 걸 알면서도 일부 투자자들은 끊임없이 투자금 반환을 요청하였다.

영혼으로 부르는 노래

이젠, 우리 둘만 남았다.
북경에서 만난 4·25 체육단의 강경수와 난 술잔을 기울이며 아픈 상처를 서로 위로하며 눈물의 노래를 불러댔다.

♪ ♪
금강산 맑은 물은 동해로 흐르고

설악산 맑은 물도 동해가는데
우리네 마음들은 어디로 가는가
언제쯤 우리는 하나가 될까
♫♪ 아리랑 아리랑 홀로 아리랑
손잡고 가보자 같이 가보자
가다가 힘들면 쉬어 가더라도
손잡고 가보자 같이 가보자 ♫♪♪

강경수와 나는 말을 안 했지만 서로 필요한 것을 알고 있었다. 술잔을 기울이며 서로 위로하고 있지만, 그 또한 가슴 속에 굵은 눈물이 흐르고 있다는 것을 알 수 있었다.

"가다가 힘들면 쉬어가더라도 손잡고 가보자 같이 가보자"

바로 노랫말이 답이었다. 잠시 멈출 순 있어도 중단을 할 수 없었다. 강경수와 난 새로운 방식으로 평양공단 사업을 이어갈 수 있도록 계획을 세우고 추진하였다.

그래도 멈출 수 없는 남북 교류 사업

중국 법인 설립 - 운남서광무역유한공사

2009년 12월, 쿤밍에다 운남서광무역유한공사라는 중국 법인을 설립하였다. 중국 법인을 통해 남북 경협사업을 이어가기로 한 것이었다. 남북 관계가 복원되면 평양공단 사업을 즉각 추진할 수 있는 준비를 하는 것이었다. 북한의 광명성2호 발사와 5·25 핵실험으로 남·북한이 직접교역을 할 수 없기 때문에 중국법인을 통해 교류하기 위한 수단이었다.

대북사업엔 뜻하지 못한 거센 풍랑을 만나고 거센 불구덩이에 빠질 수도 있다. 그러나 포기할 순 없었다. 반드시 평양 한복판에 우리 기업을 진출시켜 북한의 물가 수준도 낮추고 우리 기업도 돈을 버는 남북 협력사업의 시대를 만들 것이다.

새로운 희망 - 2010 남아공월드컵 남·북한 공동 진출!

2009년 6월 17일, 남·북한 축구팀이 월드컵 본선에 동반 진출하는 쾌거를 이뤄냈다. 그것도 한국팀이 이란전에서 박지성의 극적인 동점골로 북한의 월드컵 본선 진출이 확정된 것이다. 만일, 한국팀이 패했다면 북한은 월드컵 본선 진출을 못했을 것이다. 아마, 남·북한이 월드컵 본선에 공동으로 진출하는 상황은 100년을 더 가도 쉽지 않을 것이다. 북한은 44년만에 월드컵 본선 무대를 밟게 된 것이다.

북한 축구대표팀 중 재일교포 출신인 정대세와 안영학을 제외한 모든 선수들에게 쿤밍의 홍타 스포츠센터에서 훈련 지원을 해준 나로서는 북한 대표팀의 월드컵 본선 진출은 남다른 의미가 있었다. 어쩌면 신께선 나에게 새로운 기회를 주고 있는지 모른다고 생각했다. 내가 2010 남아공월드컵에서 남북 공동 응원단 구성에 성공하면 남북 관계가 복원될 수도 있다는 생각을 한 것이다. 나는 사명감을 갖고 추진하여 남북이 공동 응원을 통해 국민감정을 서로 합할 수 있는 계기를 마련하는 시발점을 만들 것이다. 남북 공동 응원단을 성공하려면 신뢰할 수 있는 단체의 지원 협조가 있어야 한다. 남쪽도 북쪽도 안 된다면 3국에서라도 만나야 한다.

정부의 방북 제한 조치에 따라 제3국에서 남북 축구

경기도 수원월드컵관리재단 송기출 사무총장으로부터 남아공월드컵 남북 공동 진출기념 국제 유소년 축구를 하자는 제안이 왔다. 나는 좋은 제안이라 생각했다.

남·북한 유소년 왕래 축구 정기 교류전은 통일부의 방북 금지 조치로 중단되어 남·북한에선 직접 경기를 할 수는 없지만, 중국 쿤밍의 홍타 스포츠센터에서는 가능할 수 있다.

나는 즉각 실행에 옮겼다. 2009년 7월 17일부터 8월 14일까지 중국 쿤밍의 홍타 스포츠센터에서 12세 이하 남녀 유소년 축구선수들의 공동 훈련과 친선경기를 추진하였다. 북한 4·25 남녀 유소년축구단, 인천유나이티드 유소년축구단, 인천 가림초등학교 여자축구단, 수원 선발 유소년축구단, 태국 유소년, 중국 운남성 유소년 선발팀을 초청하여 공동훈련을 하고 국제친선경기를 진행하였다. 여자는 북한 유소년팀이 월등히 앞섰고, 남자는 수원 선발팀이 제일 좋아 보였다.

2009 경기도 수원컵 국제유소년축구대회

2009년 11월 2~6일, 경기도 수원컵 국제유소년(U-12)축구대회 B조 예선 및 준결승과 결승대회를 주관했다. A조 예선 통과팀이 수원 선발팀과 북한 4·25 유소년팀이였는데, 북한팀이 올 수가 없어서 3위 팀인 태국팀이 왔다. 장소는 수원 월드컵 보조경기장에서 경기를 하였는데 아이들 경기였지만 치열하였다.

B조 예선은 한국의 홍명보축구센터, 호주·일본·카자스흐스탄이 참가했다. 일본과 홍명보축구센터가 예선을 통과했고, 결승에선 수원선발팀과 일본이 대결하여 일본이 우승하였다.

11월 6일 시상식을 치르고 나니 한 해를 마무리하는 기분이 들었다. 내가 나설 수 있는 공간이 너무 좁다는 생각이 든다. 그래도 송기출 총장의 위로가 금년엔 큰 힘이 되었다.

송기출 총장은 김문수 지사의 소개로 알게 되었는데 일의 추진력과 돌파력이 뛰어났다. 특히 정무 기능은 대단히 좋았다. 나는 송 총장과의 우정과 인연은 끝까지 가야 할 운명적 만남 같은 걸 느꼈다. 송 총장도 아마 같은 생각이었을 것이다.

김문수 지사 홍타 스포츠센터 방문

2009년 7월 28~31일, 김문수 경기도지사가 부인과 함께 남북 친선경기를 관람하기 위해 홍타 스포츠센터를 방문했다. 송기출 경기도 수원월드컵관리재단 사무총장이 수행하였다. 김문수 지사는 남·북한 축구 꿈나무들의 공동훈련을 참관하고 격려해 주었다. 7월 29일 남북 친선경기를 참관하였는데 수원 선발팀이 북한 4·25 유소년팀을 2대0으로 이겼다. 북한 어린이들이 울고 있었다. 경기 중 본인의 실책이나 실수에 대한 것을 생각하며 우는 것은 경기장에서 어린 꿈나무들에겐 가끔 있는 일이지만 김문수 지사에겐 생소했을 것이다.

남북 유소년 선수들은 저녁을 같이하며 손을 잡고 아리랑을 부르고 춤을 추며 동무가 되었다. 김문수 지사는 남북 어린이들과 시간을 같이 보내며 미래의 꿈나무들이 이곳에서 같이 꿈을 키워가는 현실을 보며 내 사업에 대해 적극적인 지원을 약속했다.

저녁 술자리가 끝난 후 홍타 스포츠센터 주변의 호숫가를 돌며 김문수 지사에게 평양공단 사업에 대해 설명하였다. 김 지사는 지금까지 어려움을 극복하고 사업을 진행하고 있는 나를

중국 홍타 스포츠센터에서 김문수 경기도지사와 북한 남녀 유소년 선수단

격려해 주었고, 평양공단 건설사업에 대해 지원 방법을 검토하겠다고 하였다. 이번 방문으로 경기도지사는 주변에서 김경성은 사기꾼이니 조심하라는 보고에 대해 확실하게 진실을 알게 되었다고 하였다.

김문수 지사가 한국으로 돌아간 뒤 경기도 공무원들이 쿤밍으로 찾아와 지원 방법에 대해 의논하였다. 그동안 무조건 나에 대해 부정적인 의견만 달았던 당사자의 변화에 놀라면서도 리더의 정확한 판단이 얼마나 소중한 것인가에 대해 다시 한번 깨달았다. 공무원은 소문만 듣고 추진을 하지 않는 경우가 더 많은 것 같았다. 왜냐하면 새로운 일은 가급적 안 하는 것이 피곤한 일을 당하지 않는다는 보신 차원에서 소문만 듣고서 검토 대상에서 제외하는 일이 많았다.

특히, 나처럼 남북 관계 악화로 불가피하게 피해를 본 사례에 대해 알아보지도 않고 소문만 듣고 내 제안을 브정적으로 보고하는 걸 자주 봐왔기 때문이다. 나에게 자금을 투자했던 사람들 중에는 통일부를 찾아가 나에 대해 악담을 하며 나를 압박하는 사람들도 있었다. 김문수 지사는 서민적이면서도 본인이 판단하면 소신 있게 일을 추진하는 것 같았다.

김문수 지사 평양공단 참여 회의 소집

북한에 억류되었던 미국 여기자 2명이 클린턴 전 대통령의 방북으로 석방되는 뉴스가 속보로 나왔다. 뭔가 풀릴 것 같은 느낌이 들었다.

2009년 8월 5일, 경기도 도지사 회의실에는 김문수 지사를 비롯하여 행정부지사, 비서실장, 체육처장, 체육 및 대북 관련 국장, 송기출 총장 등 주요 기관장들이 자리하였다. 이 자리에서 김문수 지사는 내게 "클린턴 전대통령이 방북하여 여기자 2명을 석방한 성과"에 대해 어떻게 생각하는지를 물었다.

나는 대북사업은 북한의 특성상 비공개 라인의 성과를 통해 공식 라인으로 연결해야 성공 확률이 높으며 클린턴 전 대통령도 그런 라인을 통해 사전 동의를 받고 방북했을 것이라고 말하였다.

회의 주제는 쿤밍 홍타 스포츠센터에 경기도 전국체전 대표팀의 전지훈련 참가, 평양공단 건설사업 참여 방법 등이 논의되었다. 회의 결과에 대해 나는 매우 만족했고 김문수 지사의 의지를 가슴으로 느낄 수 있었다.

일은 빠르게 진행되었다. 경기도 체육회에서는 쿤밍에 전지훈련 계획을 세웠고, 행정부지사를 단장으로 하여 평양공단 건설 현장 방문단이 주요 기관장들로 구성되었다.

2009년 8월 18일 김대중 전 대통령의 서거에 이어 8월 21일 북한은 조문단을 파견하였다. 뭔가 남북 관계가 개선될 듯한 기대감을 갖게 하였다. 그러나 그것은 우리들의 생각뿐이었고 정부의 입장은 변하지 않았다.

경기도 방문단의 방북 신청은 통일부가 승인해주지 않아 계획이 무기한 연기되었다. 북한이 9월 9일 태풍으로 인한 홍수로 황강댐 물을 방류하여 6명의 남한 야영객이 불어난 강물에 사망·실종된 사건이 발생했다. 이 때문에 경기도 체육회의 쿤밍 전지훈련도 슬그머니 연기되었다.

김문수 지사가 의지를 갖고 추진하였지만, 통일부의 대북 강경책을 뛰어넘어 추진하기엔 아직은 어려운 것 같았다. 그 당시 북한의 성의 있는 조문단 파견 등 유화 제스처에 적절하게 유연성을 발휘해 우리 같은 민간 단체에 대해 방북 승인을 해주었다면 다양한 방식으로 대북정책을 펼 수 있었을 것이다. 하여간, 김문수 지사의 대북사업에 대한 강력한 의지도 정부의 대북정책의 벽을 넘지 못했다.

경기도 유소년축구팀 평양 방문 추진

나는 경기도 유소년축구팀의 평양 경기를 추진하였다. 김문수 지사의 지시도 있었고, 담당 공무원들도 적극 지원하겠다고 하였다. 문제는 통일부의 방북 승인이었다. 북한에서 초청장은 이미 와 있는 상태였다.

청와대 정문헌 통일비서관을 찾아가서 도움을 요청하였다. 물론, 적극 돕겠다고 하였다. 정문헌 비서관은 친구로 지내고 있던 이이재 전 서울시 체육회 처장에게 소개받아 알게 되었는데, 내 대북사업에 대해 호의적이었으며 진심으로 노력하는 것을 느낄수 있었다. 제19대 총선에서 이이재는 동해·삼척에서, 정문헌은 속초·고성·양양에서 각각 새누리당 후보로 국회의원에 당선되었다.

인사동에서 남경필 의원, 정문헌 통일비서관, 송기출 총장, 조선일보 승인배 단장, 최정타 위원 등과 점심을 하며 경기도 유소년축구단의 방북 승인에 더해 도움을 요청했다. 정문헌 청와대 통일 비서관은 방북 승인에 대해 어느 정도 자신했고 나머지 분들도 적극적인 지원을 약속했다.

나는 이번만큼은 방북 승인이 나오리라 생각하고 방북단 50명의 명단을 통일부에 제출하였다. 통일부에선 인원을 줄이라고 하여 40명으로, 또 30명으로 줄였고, 더 줄이라고 해서 25명으로 줄였다. FIFA 규정은 29명으로 되어 있다. 그래도 방북 승인을 해주려는 것 같은 느낌이 들었다.

북한으로 가는 항공편은 인천에서 심양은 남방항공으로, 심양에서 평양은 고려항공으로 단체할인 예약을 했기 때문에 취소할 수 없었다. 선수단 및 임원들에게 내일 아침 10시까지 인천공항으로 나오라고 문자를 보내고 일일이 전화하면서 준비물을 안내했다. 이번 행사비용은 경기도의 지원을 받았으며 임원들의 방북 비용은 300만 원의 회비로 받았다.

퇴근하고 있는데 통일부에서 전화가 왔다. 방북 승인이 보류되었다는 것이다. 아무것도 생각하고 싶지 않다. 이명박 정부, 통일부 장관도 원망하고 싶지도 않았다. 그러나 애초 승인해주기로 했던 사업이고 순수한 어린이들 축구 교류까지도 막는 이 정책이 올바른가? 반문하고 싶었다.

울고 싶지만 울 수도 없었다. 내일 아침 평양을 가기 위해 준비하고 있는 선수단 및 임원들에게 방북 보류 사실을 알려야 하니까. 협회 간사인 이경남과 정지욱 과장이 나와 함께 방북단에게 일일이 전화하였다. 욕도 무지하게 많이 먹고, 또 사기꾼이란 말을 들어야 했다. 취소할 수 없는 단체 항공료는 또 내 빚으로 되어 돌아왔다.

허탈한 생활

요즘 갑자기 늙어지는 느낌이 든다. 아마도 최근에 내가 하고자 하는 일들이 제대로 되는 것이 하나도 없고 거센 역풍만 맞다 보니 자신감이 없어지나 보다. 일산 사무실에서 집까지 걸어서 50분 걸린다. 지친 내 모습을 아무에게도 보여주고 싶지 않았다. 그래서 술을 마실 때도 상대방이 앞에 앉아있는데도 말없이 몇 시간 동안 술만 마실 때도 있었다.

 너무 괴롭다. 힘들다. 사람들은 내 겉모습만 보고 성격이 강해서 모든 걸 이겨낼 것으로 생각한다. 김경성에겐 저 정도는 아무 일도 아니라는 식으로 생각한다. 이젠 동지들도 본인들이 힘드니 나에게 등을 조금씩 보이기 시작하는 것 같았다.

 철없는 후배 한 명을 불러냈다. 내 전화를 받고 기뻐서 뛰어나온 후배에게 고맙다는 생각이 들었다. 세상 물정 모르는 저 철없는 후배가 부러워진다. 후배는 본인이 쏜다고 좋은 데로 가자고 했다. 난 내가 자주 가는 뒷골목의 막걸릿집으로 갔다.

 "신은 공평하다. 시련을 주면 반드시 대가를 준다."라는 낙서가 오늘따라 유난히도 내 머리에서 맴돈다. 아마 나랑 비슷한 처지에 있는 사람들이 많은가보다. 난 속으로 중얼거렸다.

 '내 가족도 보살피지 못한 내가 남·북한 화해 협력사업을 한다고 떠들수 있을까?' 갑자기 슬퍼진다.

 "정말 내가 약해지는 건가, 늙어가는 건가!"

 후배가 날 빤이 쳐다본다. 선배님! 무슨 일 있으세요?

1년 만의 평양 방문

 남북 공동 응원단 구성을 협의하기 위해 평양을 방문했다. 지난해 유소년축구팀의 평양 방문 보류에 대한 보상이었을까. 꾸준히 시도해 온 노력의 결실이었을까. 평양에서 온 초청장을 통일부에 제출하여 인원을 줄이고 줄여 3명의 방북 승인을 받았다.

2010년 1월 31일, 나와 박정태 회장 등 3명이 평양 국제공항에 도착했다. 북한의 광명성2호 발사와 5·25 핵실험으로 방북이 중단된 지 10개월 만에 평양공항을 다시 찾게 된 것이다. 오랜만에 평양에서 사업 파트너들을 만났다. 그들 또한 무척 반가워하며 그동안의 소식을 궁금해했다.

　공항에서 2명은 승합차로 이동하고 난 강경수와 함께 승용차로 이동하였다. 나에 대해 작은 것이라도 배려해주기 위한 4·25 체육단의 성의일 것이다. 능라도에 있는 김경성 체육인 초대소로 이동하면서 많은 대화를 하였다. 그동안에도 그랬다. 내가 온 목적에 대해 차 안에서 듣고 즉시 답을 해주기 어려운 것은 위에다 보고한 후 다음 날 결과를 알려주곤 했다.

　차창 밖으론 눈이 많이 쌓여 있었다. 내가 일산 집에서 출발할 때도 눈이 많이 왔었는데 이곳도 마찬가지였던 것이다. 사실 내가 사는 일산에서 평양은 아주 가까운 거리다. 그러니 눈도 같이 오고 비도 같이 오고 날씨 변화를 같이 느끼는 사정거리 안에 있는 것이다. 그런데 정치적 상황으로 늘 만나던 사업 파트너를 만날 수도 못 만날 수도 있다는 걸 생각하니 또다시 답답해진다. 만일 못 만나게 하는게 옳다고 판단하는 사람에게 법으로 가족을 격리시키고 만남을 금지하면 어떤 행동을 할까 생각해 본다. 말도 안 되는 생각을 한다고 하지만, 지금 정부도 그렇게 하고 있는 것이다.

　차 안에서 올 6월에 치러지는 남아공월드컵에 남·북 공동 응원단을 구성하자고 제안했다. 모두 긍정적으로 대답해 주었고 방식에 대해 구체적으로 의논하자고 하였다. 나는 평양 방문 목적을 숙소에 도착하기도 전에 성과를 낸 것이다.

오랜만에 만난 옛 친구들

능라도에 있는 초대소에 도착했다. 초대소 관리책임자인 홍철부 부장이 예쁘게 차려입은 한복을 입은 접대원들과 함께 우리 일행을 맞이해 주었다.

홍철부 부장은 4·25 체육단 소속으로 선수들 기자재 공급을 담당하는 직책을 갖고 있다. 오랜만에 오는 나의 초대소가 변한 것이 있나 구석구석 살펴보았지만 그대로였다. 북한의 광명성2호 발사와 핵실험으로 국제사회의 제재를 받고 있는 현 상황이 좋다고 말할 수 없을 것이다. 더구나 얼마 전에 실시한 화폐개혁으로 다소 혼란을 겪고 있다는 뉴스를 들었다.

평양의 거리는 외국인들의 방문이 줄어서 그런지 조금 썰렁한 분위기였다. 거리의 상점도 그렇고 화폐개혁에 대한 후유증이 있는 것 같은 느낌이 들었으나 일체 내색하지 않았다. 그것은 우리 일행을 안내하는 민경련, 민화협 참사들이 대답해줄 수 없는 것이란 걸 잘 알고 있기 때문이다.

초대소에서 하룻밤을 보내고 묘향산으로 갔다. 묘향산은 4계절 어느 때 와도 멋이 있었다. 설경 또한 대단한 위엄과 아름다움을 자랑하고 있었다.

향산 호텔이 공사 중이라 우리 일행은 향산읍에서 점심을 먹었다. 미리 예약을 하고 왔기 때문에 식사 준비를 할 수 있었을 것이라 생각했다. 우리가 들어간 곳은 외국인을 접대하는 곳이 아니었기 때문이다. 뭇국을 먹었는데 옛날 방식 그대로여서 어머니 생각이 났다.

초대소로 돌아온 일행은 본격적인 실무회의를 시작했다. 공동 응원단 구성은 성인으로 하지 말고 남북 꿈나무 어린이 축구선수 100명을 선발하여 중국 쿤밍에서 합동훈련을 시키고 남아공에서 주최하는 국제유소년축구대회에 참가한 다음, 남·북한팀이 월드컵 경기 시 남북 어린이 공동 응원단이 교민들에게 응원도구를 나눠주는 등 중심이 되어 남·북 공동 응원을 하는 방식으로 하기로 하였다.

100명의 인원 구성은 남·북한이 각각 50명씩 선발하며, 그중 절반은 여자 어린이로 선발하기로 하였다. 남북 관계의 현실을 감안할 때 남북 축구 꿈나무 어린이 공동 응원단 구성은 내가 생각해낸 것이지만 잘한 것 같았다. 이런 제안은 정부도 반대할 명분이 없을 것이라 생각했다. 이번 공동 응원단 구성으로 남북 관계가 조금이라도 개선될 것이란 희망으로 빨리 남아공월드컵이 시작되기를 바랐다.

박정태 회장은 파주출판도시에서 광문각출판사를 운영하고 있는데, 나에게 많은 조언과 꾸준히 도움을 주시는 분이다. 박정태 회장은 주변의 많은 사람의 존경을 받고 있으며 대북사업에도 관심이 많다.

박 회장은 북한의 의학서적을 출판하여 북한에 무상으로 공급하여 주고 판권을 받는 방식의 협력 사업을 생각하고 있었다. 나도 좋은 제안이라 생각했고 남북 관계가 개선될 때 추진하기로 하였다.

　10개월 만에 찾아온 평양은 내게 희망을 걸 수 있는 선물을 준 것이다. 이것만큼은 꼭 성사시켜야 될 텐데……!

새로운 희망을 품어 보다

남아공월드컵 남북 공동 응원단 추진

 남한으로 돌아온 후 많은 사람들을 만나며 남북 공동 응원단 추진을 하였다.

 2010년 1~2월, 겨울에는 늘 북한 4·25 선수단이 전지훈련을 하고 돌아간다. 올해는 마라톤 1개 팀과 4·25 축구 종합팀이 전지훈련을 마치고 평양으로 돌아갔다.

 문제는 훈련비를 내가 정산해줘야 하는 것이다. 집에는 생활비도 제대로 못 주고 사무실엔 직원들의 월급이 밀려 있는 상황이었는데, 북한 선수단 훈련비를 앵벌이 하듯 마련하여 보내는 나를 보며 주변에선 미친놈이라 했다. 나 또한 자신을 그렇게 생각하였으니 맞는 말 같았다.

 송기출 총장을 만났다. 남·북한이 공동으로 출전하는 남아공월드컵에서 남·북한 선수들의 선전을 기원하는 이벤트 행사를 하기로 하였다. 지난해 쿤밍에서 경기도 수원컵 국제유소년(U-12)축구대회에 이어 금년엔 수원 월드컵경기장에서 '6자회담+1 축구대회'를 하기로 하였다.

제2회 경기도 수원컵 국제유소년축구대회

날짜는 2010년 4월 25~27일, 장소는 수원 월드컵 보조경기장, 참가국은 한국(2개팀)·북한·미국·중국·일본·러시아 등 6자회담 참가국과 월드컵 개최국인 남아공으로 결정되었다. 나는 대회에 따른 계약체결 이후 빠른 속도로 대회 준비를 하였다, 우선 참가국 초청을 서둘러 마무리해야 했다.

미국은 뉴욕한인회 이석찬 체육회장의 협조를 받아 참가를 결정지었고, 남아공은 현지에서 봉사활동을 하고 있는 임흥세 감독이 팀을 직접 구성하여 참가를 결정지었으며, 중국은 공청단 추천으로 톈진팀이 참가하기로 하였고, 일본은 지난해 참가팀을 초청했으며, 북한은 내가 직접 4·25 유소년축구팀을 초청했다. 러시아는 그동안 나와 교류를 하고 있던 사할린 FC 소속 유소년팀을 초청했다. 미국팀과 남아공팀, 중국팀을 초청하는데 송기출 총장이 현지를 방문하는 등 역할이 컸다. 이번 대회의 참가팀을 구성하는 과정에서 재외교민과 현지의 정치인 등과의 교류에 대한 성과는 좋은 결과를 가져다 주었다.

사할린 방문, 민족의 아픔

나와 송 총장은 사할린 FC 리기본 구단주의 초청으로 사할린을 방문하였다. 리기본 구단주와 리관희 단장은 한국에 왔을 때 남북체육교류협회 사무실에 와서 나와 미팅을 통해 남북 스포츠 교류에 대해 많은 이해와 함께 북한의 4·25 체육단에 대해서도 큰 관심을 갖고, 향후 사할린 FC가 1부로 승격을 하면 북한 선수들을 영입하겠다고 하였다.

사할린 FC는 당시 2부리그 중상위권을 유지하고 있었으며 산하에 유소년 청소년팀을 육성하고 있었는데, 나와의 교류는 서로에게 도움이 되기 때문에 남북체육교류협회와 교류계약을 체결하고 나를 초청했던 것이다.

나는 송 총장 부부와 나의 아내, 아들과 함께 2010년 3월 18~22일에 사할린을 방문하였다. 당시 한국엔 봄꽃이 피고 있었지만, 사할린은 눈이 몇 미터씩 쌓여 있었다. 4박 5일 중 3일을 함박눈 속을 다녔다. 내가 태어나서 그렇게 많은 눈을 본 건 처음이었다.

우리를 안내하는 사할린 FC 관계자들은 미안할 정도로 정성을 다해 주었다. 경기장, 훈련장, 각종 공연장 등을 안내하고, 저녁땐 현지 교민회장 등 주요 인사들이 매일 만찬을 마련해 주었다. 그분들께 죄송하고 고마웠다.

유소년 훈련 장소는 눈이 워낙 많이 오다 보니 실내 축구장에서 이뤄졌다. 훈련 방법은 러시아 축구답게 매우 거칠고 강한 지도를 하고 있었다. 어릴 때부터 몸싸움에 대해 적응 훈련을 하는 걸 보면서 러시아 축구에 대해 이해를 하였다. 실내에서는 유소년이 훈련하고 있고, 밖에서는 성인팀이 경기하고 있었는데, 몇 미터 앞이 보이지도 않는 눈이 쏟아지는 날씨에서

사할린 고려신문 보도 내용

 땀을 흘리며 볼을 차는 걸 보면서 눈이 오는 날 월드컵이 열리면 러시아를 이길 수 있는 나라가 없을 것이라 생각됐다.
 숙소인 호텔 옆 호수에는 얼음이 1미터 이상 얼어 있었는데 얼음을 깨고 남녀 한 쌍이 들어가 목욕을 하는 모습을 보면서 놀랐다. 완전 나체 상태로 지나가는 사람들을 의식도 하지 않았다. 우린 보기만 하도 추운데 그들은 아주 시원한 표정으로 목욕을 즐기고 있었다. 문화의 차이가 있지만, 체력 차이도 큰 것 같았다.

러시아에 하나밖에 없는 교민이 운영하는 신문사로 안내받았다.
고려신문은 현지 교민들의 지원으로 어렵게 운영되고 있지만 러시아의 유일한 우리 동포 신문으로 고려인들에게 큰 힘이 되고 있었다. 고려신문 편집인의 희생과 봉사가 없었더라면 유지되기 어려운 여건 속에 운영되고 있었던 것이다. 세상에는 남을 위해 희생과 봉사를 하는 분들이 참 많다는 생각을 하였다.

사할린의 애환을 담은 기념비

마지막 날, 난 눈물을 흘리지 않을 수 없었다. 일제 강점기 때 사할린으로 우리 동포 4만여 명이 강제노동으로 동원되었는데, 해방 후 일본인들은 말도 안 통하고 사할린에 적응도 안 되어 있는 우리 동포들을 사할린에 남겨 놓은 채 일본으로 본인들만 몰래 빠져나갔다. 사할린에 강제 동원되어 낮이나 밤이나 고국에 대한 그리움으로 눈물로 지새운 사할린 동포들은 4만 3,000명이나 되었다. 그들 중 결혼을 한지 며칠도 안 되어서 동원된 새신랑도 있었고, 아기가 태어나자마자 동원된 새아빠도 있었고, 고향에 돌아가야 할 기구한 사연들이 너무나 많은 우리 동포들이었다고 한다. 일본인들이 몰래 빠져나간 항구에서 우리 동포들은 조국에서 데리러 올 배만 기다리고 있었다. 그러나 그 당시 조국은 그들을 기억하지 못했다.

동포를 위해 세운 기념비에 새긴 글이 가슴 아팠다

애타게 그리던 광복을 맞아 사할린에서 강제 노역하던 4만여 동포들은 고국으로 돌아가려고 이 코르샤코프 항구로 몰려들었습니다. 그러나 일본은 이제는 일본 국적이 아니라는 이유로 이분들을 내버린 채 떠나가 버렸습니다. 소련 당국도 혼란 상태에 있던 조국도 이들을 돌보지 못했습니다.

짧은 여름이 지나 몰아치는 추위 속에서 이분들은 굶주림을 견디며 고국으로 갈 배를 기다리고 또 기다렸습니다.

이윽고……

혹은 굶어 죽고
혹은 얼어 죽고
혹은 미처 죽는
이들이 언덕을 메우건만
배는 오지 않아
할 일 없이 빈손 들고
민들레 꽃씨 마냥 흩날려
그 후손들은 오늘까지
이 땅에 삶을 가꾸고 있습니다.

조국이 해방되었어도
돌아 갈 길이 없어
아직도 서성이는
희생 동포들의 넋을

조국으로 세계로
자유롭게 모시려는 뜻을 모아
이 망향의 언덕에
단절을 끝낼
파이프 배를 하늘 높이 세웁니다.

사할린 교민과의 만찬장에서(앞줄 가운데가 저자,
왼쪽이 박해룡 러시아한인협회 회장)

몇몇 대기업과 현지 한인들이 이 기념비를 세웠는데, 현지 동포들의 사연들을 직접 들어 보면 일본인들이 우리 민족에게 저지른 죄악에 너무 억울하고 분해진다. 사할린 동포들은 해방 이후에도 50여 년간 조국 귀한의 기본권마저 박탈당한 채 그곳에서 생을 마감해야 했다. 더구나 냉전 시대의 소련 땅에서 삶은 어떠했으리라 짐작이 간다. 사할린의 인구는 현재 65만 명 정도인데 우리 동포는 3만 5,000명 정도이며 한국에 영주 귀국한 동포는 3,000명 정도 된다고 한다. 사할린의 수도인 유즈노 사할린스키 시의 인구는 약 18만 명으로 우리 동포는 2만 명 정도라 한다. 한국으로 영주 귀국한 동포들은 또 다른 이산가족을 만들고 있다고 현지 교민들은 말하고 있다.

사할린주에서 가장 높은 직책을 받았던 분이 국장급이었는데 바로 현재 교민회장을 맡고 계신 박해룡 회장이었다. 우리 정부나 민간 단체들이 전 세계에 퍼져 있는 우리 교민들이 현지에서 한민족이라는 자긍심을 갖고 그 나라에서 주역이 될 수 있도록 뒷받침할 수 있는 방법을 찾아 제도적으로 지원해야 한다는 생각이 들었다. 그래야 사할린 같은 곳에서도 우리 동포들이 주지사도 하고 의원도 하고……, 주도 세력이 될 수 있을 것이다.

사할린의 바다낚시

바다낚시를 갔는데 얼음이 바다 30리 밖까지 얼어 있었다. 차를 타고 얼음 위를 달려가 얼음 한복판에 구멍을 내고 낚시줄을 넣으니 10초도 안 되어 생태가 올라오는 것이었다. 그야말로 얼음 밑에는 물 반 고기 반인가 보다. 최관희 단장 말에 의하면 몇억 년 동안 사람이 한 번도 안 가본 원시림이 있는데 그곳에 가면 무엇이든 사냥이 가능하다는 것이다.

사할린에는 북한 벌목공이 500명 정도 있는데 삼림 속에는 여자들만 사는 마을이 있고, 가끔 벌목공들이 이들에게 납치되어 성 봉사를 하고 풀려났다는 말을 오래전 술좌석에서 북한 사람들에게 들었다고 전했다.

이번 사할린 방문은 또 다른 것을 느끼게 한 계기가 되었다. 귀국행 비행기 안에서 올해는 참 바쁘게 많은 일을 해야 할 것 같았다. 지난해 2009년 4월 5일 광명성2호 발사로 모든 것이 중단되었으나, 남아공월드컵 남북 공동 진출이라는 패거로 남북 공동 응원단 구성이라는 새로운 출발의 계기를 만들 수 있게 된 것이다.

2006년 7월 4일 북한의 미사일 발사로 평양 교예단 남한공연 사업이 중단되었고, 2006년 10월 9일 북한의 핵실험으로 남북 단일팀의 태국 킹스컵 국제청소년축구대회 참가가 무산되었고, 10년 동안 잘 운영되던 회사가 부도가 나서 자살을 시도하려 했었다. 하지만 나는 위기를 극복했고, 2007년도엔 남북 역사상 가장 위대하고 최초로 많은 스포츠 교류의 성과를 냈으며, 평양에 10만 평 이상의 땅을 받아 평양공단 개발을 하였다. 또한, 평양 능라도엔 김경성 체육인 초대소가 완공되었다. 하지만 사업이 순항 중이던 2008년 7월 11일, 금강산 관광객 피격 사망 사건으로 역풍을 맞아 휘청거리기도 했었다. 그러나 잘 극복하여 평양공단 개발 사업이 성공하는 듯 했다.

사업이 성공하기 직전에 터진 2009년 4월 5일 북한의 광명성2호 발사에 이은 핵실험(5.25)은 내게 태풍으로 다가와 모든 것을 앗아가 버렸다. 철저히 고립되어 아무것도 하지 못할 것 같았던 내게 남아공월드컵 남북 공동 진출은 새로운 출발의 발판을 만들어 주었던 것이다.

지금까지 주변의 정치적 환경으로 내 사업이 보류, 중단, 파행의 길도 갔지만 언제나 난 극복하고 이겨냈다.

남아공월드컵 남북 공동 응원단 사업 진행계획은 다음과 같앉다. 2010년 4월 19~26일에 경기도 수원컵 국제유소년축구대회를 치르고, 대회에 참가한 북한 4·25 유소년축구단과 남한 유소년 선수들을 쿤밍으로 보내서 합동 축구훈련 및 공동 응원 훈련을 한다. 5월 25일 남아공으로 가서 5월 28일 남아공에서 개최하는 국제유소년축구대회에 참가하고, 그곳에 남아 6월 12일 한국 대 그리스, 6월 16일 북한 대 브라질, 6월 17일 한국 대 아르헨티나, 6월 21일 북한 대 포르투칼, 6월 23일 한국 대 나이지리아, 6월 25일 북한 대 코티드부아르 전을 참관한다. 그리고 남·북한 축구 꿈나무들이 현지 고민들에게 응원도구를 나눠주고 통일기를 흔들며 남·북한이 같은 팀을 응원하면 응원의 물결은 경기장뿐만 아니라 중계방송을 보며 응원하는 서울과 평양, 남·북한 모든 도시와 전 세계의 모든 교민들까지 같은 마음으로 응원할 것이다.

남북은 자연스럽게 한목소리를 낼 수 있고 얼어붙었던 관계도 해빙기를 맞을 수 있다고 판단되었다. 어쩌면 지금까지 내가 성과를 내었던 모든 사업보다도 가장 큰 사업을 성사시키는 계기가 될 것이라 기대되었다. 난 다시 한 번 희망찬 계획으로 준비를 서두르고 있었다. 송 총장과도 진지하게 사업 논의를 하였다.

남북 공동 응원단 구성에 대해 북한과 합의만 해오면 예산지원을 해주기로 한 지자체와 기업이 이미 확보되었기 때문에 내가 누구를 선택해서 남북 공동 응원단 사업을 같이 할 것인지 정하는 일만 남았다.

네 번째 가장 큰 시련
– 천안함 사건

천안함 사건은 거대한 쓰나미가 되어 내 모든 것을 덮쳐 버렸다.

아, 천안함 사건……!

2010년 3월 22일, 내가 사할린에서 귀국해서 경기도 수원컵 국제유소년 축구대회 준비와 남북 공동 응원단 구성에 대해 한창 준비를 하고 있었는데 꿈에도 상상하지 못할 일이 벌어졌다.
3월 26일 사할린에서 돌아온 지 4일 만에 일어난 대사건이였다. 온종일 모든 방송은 천안함 폭파 사건에 대해 반복적으로 보도하였다. 신이시여……!
작년의 광명성2호 발사가 내게 다가온 태풍이었다면, 천안함 사건은 거대한 쓰나미가 되어 내게 밀려들어 왔다. 아내는 거의 실신할 정도로 불안해하였다.
그동안의 성공과 실패, 희망과 좌절을 통해 난 면역이 되었나 보다. 냉정하게 모든 것을 판단하고 가장 최악의 상태를 가정하여 일을 진행해 나가기로 계획을 세웠다. 협회 직원인 이경남, 정지욱, 김훈열은 일을 아주 잘하였다. 김훈열은 행사 진행을 잘하였고, 이경남은 새로운 일도 한번 알려주면 완벽할 정도로 잘 소화해냈다. 정지욱은 오랫동안 내 옆에 있어서 나보다 나를 더 잘 알았다. 협회직원들은 아마도 대기업이나 정치 보좌관으로 있었으면 지금의 연봉의 2배는 받았을 것이다.
 이제 협회 사무실 문을 닫아야 되는데 직원들은 그동안 협회가 반드시 잘될 것이라 기대하고 밀린 월급에 점심값이 없어도 인내하고 긍지를 갖고 근무를 했는데…….

천안함 사건 속에서 치른 수원컵 국제유소년축구대회
 주최 측에서 천안함 사건에 따른 사회 분위기를 가만하여 북한 대신 다른 국가로 선택하라고 하여 태국을 대신 참여시켰다. 7개국 8개팀이 결정되었다.
 A조는 한국 수원 삼성리틀 윙즈·중국·일본·러시아
 B조는 한국 홍명보 어린이축구교실·태국·남아공·미국이 결정되었다.

 4월 21일 오전 9시 30분, 본 대회의 성공적인 개최를 위한 기자회견이 수원 월드컵경기장 컨벤션센터 1층에서 각 참가국 대표단이 참석한 가운데 열렸다.
 기자회견은 경기도 김문수 지사, 수원시 김용서 시장, 미국·중국·러시아·일본·남아공·태국 등 관계자 200여 명이 참석한 가운데 천안함 순국 장병들에 대한 애도 묵념으로 시작되었다. 사회는 내 부탁을 받은 유도 금메달 리스트 김재엽 교수가 보았다. 남아공 대표단은 김문수 경기지사에게 넬슨 만델라 전 대통령의 친필 사인이 담긴 사인볼을 전달한 뒤 "안전하게 잘 준비된 남아공월드컵에 꼭 찾아와 달라."고 말했다. 또한, 남아공 대표단은 나에게 남아공월드컵 전에 개최되는 남아공 유소년국제축구대회에 남·북한 선수들을 꼭 참석시켜 달라고 요청하고 나를 특별 초청하겠다고 말했다. 난 갑자기 가슴이 답답해졌다. 아직 저들은(남아공 대표단) 천안함 사건이 미치고 있는 상황을 잘 모르고 있는 것 같았다.

이번에 참석한 대표단 중 남아공 단장인 응겔레 국회의원은 넬슨 만델라 전 대통령의 오랜 정치적 동지이고, 미국 단장인 이석찬 회장은 미국의 한인사회에서 많은 존경을 받는 분이었으며, 남아공 임흥세 감독, 태국의 강성민 단장은 선교활동을 통해 빈민 국가 어린이들에게 축구로 꿈과 희망을 키워주는 역할을 하고 있는 분들이었다.

중국 대표단은 공청단 간부들이 참석하였다. 나는 이들과 교류하며 친분을 쌓고 서로 연결하여 주었다. 중국 대표단에게는 제주도 관광을 주선하여 주었으며, 미국 이석찬 단장과는 의형제로 지내기로 하였다. 대회에서 꼴찌를 차지한 남아공 선수단에게는 특별상을 주었다.

대회는 A조에서 수원 삼성과 일본이, B조에서는 미국과 태국이 각각 4강에 진출하였다. 결승에는 미국과 태국이 올라와 태국이 미국을 3대1로 이겨 우승을 차지하였다. 미국이 준우승을, 일본을 4대0으로 이긴 수원 삼성이 3위를 차지하였다. 참가국 선수단에게는 대회 기간 중 이천 도자기 마을 체험, 화성 민속촌을 견학시켜 주었다.

축구를 매개로 남·북한과 남아공월드컵 참가국 아이들에게 꿈과 희망을 전해주고, 남·북한 축구 꿈나무들을 주축으로 공동 응원단을 구성하려던 당초 계획은 대회 직전에 터진 천안함 사건으로 모든 것이 대회와 함께 종료되었다.

남북체육교류협회 휴업

천안함 사건은 갈수록 거대한 쓰나미가 되어 내게 밀려들어왔고 나는 고립되어 아무것도 할 수 없었다. 그동안 어떠한 어려움 속에서도 유지되어 오던 협회 사무실이었는데 이번 사건은 견디기 어려운 펀치였다. 협회 사무실을 휴업하였다. 직원들도 모두 제 갈 길을 가야만 했다.

정치적으로 최악의 대립을 하고 있는 남북 관계에서 무엇을 할 것인가를 생각해 보았다. 사무실이 없으니 출근할 곳이 없었다. 천안함 사건으로 남북 관계가 최악이니 만날 사람이 없었다. 집이 일산인데 수원이나 인천에서 약속이 생길 때는 차가 없으니 가는 방법을 몰라 3시간씩 길에서 헤맨 적이 한두 번이 아니었다.

하늘은 스스로 돕는 자를 돕는다고 했다. 그동안 나는 많은 일을 겪었고 위기도 있었지만 극복하며 지금까지 포기하지 않았다.

북경에서 다시 만난 강경수

북경에서 강경수를 만났다. 우리는 서로에게 너무나 할 말이 많았으나 아무도 말을 꺼내지 않았다. 몇 시간 동안 마주앉아 술만 따라줄 뿐 아무 할 말도 없었다.

5월이지만 한여름같이 더웠다. 술이 취하며 손을 잡았다. 우리 같이 느꼈을 것이다! '잠시 쉬는 것이라고', '우린 반드시 많은 일을 하게 될것이라고.'

나는 더 큰 일을 하기 위해 시련을 겪는 과정이라고 확신했다. 술이 취해 일어나 헤어지며 내가 말했다. "쌌니?"

강경수는 날 빤히 쳐다보며 이렇게 말했다.

"금강산 맑은 물은 동해로 흐르고,
설악산 깊은 물도 동해 가는데,
우리네 마음은 어디로 가는가!
언제쯤 우리는 하나가 될까."

♪♬ 아리랑 아리랑 홀로 아리랑 아리랑 고개를 넘어가 보자 / 가다가 힘들면 쉬어 가더라도 / 손잡고 가보자 같이 가보자 ♪♬

어느덧 우린 손을 잡고 노래를 같이 불렀다.

아무리 좋은 전쟁이라도 가장 나쁜 평화보다 못하다

2010년 6월 2일은 전국 동시 지방선거일이다. 천안함 사건은 선거와 맞물려 치열한 정치적 공방전이 이어지고 있었다.

전쟁과 평화를 선택하라면 전쟁을 택하는 사람은 거의 없을 것이다. 하지만, 우리 사회는 너무 자극적이고 적개심을 불태우며 전쟁 영웅을 내세우려 하는 우려되는 단체들이 너무 많다.

"아무리 좋은 전쟁이라도 가장 나쁜 평화보다 못하다."라는 말이 있다.

우리 역사에서 신라와 백제는 같은 민족인데도 불구하고 당나라만 이롭게 하는 전쟁을 하였다. 같은 민족끼리의 전투에서 계백 장군은 황산벌 전투에 나가기 전에 나라를 위한다는 명분으로 아내와 자식을 죽이고 전쟁에 임하면서 병사들에게 목숨을 버리고 싸우라 독려한다. 신라의 김유신 장군은 사위와 친조카(화랑 관창)를 적진으로 무모하게 들어가 목숨을 잃게 하여 병사들에게 적개심을 불태우고서 목숨을 바쳐 성을 공격하라 한다. 그 당시는 그렇게 하는 것이 옳은 방식이고 영웅이라 할 수 있었을 것이다. 하지만 지금은 어떠한가……

아직도 옛날 방식처럼 같은 민족과 가족에게 싸워서 이기려고 적개심을 불태우고 전쟁 영웅의 탄생을 바라는 사람들이 원하는 것은 무엇일까?

'니가 먼저 때렸으니 난 열 배로 때려주리라'라고 주장하며, 냉정함과 침착함을 잃어버린 지금의 분위기는 '같은 민족'이란 말도 꺼낼 수 없는 분위기가 되었다. 계백과 김유신이 같은 민족끼리 전쟁을 하던 그 이전에도 전쟁을 하지 않고 평화로 적을 이긴 위대한 우리 선조가 있었다.

고구려 역사 속에서 배운다

미천왕 을불은 빼앗긴 지 400년 만에 낭랑을 되찾은 강한 고구려의 태왕이었다.

태왕에게는 두 아들이 있었다. 사유와 무였다. 사유는 어미 잃은 새끼노루가 가엾어 활을 겨누지 못하는 유약한 왕자였으나, 무는 뛰어난 무예와 왕재를 겸비하여 장차 태자가 될 것으로 모든 사람들이 믿고 있었다.

태왕은 낙랑전투에 참가한 병사들을 위로하기 위해 두 아들을 데리고 병사들의 마을을 찾았다. 무는 싸우다 다친 병사들의 무용담을 들으며 그들을 치하하고 본인도 전투에 나가 큰 공을 세워 나라의 영토를 넓히겠다고 다짐한다. 하지만 사유는 본인 몸도 간수하지 못할 만큼 약한 병자들과 전사자 가족을 찾아 그들의 슬픔을 같이했다. 그리고 전쟁을 없애어 다시는 전쟁으로 가족들이 헤어지는 일이 없게 하고, 백성의 손에 창칼 대신 농기구를 들게 하고 한 곳에 정착시켜 부강한 국가를 만들어야 겠다고 생각한다.

태왕은 모두가 예상하고 있던 무 대신 사유를 태자로 세웠다. 사유 본인도 무가 태자가 되어야 한다고 주장했다. 하지만 태왕은 고구려의 앞날을 사유에게 맡겼다.

사유가 태자가 된 후 악명 높은 선비족 모용외가 막강한 군사력으로 고구려를 침범하려 했다. 모든 고구려 사람들이 전쟁 준비를 하려할 때 사유는 선비족 모용외에게 평화사신으로 떠난다. 당시 선비족 모용외는 상대국의 말을 듣지 않으며 전쟁을 즐기는 대족장이었다.

사유는 모용외에게 고구려를 침범하지 말라고 설득했다. 모용외는 어의가 없어 하며, "우리가 쳐들어가지 않으면 고구려만 좋은 게 아니냐?"라고 반문하였다. 사유는 전쟁을 하지 않으면 고구려만 좋은 게 아니라 선비족에게도 좋은 것이라고 말했다. 그리고 전쟁을 하지 않을 때 좋은 점과 전쟁을 할 때 나쁜 점을 설명해주고 고구려와 선비족이 좋은 것을 나눠 가지면 선비족도 잘 살 수 있다고 설명했다.

모용외는 사유에게 "우리 고용선비족은 그냥 주는 것은 받지 않는다. 그게 수백 년간 내려오는 모용 백성들의 법이다."라고 말하였다.

이에 대해 사유가 "그렇다면 제가 평생 모용선비에 남아서 백성들에게 싸워서 얻는 것보다 서로 주고받는 것이 더 크고 오래간다는 것을 설득하겠습니다."라고 말하자, 모용외는 "고구려 태자가 왜 나의 백성을 가르친단 말이냐?"라고 반문했다.

사유는 "그것이 바로 고구려의 백성을 위하는 길이기 때문입니다."라고 답했다.

전쟁을 즐기며 살았던 모용선비족을 상대로 한 사유의 평화의 논리는 사유 시대에 어떻게 평화가 정착되었는지 짐작할 수 있게 한다.

"칼을 이기는 게 어찌 칼뿐입니까? 진정으로 강한 것은 부드러움으로 이기는 것입니다."

6.2 전국 지방선거는 야당의 압승으로 끝났다. 대북사업에

대해 유연성을 갖고 있는 단체장들의 등장은 또 다른 시작을 할 수 있는 계기를 만들어 줄 것이란 기대가 들었다.

남아공월드컵 개막, 아쉬운 공동 응원단

2010 남아공월드컵이 시작되었다. 한국은 6월 12일에 그리스와 첫 경기였고, 북한은 6월 16일에 브라질과 첫 경기였다. 천안함 사건만 없었더라면 월드컵이 열리는 경기장에서 남북의 꿈나무 축구 공동 응원단이 중심이 된 함성이 서울과 평양에서 아니 우리 민족이 있는 곳이면 어디에서든 남·북한이 출전하는 경기 날이면 응원의 메아리가 울렸을 텐데…….

역사에 다시없는 기회를 우린 모두 잃었다.

한국은 그리스·아르헨티나·나이지리아의 예선전에서 사상 처음으로 원정경기 16강에 진출하는 쾌거를 이뤄냈고, 북한은 전패를 하여 16강 예선에서 탈락했다. 한 달 내내 뜨거웠던 월드컵의 열기는 스페인의 우승으로 막을 내렸다.

남북체육교류협회의 재출발

인천 유나이티드 프로축구단은 오랫동안 나를 통해 북한과 친분을 맺고 있었다. 안종복 사장은 북한과의 축구 교류에 특히 열정이 많았다. 이미 1990년대 통일 축구를 경험해본 안종복 사장은 남한 축구 발전뿐 아니라 북한 축구 발전에도 관심을 많이 갖고 있었다. 나와 추진하는 방법의 차이는 다소 있었지만 하고자 하는 의욕이 컸기 때문에 문제가 되지 않았다. 나는 안종복 사장의 도움과 주변의 협력을 얻어 휴업 중이던 협회 사무실을 다시 열었다. 그러나 흩어졌던 협회 직원들은 다시 불러 들일 수 없었다. 아직 운영자금 등이 마련되지 않았기 때문이었다.

2010 AFC 중국 아시아청소년 축구대회

그동안 내가 꾸준히 지원을 해온 북한의 윤정수 감독이 이끄는 청소년 축구대표팀과 한국 청소년대표팀이 4강에서 만났다. 나는 안종복 사장과 중국 산둥성 즈보로 가서 경기를 관람하였다. 경기장에는 남·북의 경기이다 보니 대한축구협회 조중연 회장, 김주성 국제부장 등 관계자들이 많이 참석했다. 경기 결과는 북한이 2대0으로 이겼다.

결승에서 북한은 호주를 3대2로 이겨 대회 우승을 차지하였다. 나는 윤정수 감독에게 우승을 축하하며 고맙다고 했다. 윤정수 감독은 북한 감독 중 쿤밍의 홍타 스포츠센터를 제일 먼저 와서 나에게 훈련 지원을 받았으며 쿤밍을 가장 많이 온 감독이었다. 윤 감독은 쿤밍에서 훈련을 받고 대회를 참가하면 좋은 성적을 냈다고 했다. 좋은 징크스는 좋은 결과를 준다.

2010 광저우아시아경기대회 – 중국인들의 반한 감정

2010년 11월 13일에서 27일까지 아시아경기대회가 광저우에서 시작되었다. 나는 아시아경기대회에 참석하여 경기장 안에서 북한 관계자들을 만나 지난날들에 대해 의견을 나눴다. 나는 주로 축구장을 찾았는데 한국 경기는 거의 다 관전하였다. 그런데 중국 관중은 한국을 응원하지 않고 야유를 보내고 있었다. 과거엔 한류 문화를 타고 한국 사람들이 환영을 받았는데 지금은 반한 감정이 아주 커 보였다. 이유를 물어보니 중국인들은 대부분 이렇게 답했다. 한국이 미국 항공모함을 서해안으로 끌어들여 중국에 위협이 되니 한국을 싫어하는 것이라 했다. 천안함 사건으로 서해안에서 한미연합훈련을 하는 것에 대한 감정을 표시하는 것 같았다.

2년 전에 치러진 베이징올림픽이나 올해에 열린 광저우아시아경기대회에서 남·북한은 단일팀을 구성하려 했으나 현실은 공동 입장조차 못하고 경기장 안에서도 서로 말도 하기 어려운 상황으로 악화되었다.

차기 아시아경기대회는 2014년 인천에서 열린다. 인천은 남북 관계에 가장 관심이 많은 송영길 시장이 있는 곳이다.

나는 송 시장의 정책 추진 방향이라면 인천아시아경기대회에서 사상 최초로 남북 단일팀 구성이 성공할 것이라 생각한다.

광저우아시아경기대회 기간 중인 11월 23일 오후 2시 34분, 북한이 연평도에 대포를 쏘았다는 뉴스가 광저우에도 전해졌다.

북측 아시아경기대회 관계자들과 만나서 앞날에 대한 계획을 세우기 어렵다는 입장을 서로 서로에게 전달했다. 올봄에 터진 천안함 사건과 이번의 연평도 포격 사건이 앞으로 어떤 영향을 주게 될지 서로 모르기 때문이었다.

제7장
봄은 먼 들판에서 먼저 온다
— 남북의 평화와 번영을 위한 희망 찾기

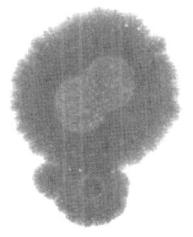

꺼지지 않는 희망의 불씨

인천광역시 송영길 시장과의 만남

 광저우아시아경기대회가 끝나고 어느 날, 인천의 조그만 식당에서 송영길 시장을 만나게 되었다. 영종도 주민들을 위로하고 일행보다 늦게 도착한 송 시장과 간단한 소주 한 잔을 나누면서 첫 만남이 시작되었다.

 송 시장은 중소상인 보호를 위한 SSM 규제 및 재래시장 활성화 정책과 친서민 정책을 소신 있게 추진하면서도, 인천 경제자유구역에 국내대표 브랜드(삼성, 한화 등)의 투자를 적극 유치하는 마중물 역할을 하여 대기업에게도 좋은 기회를 주고 중소기업도 상생할 수 있는 긍생의 정책을 추진하는 지도자였다. 또한, 대북교류 협력 강화 정책, 서해 평화협력지대 구상 등 대북 정책의 성과를 위해 시장에 당선된 후 대북 관련 부서를 늘리고, 다른 시·도에는 없는 대북특보를 두고 있다.

 송 시장과의 첫 만남으로 인천시와 대북 협력사업이 잘 진행될 것 같은 느낌이 들었다. 김효석 비서실장과 신동호 대북특보에게 메일을 보냈다. 그동안 내가 진행해온 대북사업의 실적과 앞으로의 계획을 알린 것이었다. 김효석 비서실장은 정치적 판단이 빨랐고 송 시장의 관심 사항을 잘 파악하고 있었으며, 신동호 특보는 대북사업의 경험이 많았으며 시인으로서 가진 장점을 정책에 잘 반영시키는 것 같았다.

내가 추진한 지난 일들에 대한 자세한 상황을 직접 듣지 않는 한 대부분 부정적인 소문만 듣고 날 판단하는 경우가 많았다. 김효석 실장과 신동호 특보는 나에 대한 지난 일들을 잘 파악하고 잘못된 소문에 대한 것은 반드시 내게 확인하였다. 김효석 실장이나 신동호 특보가 없었더라면 인천에서 난 사기꾼으로 알려진 채 내 능력을 펼칠 기회를 갖지 못했을 것이다.

"사람은 자기 능력을 확실하게 알아주는 사람에게 그 능력을 바치는 것이라 생각한다."

나는 광명성2호, 천안함 사건, 연평도 사건으로 중단되었던 대북사업의 새로운 출발을 인천시와 함께 추진하기로 하였다.

제1회 인천평화컵 국제유소년(U-13)축구대회

2011년 2월 15~22일(8일간), 중국 쿤밍 훙타 스포츠센터에서 제1회 인천평화컵 국제유소년(U-13) 축구대회가 개최되었다. 한국 인천팀, 북한 4·25 팀, 태국 BBC팀, 중국 운남성팀 4개국이 참가했다.

개막식은 2월 15일 오후 2시에 진행되었는데 인천광역시 송영길 시장과 북한 4·25 체육단 박정훈 단장 등 500여 명이

제1회 인천평화컵 국제유소년 축구대회 개막전 기념촬영

송영길 시장의 개막전 시축   좌) 박정훈 북한단장   우) 송영길 인천시장

참석했다. 개막식 축사에서 송영길 인천시장은 천안함 사건, 연평도 사건 등 남북 관계 악화 속에서 치러지는 남·북한 경기는 매우 의미 있는 행사이며 이런 교류를 통해 다가오는 2014 인천 아시아경기대회에서 남북 단일팀을 구성하는 밑거름이 되기를 바란다고 하였다.

이어진 개막전은 남한 인천팀과 북한 4·25 팀이 경기를 하였다. 경기에 앞서 송영길 인천시장과 박정훈 4·25 체육단 단장 등 양팀의 귀빈들은 선수단 격려를 하고 시축을 하였다.

경기 내내 송영길 인천시장과 박정훈 단장은 많은 대화를 하며 남북의 간격을 좁혔다.

박정훈 단장은 1976년 몬트리올올림픽에서 북한 축구가 8강을 할 때 주역이었으며, 한 시대를 풍미하는 북한 최고의 대표 축구선수였다. 동생 박명훈도 북한 국가대표 출신으로 현재 청년팀 감독을 맡고 있으며, 아들과 며느리도 축구선수 출신으로 북한에서 최고의 축구 가족으로 김정일 국방위원장에게도 신임을 받고 있었다.

나는 대회 기간 동안 그동안 쿤밍에서의 대북 교류 및 지원 실적을 적절하게 홍보하였으며 앞으로의 추진 계획에 대해 인천시의 협력을 요청하였다. 대회 기간 중에 쿤밍에는 북한 4·25 여자 유소년축구팀도 훈련 중이었는데 송 시장의 관심을 많이 받았다.

대회 결과는 북한 4·25 팀이 우승하였고, 중국 운남성팀이 준우승, 태국 BBC팀이 3위를 하였다.

좌) 우승한 북한 4·25팀에 대한 시상식
우) 대회 최우수 선수로 선정된 북한 4·25 유소년축구단 김위성 선수와 함께

2011 브라질 세계군인체육대회

2011년 7월 16~24일 브라질 리우데자네이루 시에서 개최되는 세계군인체육대회에 참가하는 북한 4·25 축구팀과 남녀 마라톤팀을 쿤밍 홍타 스포츠센터에서 2개월간 훈련 지원을 하였다.

북한은 이 대회에서 내가 지원한 여자 마라톤이 금메달을 따는 등 금 7개, 은 2개, 동 3개, 총 12개의 메달을 따내 참가국 110개 중 종합 7위를 차지했다. 북한대표팀 단장 리종무 4·25 체육위원회 위원장은 내게 고맙다고 하면서 여자마라톤 우승상금 1만 달러는 홍타 스포츠센터에 훈련비로 보내겠다고 하였다. 하지만 난 웃으며 사양했다.

이 대회에서 한국은 금 8개, 은 6개, 동 8개로 북한보다 한 단계 위인 6위를 차지했다. 1995년 로마에서 시작한 이 대회는 세계 군인들이 스포츠를 통해 친목을 도모하고 세계 평화에 이바지한다는 취지로 창설되었으며, 4년마다 열리는데 이번이

5회 대회였다. 2015년에 열리는 6회 대회는 한국 경상북도 문경에서 개최된다. 만일 북한이 남한에서 열리는 세계군인체육대회에 참가한다면 이는 남북 평화에도 크게 기여할 것이다.

세계군인스포츠위원회(CISM)는 133개 회원국이 가입되어 있으며 한국은 1957년, 북한은 1993년에 가입했다. 스포츠는 가장 어려울 때 해결의 도구이며 마음을 하나로 묶을 수 있는 수단이기도 하다. 나는 북한에 대한 스포츠 지원을 통해 남북의 실력 차를 줄여서 남북 단일팀을 탄생시키는데 조금이라도 이바지하고 싶다. 현재 남북 단일팀 구성의 최대 문제점은 남・북한의 실력 차를 극복하지 못하는 것이 가장 큰 걸림돌이기도 하다. 남북 단일팀이 구성되면 남・북한 모두가 한팀을 응원하게 되고 그렇게 되면 우리의 마음은 하나가 될 수 있는 것이다. 나는 다가오는 인천 아시아경기대회에서 송영길 인천시장이 추진하는 남북 단일팀이 구성될 수 있도록 최대한 협력할 것이다.

제92회 경기도 전국체전

경기도 수원 월드컵관리재단 송기출 사무총장은 경기도 의회의 승인을 거쳐 '한마음 한민족 재단'을 출범시켰다. 세계연합회 회장으로 뉴욕체육회 회장을 맡은 이석찬 회장을 추대하여 전국체전 범도민 추진위원회를 구성하였다. 이번 전국체전에 북한 체육대표팀을 초청하여 북한을 포함한 전 세계의 재외동포가 참가하는 진정한 평화 전국체전을 준비하자며 북한의 초청을 내게 요청하였다.

  한국 도예협회 윤태운 회장은 남북 합작 도자기 제작을 제안하였는데 아주 좋은 제안이었다.

  남·북한이 청자 흙과 백자 흙을 각각 1톤씩 준비하여 남·북한 흙을 각기 전통 양식으로 정제하고 배합한 후 실험을 거쳐 배합 비율을 채택하여 남·북한 도자기 명장들이 남한에 모여 함께 도자기를 제작하는 통일 도자기 제작을 제안하였다. 나는 이 방식에 매력을 느껴 북한과의 실무회담을 통해 관철하려 했으나 예산 문제와 정부 승인 문제로 뜻을 이루지 못했다. 결국, 경기도 전국체전에서 더북교류 사업은 아무 성과 없이 끝났다.

남북 협력사업, 단둥 축구화 공장 탄생
- 중단할 수 없는 남북 합작사업

얼음 속에서 피운 꽃!

두꺼운 얼음도 뜨거운 열정의 한줄기 물이 지나가는 길을 막지는 못했다.

중국 단둥 축구화 공장 탄생!

이것은 꽁꽁 얼어붙은 얼음 밑으로 흐르는 한줄기 희망의 물줄기였다. 오랜 시간 남북의 여러 사건 속에서도 중단하지 않고 이어진 체육교류의 성과를 바탕으로 일궈낸 새로운 모델의 남북 협력사업의 시작이었다.

2011년 11월 7일, 중국 요령성 단둥 동항시 전양진에서 남한의 인천광역시 송영길 시장을 비롯한 관계자들과 북한의 민경련 이용남 대표를 포함한 관계자, 그리고 중국 동항시장 등이 참석하여 새로운 모델의 남북 협력사업인 축구화 공장 오픈식이 진행되었다.

이 사업은 인천유나이티드 프로축구단이 중국 운남 서광무역 유한공사에 투자하고 운남 서광무역이 북한 기술자를 고용하여 축구화를 생산하는 방식이다. 기술 지도는 축구화 기술의 장인 김봉학 선생이 맡았다.

남북 관계의 경색으로 남·북한이 직접 합작을 하지 못하는 상황에서 중국을 통해 남한의 자본과 북한의 노동력이 합작하는 새로운 형태의 남북 협력사업이 탄생한 것이다.

단둥 축구화 공장 오픈식

송영길 인천광역시장은 오픈식이 끝나고 만찬에서 "우리 시대의 무능으로 후손들에게 분단된 나라를 넘겨주는 불행을 막기 위해 정치를 하게 되었다."는 의미 있는 말을 하였다. 그 말은 내 가슴에 아주 깊게 인식되었다.

단둥 축구화 공장 탄생을 반대하는 사람들

공장 오픈식이 끝났지만 공장 운영은 여러 가지가 계획보다 어렵게 돌아가고 있었다. 중국 법인은 외국 투자에 대한 규제와 감시 제도가 무척 까다로운데다, 중국 직원들은 어려움을 상의하고 협조를 요청해야 될 상황에서 인천축구단의 부정적인 시각을 의식하여 문제점을 제시하기보다는 무능하다는 소리와 질타가 두려워 자꾸 어려운 현실을 숨기고 감추려 하였다. 공무원들의 습성은 어려워도 열심히 하려는 사람을 지원하기보다는 말썽 피우고 시끄럽게 하는 사람들에 대해 입을 막는 일부터 하는 것이었다. 일을 열심히 잘하는 것보다는 조용히 지내는 것을 선호한다는 생각이 들었다.

그런 면에서 일을 소신 있고 과감하게 추진하는 송 시장의 결단력은 대단히 높이 평가 받을만하다고 생각된다. 아무튼, 인천유나이티드 프로축구단은 축구화 공장에 투자한 대주주이면서도 축구화 공장에 대해 도와줄 생각보다는 틈만 나면 흠집을 내려고 해서 나는 오해를 받으며 쓸데없는 데 힘을 소비해야 했다. 인천축구단에서 그 누구도 내게 한 번도 축구화 공장의 운영이나 문제점에 대해 질문한 사람이 없었다. 단지 이상한 말만 듣고 사실인 양 근거 없는 말로 이미지만 흐려놓았다. 아마 김효석 비서실장이 아니었으면 축구화 공장은 중도에 문을 닫았거나 포기되었을 것이다.

공장 운영의 어려움은 가중되고

단둥 축구화 공장은 제조와 판매가 균형을 잡아야 운영되는 것이다. 초기 투자금은 중국 공장 건물 임대료, 건물 리모델링

비용, 식당 및 기숙사, 샤워실 등의 건축비용과 공장기계설비, 원부자재 비용 등으로 들어갔는데 예상치 못한 비용이 생각보다 훨씬 많이 들어갔다. 한국이 투자하고 북한 근로자가 와 있는 공장이다 보니 주변에서 돈을 가로채는 사기꾼과 공안을 끼고 협박해서 돈을 받아가는 사람들이 공장에 늘 기웃거렸다. 통역에게 노골적으로 접근해서, 1일 식당 운영 부식비가 런민비로 800위엔이 들어가면 영수증을 1,500위엔 발급할 테니 차액을 나눠갖자고 제안한 뒤 거절하면 "길 다닐 때 조심해라. 다리를 부러트리겠다."며 협박하곤 했다. 그러다 보니 통역까지 합세해서 회사운영비를 빼돌리는데 동참하는 것이었다. 단둥의 겨울 날씨는 무척 추웠다. 압록강 바람과 바닷바람이 만나다 보니 더 추운 것 같았다. 건물 외벽이 얇아 석탄 보일러를 완전 가동해도 근로자들이 춥다고 해서 전기난로와 추가적인 난방 시스템을 설치해 주었다. 전기료는 생각보다 많이 나왔다. 두 달분 석탄이 보름 만에 없어지곤 했다. 나중에 알고 보니 주변에서 장난을 치고 있었다. 하여간 초기 운영의 문제점은 예측할 수 없던 부분들이 많았는데, 단둥엔 특히 외부 기업이 들어가 정착하기 힘든 곳이라고 먼저 정착한 한인들이 말했다. 나는 매년 1~2월엔 쿤밍에서 전지훈련 사업을 하고 있었는데 단둥 축구화 공장 초기의 운영 시기와 겹쳐 시행착오가 더 컸던 것 같았다.

단둥 축구화 공장의 어려움은 내 가족의 어려움으로 변하고
2012년 1월, 단둥 축구화 공장 오픈으로 남북 경제 협력 사업은 확대되었지만, 문제점과 어려움에 대한 감당은 내 몫으로 돌아왔다. 금년에는 좀 나아질까. 이번 정부 들어 남북 교류는 경색 수준을 넘어 정치적 판단에 의해 꽉 막혀 있다. 역사가 어떻게 뒤돌아볼까 궁금하다.

내일이 민족 최대의 명절 설날이다. 모두들 고향으로 내려갔지만 나는 그럴 수 있는 처지가 못되었다. 오늘 단둥 축구화 공장에서 기술자 김봉학과 김병환이 설을 보내려고 귀국하니 인천공항에 가서 그동안의 고생을 격려하고 급여를 줘야 하기 때문이다. 김봉학과 김병환 급여는 투자금에 포함되지 않았기 때문에 한국에서 별도로 챙겨줘야 한다.

어젯밤부터 심장이 터질 것만 같았다. 이경남 간사와 이선임 차장 급여는 겨우 챙겨줬고, 최악의 민원성 채무를 먼저 정리하다 보니 돈이 하나도 없었다. 마침 주변에서 설을 보내라고 200만 원을 줘서 아내에게 오랜만에 생활비로 주었다. 하지만 어제 들어오기로 한 500만 원이 들어오지 않아 김봉학과 김병환의 급여를 송금하지 못했다. 오늘 귀국해서 급여가 들어가 있지 않은 것을 알면 얼마나 실망하고 힘들어 할까! 무엇보다도 단둥 축구화 공장 운영에 문제가 생기지 않을까 걱정스럽고 가슴이 답답했다.

아내에게 상의했다. 아내는 힘들어 하면서도 150만 원을 내어 주었다. 내가 준 200만 원 중 50만 원만 생활비로 쓰겠다는 것이다. 나는 집에 들어온 명절 선물을 재포장하여 인천공항에서 김봉학, 김병환을 만나 150만 원과 중국 돈 7,000위안을 함께 전해 주었다. 월급을 다 받지 못한 김봉학, 김병환은 실망했겠지만, 나 또한 최선을 다한 것이라고 둘의 마음을 위로하고 격려하였다.

집으로 돌아오면서 난 아내와 가족에게 너무 미안했다. 아내는 몇 푼 되지 않은 생활비를 명절 전날 다시 가져가고 들어앉던 선물마저 다 내어줄 때 심정이 어땠을까!!

생각하니 집으로 돌아가기가 부끄러웠다.

난, 무엇을 위해 이 길을 가는 걸까!

언제까지 이 길을 가야 할까!

아내여, 미안하다 사랑한다.

언제나 당신껜 죄인이다.

언제까지 당신을 힘들게 할지……!

단둥 축구화 공장 오픈은 아내와 가족에게도 희망을 줄 수 있는 사업이었다. 그러나 가정의 어려움은 더 커져만 갔다.

올해도 설날을 집에서 보내야 했다. 아내도 가족이 많고, 나 또한 형제도 많은데……!

터질 것만 같은 가슴을 억제하며 집으로 달리는 차 안에서 노래를 했다.

♪ 금강산 맑은 물은 동해로 가고 / 설악산 깊은 물도 동해로

가는데 / 우리네 마음들은 어디로 가는가.
 언제쯤 우리는 하나가 될까.

아리랑 아리랑 홀로 아리랑
가다가 힘들면 쉬어가더라도 / 손잡고 가보자 같이 가보자 🎵

지금 이 시간 어쩌면 강경수도 같은 노래를 부르고 있을지도 모른다.

2012 인천평화컵 국제유소년(U-15)축구대회

설이 끝나자마자 중국 쿤밍에서 2012 인천평화컵 국제유소년(U-15) 축구대회가 열렸다. 이 대회는 인천시가 작년에 이어서 개최하는 대회이며 남한 인천팀, 북한 4·25팀, 일본 요코하마팀, 중국 쿤밍팀의 15세 이하 유소년축구팀이 참가하였다.

북한은 강경수를 총단장으로 하여 4·25 종합팀, 소백수 종합팀, 4·25 유소년팀이 쿤밍의 홍타 스포츠센터에서 전지훈련 기간 중에 유소년축구대회에 참가하기로 하였다. 2012년 1월 23일 설날, 강경수 단장은 쿤밍의 훈련지에 선수단과 함께 대회 참가국 중 제일 먼저 도착했다. 강경수 단장은 2006년 1월에 이곳에 선수들과 왔었으니까 선수들과 함께 쿤밍에서 나를 만난 것은 7년 만이었다. 평상시엔 실무 대표단으로 평양, 베이징, 선양(심양), 톈진 등에서 만났지만 이번엔 선수단장으로 전지훈련을 겸해서 왔기 때문에 충분하고 편하게 보내게 될 것이다. 나는 명절 다음날 쿤밍으로 가서 대회 준비를 하면서 참가 선수단의 영접을 준비하였다.

강경수와 나는 만나면 서로 할 말이 많지 않았다. 그러나 가슴은 통하고 있었기에 말을 하지 많아도 서로가 필요한 것을 잘 알 수 있다. 인천시의 김효석 실장, 신동호 특보와 북한의 강경수 단장이 협의하여 인천팀과 4·25 팀과의 경기를 2012년 1월 31일 오후 2시에 하기로 하였다.

대회 시작 전 12시에 인천의 송영길 시장 일행과 북한의 강경수 단장 일행이 점심을 같이 하였다. 점심은 어색하지 않고 오랜 친구처럼 기분 좋은 점심을 하였다. 점심 도중 평양에서 강경수 단장에게 통보가 왔다. 인천시와의 협력을 보류하고 경기에 참여하지 말라는 메시지가 전달된 것이다. 내일 북한의 정책총국에서 남한 정부에 강한 메시지를 전달하는데 남북 친선경기가 메시지 전달에 앞서 진행되면 전달 효과가 약화될 수 있는 우려에서 나온 조치인 것이다.

송영길 인천시장은 큰 정치인답게 이후에 더 큰 교류를 위해 남북 축구를 다음에 치르는 것을 합의하고 양보하였다.

남북 축구! 공동 기자회견

남북 축구를 격려하기 위해 한국에서 5시간이나 걸려 날아온 경기도 김규선 연천군수, 강원도 황종국 고성군수, 인천의 초청인사들, KBS, MBC, 채널 A 등 각 언론 기자들과 수많은 참관인들이 경기관전을 위해 홍타 스포츠센터 4호 국제경기장에서 기다리고 있었다.

　인천팀과 4·25 팀은 하프라인을 중심으로 경기에 앞서 몸을 풀고 있었다. 경기 시간이 되어도 경기 진행이 되지 않자 모두들 나만 주시하고 있었다. 목에 침이 말랐다. 숨 막히는 순간이었다.

　나는 마이크를 잡았다. 우선 몸을 풀고 있는 선수들을 가운데로 모았다. 그리고 경기 진행에 앞서 늘 하는 행사대로 양측 선수단 격려를 하였다. 선수단 격려는 송영길 인천시장, 김규선 연천군수, 황종국 고성군수 등이 하였다. 또한, 남·북한 선수단과 선수단 격려를 해준 VIP들과 기념사진을 촬영하였다.

　그리고 나는 선수단과 관중석을 향하여 오늘 경기가 연기되었음을 알리고 연기된 경기에 대해 기자회견을 하겠다고 방송했다. 송영길 인천시장과 강경수 4·25 단장이 남북 대표로 사상 최초로 남북 공동 기자회견을 하였다. 인천광역시와 4·25 체육단은 여러 분야에서 서로 협력하고 무산된 축구경기는 빠른 시일 내로 다시 치른다는 내용이었다.

　기자회견이 끝나자 양측 선수단이 경기장을 모두 빠져나가고 운동장엔 나만 홀로 남게 되었다. 발길이 떨어지지 않았고 순간 갈 곳이 없었던 것이다. 지금 이 시간은 계획했던 남북 경기가 끝나고 축제 분위기 속에 뒤풀이 준비에 들떠 있을 시간인데 적막하고 외로움만 경기장에 남겨져 있었다. 경기준비위원장인 내가 오늘 무산된 모든 책임을 져야 했기 때문이다.

송영길 인천시장과 강경수 북한 축구단 단장의 기자회견

남한 인천팀과 북한 4·25팀 단체 기념사진

감당할 수 없는 시련이 내게 또다시 다가올 수도 있다. 지금까지 더큰 어려움도 견디어왔는데 오늘 경기가 무산된 것은 생각지도 못했고 황당하기까지 하였다. 이 상황을 어떻게 받아들여야 할지 텅 빈 내 머리는 아무것도 생각할 수가 없었다.

또다시 홀로 아리랑

강경수 단장 숙소로 갔다. 괴로워하며 내게 미안해하는 모습이 오히려 안쓰러웠다. 우린 하늘을 쳐다보며 같이 울고 있었다. 가슴속으로 같이 다짐한다. '오늘을 이겨내자. 나의 오랜 파트너 강경수 동지!'

저녁 6시 서라벌식당, 송영길 시장을 포함한 인천시 관계자 3명과 강경수를 포함한 4·25 체육단 3명, 그리고 나, 모두 소리 없이 술잔을 돌렸다. 소주에 맥주를 타서 폭탄주로 벌써 몇 잔씩 돌리고 있었다.

송 시장이 "기분이 꿀꿀하다." 표현하자 강 단장은 "무슨 뜻이냐?"라고 물었다. 나는 날씨로 치면 비가 올듯한데 오지 않는 우중충한 날씨라고 말해줬다. 그날 우린 모두 초주검이 되도록 마셨다. 그리고 서로 인정하고 위로하였다.

남북 축구, 누가 이들의 경기를 못하게 한 것인가!

남북 경기는 무산되었지만, 대회는 정상적으로 진행되었다. 개막식에는 인천유나이티드소속 광성중 축구단, 중국 원난성 서산 오중학교 축구단, 일본 요코하마 마리노스 유소년축구단이 참가하였고 개막전은 한국 인천과 일본 요코하마 팀이 치렀다. 한·일전은 작은 경기라도 치열했다. 일본이 1대0으로 이겼다. 예선을 통과하고 결승에서 한국과 일본이 다시 만났다. 전·후반 내내 경기는 득점 없이 비겼으나 승부차기에서 인천은 골키퍼 김동현의 3연속 선방으로 요코하마를 3대2로 이기고 우승을 차지하였다.

김동현은 대회 MVP로 선정되었다. 프로 수준의 활약을 보인 김동현은 가능성이 많은 선수라 생각했다. 경기 내내 경기장 밖 철망 사이로 북한의 4·25 선수들은 한국과 일본 경기를 지켜보았다. 아마 이번 대회에 참가했다면 우승했을 것이다. 북한 김영수 감독은 승부차기가 끝날 때까지 경기장 밖에서 지켜보고 있었다. 가슴이 아팠다. 남북이란 이름 때문에 경기장 밖에서 지켜보는 선수들이나 경기를 치르고 있는 선수들! 누가 이들의 경기를 막았는가……!

대회도 끝나고 북한 4·25 선수단의 전지훈련도 끝나간다. 4·25 종합팀, 유소년팀, 소백수 종합팀이 공식 훈련을 마치고 평양으로 돌아갈 시간이 다가왔다.

강경수는 선수단장으로는 이번이 마지막 쿤밍 방문일 것이다. 내가 강경수를 다시 만나도 선수단 단장으로는 만날 수 없을 것이다. 서로가 가장 편하게 만날 수 있는 방법이 지금 같은 상황일 것이라 생각하니 지나간 시간이 아쉬웠다.

나와 강경수

금년 북한은 주체 101주년 기념행사를 새로운 지도 체제 아래 경기를 치르게 된다. 이곳에 온 3개 축구단도 각 부문의 우승을 차지하기 위해 전지훈련기간 중 굵은 땀방울을 흘린 것이다.

강경수 단장은 승진이 보장되어 다른 자리로 갈 수도 있었지만, 나와의 사업 성과를 위해 체육단에 남아 있는 것이다. 단동 축구화 공장, 평양 대동강 공단 등 강경수와 나는 많은 일을 진행했고 남·북 관계 악화로 아직 마무리가 되지 않은 일들이 있었다.

강경수와 파트너로 일한 지도 8년이 되었다. 우린 어느덧 사업 파트너를 뛰어넘어 평생의 동지가 되었고, 형제가 되었고, 가족이 되어 있었다. 난 대북사업이 어려울 때 포기하고 싶은 적도 있지만 강경수가 다칠까 봐 고통을 감수하고 어려움을 돌파할 때도 있었다. 그건 강경수도 마찬가지였을 것이다. 강경수와 나는 일에 대한 사명감과 의리와 사랑을 같이 가지고 있었기에 가능했었을 것이다.

선수단은 이번 전지훈련이 큰 도움이 되었다고 하였다. 이제 남북 관계만 회복하면 강경수와 난 큰일을 많이 성사시킬 수 있을 것이다. 이번에 저들은 4·11 총선에서 야당이 승리하여 입법을 통해 국회에서 '5·24 조치'가 해제되기를 기대하는 것 같았다. 이명박 정부의 대북정책의 변화를 기대하는 것 같았다.

나는 남북 관계는 이명박 정부에서 풀고 가야 한다고 생각한다. 대선 전에 현 정부가 대북 민간교류 금지조치 해제, 금강산 관광 재개 등 정치적으로 부담 없는 것부터 교류를 재개하여 다음 정부는 계승·확대·발전시켜나가야 풀리지 않던 문제들을 해결할 수 있을 것이라 생각한다.

  남북 교류가 없으니 북한에 제재할 것도 없어졌다. 지금부터 남북의 신경전은 말싸움밖에 되지 않을 것이다. 나는 그간 오랜 시간을 대북사업에 바쳤다. 남북 관계 악화로 큰 파도 위에서 또는 흔들리는 나무 끝에서 태풍을 맞는 것 같은 불안하고 위험한 시간을 보낼 때가 더 많았다. 나뿐만 아니라 나를 지켜보는 가족들의 가슴이 더 탔을 것이다.

강경수 동지여!
형제여!
내일이면 떠날 그대가 있어 버틸 수 있었고,
그대가 있어 외롭지 않았다.

단둥 축구화 공장의 어려움은 커져만 가고

  쿤밍의 겨울 행사가 끝나고 이젠 얼어붙은 대지 위에 어렵게 피운 꽃! 단둥 축구화 공장을 하루빨리 정상화시켜야 한다. 그러나 단둥 축구화 공장은 시작부터 반대파들에 의해 모함과 방해가 끝없이 이어지고 있었다. 특히 투자를 했던 인천유나이티드 프로축구단은 지원해야 함에도 불구하고 문을 닫기를 바라는 입장을 노골적으로 표현하고 있었다.

  3월 11일은 인천에서 새롭게 선보이는 인천 축구전용구장에서 인천 프로축구단이 홈 개막전을 치르는 날이다. 구단주인 송영길 인천시장은 개막전 행사로 단둥 축구화 공장에서 생산되는 아리축구화의 판매 및 홍보를 하면 좋겠다고 제안하였다.

중국 운남 서광무역유한공사 유동일 대표가 연락이 안 되는지 벌써 10일 지나고 있었다. 인천 축구전용경기장 개막 경기의 아리축구화 판매 행사에 필요한 축구화를 생산하기 위해선 법인대표 유동일이 꼭 있어야 되는데 채권채무 문제로 잠적한 후 연락이 아예 단절되어 버린 것이다.

유동일에게 연락이 되지 않으니 내가 직접 단둥으로 건너가서 진두지휘를 하지 않을 수가 없었다. 유동일이 잠적했다는 소문이 나면 가뜩이나 문제점을 찾아서 축구화 공장에 흠집을 내려는 사람들에겐 또 다른 빌미를 제공할까 걱정이 되어 철저히 보안에 붙이고 외부에 노출되지 않게 하였다.

인천 지역 지방신문에서는 북한 근로자가 정상적으로 근무하고 있음에도 북한 근로자가 단둥 축구화 공장에 투입되지 않았다느니, 공장 가동이 중단되어 문을 닫았다느니 허위 보도까지 하면서 어렵게 일궈낸 남북 협력사업의 성과에 돌을 던지고 있었기에 나는 힘들어도 힘들다는 표현도 못 한 채 문제점이 생길 때 혼자 감당해야 했다.

축구화 기술의 장인 김봉학은 축구화는 잘 만들었지만 공동생활을 해보지 않아 늘 돌출적인 행동과 발언으로 날 긴장시키고 어렵게 하기도 하였다. 그렇지만 본성이 착한 사람이기 때문에 난 끝까지 같이 가기 위해 많은 것을 이해시키려고 노력하였다. 마침 단둥에 도착한 날이 김봉학 생일이어서 현지에 있는 직원들과 함께 생일파티를 성의 있게 해주고 하는 일에 대한 사명감도 불어넣어 주었다.

내가 단둥 축구화 공장 현장에서 직접 나서면서 그동안의 문제점이 하나둘씩 해결되고 공장은 안정된 모습으로 자리 잡고 있었다.

축구화 장인 김봉학 생일 파티

그러나 바닥난 운영자금 문제와 사라진 유등일 법인대표의 문제는 내게 커다란 고통으로 점점 강하게 다가오고 있었다. 공장엔 석탄이 떨어져 가고 있었고, 주방엔 근로자들의 식재료를 날마다 보충해야 할 형편이었다.

제조 공장을 가동하는 데는 여러 가지 계획에 잡히지 않았던 경비가 지출된다. 근로자들 중엔 갑작스런 병으로 입원하는 환자도 생기고, 주변의 신고로 생각지도 못한 것에 대한 과태료를 물기도 했고, 건물주가 전기변압기를 폭파하고 복구비용을 두 배로 청구하는 등 새로운 환경에 적응하여 공장을 안정시키기가 쉽지 않았다.

초기에 유동일 대표가 없어서 난 몇 배로 힘들게 대가를 치르고 새로운 환경에 적응해야 했다. 운영자금이 바닥이 난 상태라 하루하루 견디기가 어려웠지만 3월 11일 인천 축구전용경기장 개장 기념 개막식에서 축구화가 1,000컬레만 판매되면 조금씩 어려움이 해소될 것이라고 직원들을 격려하며 개막식 축구화 판매 행사 준비에 초점을 맞춰 일을 진행하였다.

3월 8일, 단동으로 다시 갔다. 건물주는 미결금을 해결해주지 않으면 공장 가동을 중단시키겠다고 엄포를 놓았다. 난 미결금이 있는지조차 모르고 있었다. 유동일이 사라지니 알 수 없는 일들이 내게 꼬리를 물고 다가왔다.

3월 9일, 중국직원 송명호는 밀린 급여를 주지 않으면 당장 그만두겠다는 것이다. 급여가 밀려 있다는 것에 대해 난 이해를 못했다. 술이 취한 송명호는 새벽 3시에 내가 묵고 있는 압록강호텔 방문을 부수고 들어와 난동을 부리다 돌아갔다.

아침 10시에 술이 깬 송명호를 공장으로 불러 일을 마무리하게 하고 고향으로 돌려보냈다. 건물주도 만나서 미결금에 대한 문제를 논의하고 매듭을 지었다. 유동일 사라져서 생긴 문제점들을 하나둘 정리하고 나니 몸과 마음이 지치고 외로워진다.

나의 직원, 나의 대리인 유동일…….
아……, 유동일!
너는 그동안 날 위해 고생했고 노력했는데 지금 넌 내게 감당할 수 없는 고통을 안겨주는구나. 살아 있다면 지금 연락이라도 주면 좋겠다. 나는 간절히 두 손 모아 기도했다.

나의 눈물

어려운 과정 속에서도 3월 11일 행사에 필요한 축구화를 한국으로 모두 다 보내고, 나는 김봉학, 김병환과 함께 단둥에서 선양공항으로 가는 승합차에 몸을 실었다. 단둥에서 선양공항은 차량으로 3시간가량 소요된다. 차는 시원스럽게 달리고 있었다. 앞뒤 차량도 없이 혼자만 질주하고 있었다. 마치 고독하고 외로운 싸움을 하면서 남북 협력사업의 성과를 향해 달리는 나의 모습과 같다는 생각이 들었다.

차창 밖으론 하얀 눈이 수북이 쌓였다. 이곳은 북녘 깊은 곳이니 3월 말까지 눈이 있으리라 생각된다. 빠르게 지나가는 하얀 풍경을 바라본다. 눈물이 난다. 내 등 뒤에 앉아 있는 김봉학, 김병환에게 들킬까 봐 눈을 감았다.

나는 어려움을 겪으건 더 강한 신념이 생기곤 하였다. 사명감은 날 더욱 단련시켜 어려움을 겪을 때마다 새롭게 진화시키고 신념을 갖게 하였다. 그동안 대북사업을 하면서 편안한 시간보다는 어려움에 시달리는 것이 생활이 되었다.

통일부에서 전화가 왔다. 단둥 축구화 공장에서 북한 사람과 만났다며 과태료를 부과한다는 것이다. 신고를 하지 않고 만났다는 이유였다. 그러나 통일부는 내가 대북 접촉 신고를 하면 접수를 받아주지 않았었다. 난 10년 가까이 북한 사람들을 만났고 앞으로도 만나야 한다. 작년에 이어 올해도 통일부로부터 과태료를 부과받은 것이다.

내가 가고 있는 길이 과연 죄를 짓고 있는 길일까……!

최초의 남북 합작 축구화, 인천에 선보이다

3월 11일, 인천 숭의 축구전용경기장! 수원 삼성과 개막전을 치르기 위해 경기장은 쌀쌀한 날씨에도 불구하고 2만여 관중이 찾아왔다.

이선임 차장, 이경남 간사, 윤태영 아르바이트생은 아침 일찍부터 축구화를 운동장 앞에 전시하였다. 아내와 아들 성훈이도 같이 와서 도왔다. 우리는 모두 큰 기대를 걸고 있었다. 오늘 1,000켤레 이상 판매가 되지 않으면 단둥 축구화 공장은 심각한 재정난에 빠져 중단 위기에 처할 수도 있었기에 어쩌면 절박한 상황에서 거는 기대였을 것이다.

시작은 순조로웠다. 공식 판매 행사는 11시 30분부터 진행하였다. 판매 행사를 위해 송영길 인천광역시장, 허정무 인천 유나이티드 감독, 김남일 선수와 크리스티나, 비앙카 등 인천

단둥 축구화 공장에서 생산한 아리축구화 판매 행사.
허정무 감독, 김남일 선수, 크리스티나, 송영길 시장(좌로부터)

시 관계자, 그리고 수많은 축구팬들이 참석했다.

판매 행사 사회는 조동암 인천시 체육국장이 진행했고, 송영길 인천시장 축사에 앞서 나는 경과 보고를 하였다.

[경과보고]

아리축구화는 인천우나이티즈 프로축구단이 중국 서광무역유한공사에 투자하여 설립한 중국 단둥 축구화 공장에서 생산된 수제 축구화입니다.

단둥 축구화 공장은 지난해 2011년 11월 7일에 송영길 인천시장을 비롯하여 북한의 이용남 민경련 대표와 단둥시장 등 50여 명이 참석하여 오픈식을 갖고 출발한 공장입니다.

단둥 공장은 평양에서 온 북한 여성 재봉 기술자 9명, 남성 기

> 술자 16명, 총 25명이 남한의 김봉학 기술자의 기술을 전수받아 현재 월 2,000켤레 생산 수준을 갖추고 있습니다. 6월부터는 월 3,000켤레 생산도 가능하며 근무 시간 연장 시 5,000켤레 생산도 가능합니다.
> 　아리축구화의 '아리'라는 단어에는 전통·저력·민족정신이 포함되어 있으며, '남·북 협력사업이 최고의 경제적 가치가 있다는 자긍심의 표현' 입니다.
> 　아리축구화의 고급형은 13만 원이며 보급형은 9만 원입니다. 오늘 500켤레를 준비했으며 별도 주문된 축구화는 지정 일자에 지정된 장소로 보내드리겠습니다.
> 　감사합니다.

　경과 보고가 끝나고 송영길 인천시장은 인사말에서 아리축구화를 직접 들고 축구화의 우수성을 소개하였다.

　판매 행사가 끝나고 본격적인 판매로 들어갔다. 모 신문사 모 기자는 계속하여 아리축구화의 문제점을 찾아내기 위해 집요하게 파고들었다. 아르바이트 학생들이 축구화를 판매하는 도중 메이디인 차이나 표시를 떼고 팔았다는 이유로 인천세관본부에 제보하여 행사가 끝나고 난 세관본부에 가서 장시간 조사를 받아야 했다.

　총 96켤레가 판매되었다. 당초 기대의 10%에도 미치지 못하는 저조한 실적이었다. 하루 종일 추위에 떨며 고생한 직원들은 오늘 판매 부진에 따른 자금난에 대한 다가올 문제에 대해 걱정하며 무거운 발길로 집으로 향하고 있었다.

아리축구화를 홍보하고 있는 송영길 시장과 허정무 감독

직원들의 쓸쓸한 뒷모습을 바라보며 리더를 잘못 만나 늘 고생에 허덕이는 저들에게 난 무엇을 해줄 수 있을 것인가를 생각하니 갑자기 막연해졌다. 내 선택과 판단에 의해 직원들의 고생은 커져만 가고 있었던 것이다. 직원들은 사명감 이전에 삶의 질이 더 중요한 것이라 생각되기 때문이다.

생각만으로는 시련을 극복할 수 없다. 오로지 경험을 통해서 이겨내고 발전할 수 있다는 것을 우리 직원들은 이제 어느 정도 깨달았다. 단둥 축구화 공장은 남북 관계의 악화 속에서도 중국을 통해 탄생된 새로운 형태에 남북 협력사업인 것이다. 만일 남북 관계가 예전 같았다면 내가 건설하던 평양 다동강 1호 공장에서 축구화를 생산했거나 인천 어느 지역에 공장이 생겼을 것이다.

다시 말하면 단둥 축구화 공장은 비록 지금은 중국 단둥에 있지만 남북 관계가 개선된다면 평양 또는 인천으로 이전할 수 있다는 말이다. 따라서 단둥 축구화 공장의 성공은 남북 협력사업의 모델이 되는 것이다. 그래서 이 사업은 반드시 성공되어야 되는 것이다. 막연하게 북한과의 사업은 실패할거란 잘못된 편견을 바로잡아야 하기 때문이다.

나는 확신한다. 남한의 자본과 북한의 기술과 노동력의 합작은 전 세계 어느 나라와의 합작보다 경쟁력이 있다는 것을……!
그래서 가는 과정이 어렵고 힘들고 막막하다 하더라도 좌절하거나 포기할 수 없는 것이다.
요즘 내 앞엔 아픔이 습관처럼 다가온다. 날 모함하고 흠집을 내려는 사람들도 늘어나고 있다. 가까웠던 직원 중에서도 오랜 어려움을 감당하다 지쳐서 날 원망하고 외면하고 있다.

시련과 극복
4·11 총선에서 새누리당이 우세한 결과를 나타냈다. 광명성 3호 발사로 남·북 관계는 더욱 악화되고 있다. 혹시나 하고 기대를 했던 가족과 직원들도 더 어려워질까 불안해한다. 이 상황에 맞는 계획을 세워 추진하고 있는 사업을 이끌어야 한다.
지난날을 뒤돌아 본다. 2006년 7월 4일, 북한의 미사일 발사로 추진하던 평양교예단 서울공연 계획이 무산되었다. 2006년 10월 9일 북한의 핵실험으로 태국 킹스컵 국제청소년축구대회에 남북 단일팀 참가가 무산되고 내가 운영하던 미래아이엔티 회사는 부도가 났다.

그러나 2007년 3월 20일, 나는 북한 청소년축구대표팀을 대한민국 정부수립 이후 최초로 한달 간 제주, 수원 광양, 서울에 전지훈련을 유치하는데 성공했다. 또한 같은 해 5월 17일엔 남한 사람 최초로 북한 대표로 선임되어 청소년월드컵 조 추첨에 참가했으며, 3월엔 청소년월드컵에 북한 단장으로 참가해 북한을 16강에 진출시키기도 했다.

2007년 6월과 10월엔 북한 유소년 선수들을 남한 축구대회에 참가시켰고, 7월과 11월엔 남한 어린이들을 평양에서 치러지는 북한 축구대회에 참가시켜 남북 유소년 축구선수들이 정기적으로 남·북한에서 상·하반기에 각각 1회씩 축구경기를 교류하는 기틀을 만들었다.

같은 해 4월엔 황영조 감독이 이끄는 국민체육진흥공단 마라톤팀을 평양 대회에 참가시키고, 중국 쿤밍 홍타 스포츠센터에서는 축구뿐만 아니라 마라톤, 탁구 등도 남북 합동훈련을 시켜 올림픽 단일팀의 꿈을 키우기도 하였다.

그러나 이명박 정부 탄생 이후, 긴장되었던 남북 관계는 2008년 7월 11일 금강산 관광객 피격 사망 사건으로 추진 중이던 경평축구를 무기한 연기해야 했고, 2009년 4월 5일 광명성2호 발사와 5·25 핵실험에 의해 평양 대동강 1호 공장건설 사업을 중단해야 했다.

2010년 사상 최초로 남북이 함께 본선 진출한 남아공월드컵에서 남북 꿈나무 축구단을 통한 공동 응원단 사업은 2010년 3월 26일 천안함 사건에 의해 흔적도 없이 사라졌다. 이렇게 좌절과 성공을 반복하며 최악의 남북 관계에서 꽃피운 단둥 축구화 공장 사업은 소중하고 값진 것이다.

스포츠 교류는 중단되는 일이 없어야

이러한 남북 관계에서도 단둥 축구화 공장 사업이 가능했던 것은 아무리 어려운 여건 속에서도 체육 교류 사업이 이어졌기 때문에 가능했던 것이다.

2009년 4월 5일, 북한의 광명성2호 발사와 5·25 핵실험 속에서도 남과 북에서는 아무것도 할 수 없었지만, 내가 운영하는 중국 쿤밍의 홍타 스포츠센터에서는 2009 경기도 수원컵 국제유소년축구대회를 통해 남북 유소년팀이 경기를 치렀고, 이 대회엔 김문수 경기도지사가 참관하였다.

또한, 2010년 3월 26일 천안함 사건과 같은 해 11월 23일 연평도 포격사건 속에서도 제1회 인천평화컵 국제유소년축구대회를 통해 남북 유소년들이 경기를 치르며 우정을 이어나갔고, 이 경기는 송영길 인천시장이 참관했다. 제2회 인천평화컵 국제유소년축구대회는 김정일 국방위원장 사망 이후에 최초로 남북이 만나 교류 및 공동 기자회견까지 하였다.

이렇게 단둥 축구화 공장이 탄생된 배경에는, 남북 관계의 악화로 남·북한에서는 교류가 중단되었지만 중국에서는 끊어지지 않고 교류가 이어졌기에 가능했던 것이다. 이처럼 스포츠 교류는 어떠한 상황 속에서도 이어져야 한다. 더구나 이념과 사상이 없는 어린아이들의 교류를 정치적 목적으로 가로막는 것은 훗날 자라나는 아이들이 어떻게 평가할 지에 대해 가슴 깊이 생각해봐야 할 것이다.

나는 어렵게 탄생된 단둥 축구화 공장 사업의 성공을 위해 더 큰 어려움이 있어도 극복할 것이다.

나의 가족

나는 아빠도 남편도 아니였다. 큰딸 보민이는 고등학교 때부터 중국으로 유학을 가서 저쟝대학교[浙江大學校] 법학과를 졸업하고 학사학위를 받았다. 공부를 잘했고 판단력도 뛰어나고 똑똑했다. 지금은 회사생활을 하고 있다. 보민이는 아빠의 사랑 없이도 오늘까지 혼자서 독립하여 자신의 길을 걷고 있다. 나는 보민이를 생각하면 죄스럽고 내가 하고 있는 일에 대해 과연 자부심을 느낄 수 있을까 하고 부끄럽게 생각할 때가 많았다.

아들 성학이는 초등학교 때 축구를 시켰다. 경성중학교에 진학하여 아이스하키를 하였는데 경성고로 진학해서는 아주 잘하였다. 그러나 자주 외국에 나가 있던 나는 성학이가 경기를 할 때 경기장에 번번이 가보지 못했다. 아들 성학이는 경기에서 골을 넣고 대회 최우수선수가 되어도 축하해주는 아빠가 없어서 늘 외롭게 운동을 하였다.

그게 상처가 되서 성학이는 연세대와 한양대 입학이 보장되어 있던 고3 때 운동을 그만두고 학교도 그만두었다. 그때 난 처음으로 아들에게 매를 들었는데 아들이 내게 "아빠가 날 때릴 자격이 있냐"고 대들 때 가슴이 터질 것 같았다. 이후 성학이는 집을 나갔고 난 너무나 가슴이 아팠다. 과연 난 내가 하고 있는 일에 대해 자부심을 가지고 있는지 스스로 회의가 들었다.

이후 성학이는 디지털대학에 들어가 지금은 3학년 과정을 공부하고 있고, 유소년을 가르치는 축구 코치를 하고 있다. 아빠의 사랑과 지도 없이 잘 성장하고 있는 보민과 성학에게 언제 아빠 역할을 제대로 할 수 있을지 미안하다. 자녀들이 잘 성장해준 고마움은 오늘날 내가 고통 속에서도 이길을 가는데 밑거름이 되고 있다.

막내 성훈이는 이제 초등학교 6학년이다. 성훈이에게만은 외로움을 주지 말아야 하는데, 아직 아빠의 역할을 못하고 있다. 경제적 어려움까지 주게 되어 잠자는 성훈이를 보며 많은 갈등을 느끼곤 하였다. 이러한 날 지켜보는 아내는 날 남편과 아이의 아빠로 볼 수 있을까……! 이렇게 가족에게 아픔을 준 나는 과연 무엇을 얻으려고 내 모든 재산과 시간, 그리고 정신을 바쳤을까……! 내가 하고 있는 일에 대해 성공을 해야 한다. 그러면 나 스스로 날 용서할 수 있을 것이다.

축구박물관 북한관 개관

2009년 3월 7일, 수원 월드컵경기장에서 열리는 홈팀인 수원 삼성 프로축구단 개막전에 맞춰 축구박물관 재 개관식을 하였다. 개관식에는 김문수 경기도지사, 김용서 수원시장, 박지성 선수의 부친인 박성종 씨 등이 참석했다. 나는 축구박물관에 전시된 북한관의 전시물 주인 자격으로 개관식 테이프 커팅 행사에 초청을 받았다.

축구박물관에는 한국 축구 역사관, 세계 축구 역사관, 북한관이 있었는데 이날 참석한 관계자들과 방송에서는 북한관의 전시품에 대해 높은 관심을 보였다.

축구박물관 개관식 커팅 장면

박지성관과 함께 인기를 얻은 북한관의 전시품은 거의 대부분 월드컵관리재단의 송기출 사무총장의 요청에 의해 내가 북한에서 가져다 무상 임대해준 자료들이었다.

북한관에는 국내에서 찾아보기 어려운 북한 축구대표팀 전원의 사인이 담긴 홍영조 선수의 유니폼, 1980년대 발행한 축구 교본과 축구화, 축구공, 북한 축구협회 페넌트 등 100여 점이 전시되어 있다.

또한, 나에겐 가슴 벅찬 순간이 담긴 2008 뉴질랜드 17세 이하 청소년 여자월드컵의 우승팀인 북한 여자 선수들이 사인을 해서 내게 주었던 페넌트와 사인볼이 있었고, 북한 축구협회가 2007 FIFA 세계청소년(U-17)월드컵 조 추첨식에 나를 북한 대표로 선임하고 FIFA로 보낸 공문이 전시되었으며, 북한 4·25 체육단이 세계군인체육대회 참가해 받았던 페어플레이상 트로피도 전시되었다. 또한, 2007년 3월 북한 청소년 대표팀 단장으로 남한에 왔던 1966년 잉글랜드 월드컵 영웅 리찬명이 그 당시 사용하던 골피퍼 장갑 등이 전시되었다.

내가 수원 축구박물관에 많은 축구 전시품을 제공한 것은, 남북이 공동으로 남아공월드컵 진출이 확정되면 3개월 후에 수원에서 개최되는 남북 축구 행사에 활용하고 관람객에게 북한 축구에 대한 이해를 돕기 위해 무상으로 임대해 주었는데 1개월 뒤 광명성2호 발사로 내 뜻이 빛을 보지 못했다.

6·15 공동 선언 기념 행사

단둥에서 경제 포럼 개최

임동원 한겨레 통일문화재단 이사장, 송영길 인천광역시장, 스광 단둥시장 등 주요 관계자 200여 명이 참석한 가운데 단둥시 크라운 프라자호텔에서 경제 포럼을 가졌다. 2012년 6월 7~9일까지 진행된 포럼에서는 남·북·중의 경제 협력 방안이 제시되었다.

포럼 기간 중 인천시장 및 한겨레재단 이사장은 북한의 당 중앙위원을 만나 양측의 협력 방안에 대해 논의를 하였다. 나는 이러한 행사가 잘 진행되도록 주선해 주었다. 또한, 포럼 마지막 날엔 단둥에 있는 아리측구화 공장을 방문하여 북한 기술자들을 격려하고 여러 의견을 교환하였다. 이 자리에서 인천시장은 북한 기술자들에게 '5·24 조치' 속에서 유일하게 피어난 꽃이 시들지 않도록 함께 노력하자고 하였다.

단둥 축구화 공장을 방문한 송영길 인천시장, 임동원 전(前) 통일부 장관

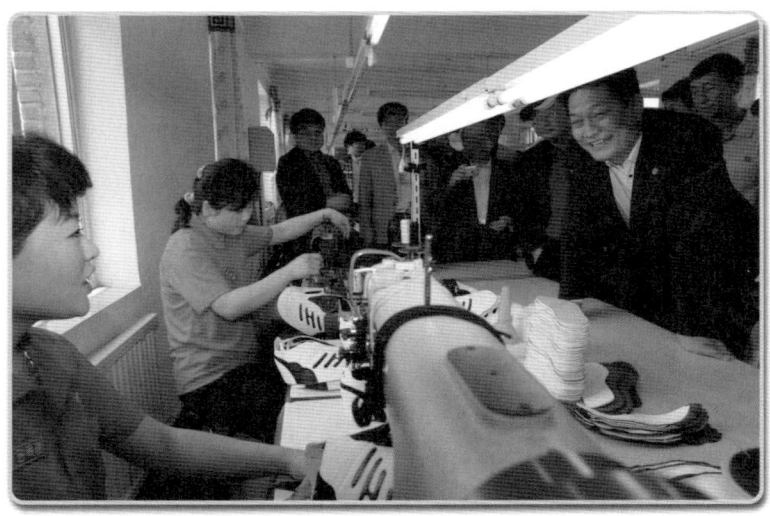

북한 여성 근로자를 격려하고 있는 송영길 인천시장

나는 언론 및 방송 기자들이 자유롭게 취재를 할 수 있도록 역할을 하여 주었다.

인천시장은 내게 단둥 공장을 직접 와보니 그동안 단둥 공장에 북한 근로자가 가짜라느니 공장 가동이 멈췄다느니 하면서 끊임없이 김경성에 대한 음해가 있었으나 이후엔 그런 말은 듣지 않겠다고 하였다.

사실이 그랬다. 계속하여 일부 언론 및 인천시 관계자들이 단둥 축구화 공장과 나에 대해 지속적으로 없는 사실을 만들어 흠집을 내고 이 사업을 중단시키려는 무리가 있었다. 모두가 함께 노력해도 어려운 남북 협력사업에 대해 이렇듯 방해를 하다 보니 어려움이 갈수록 커지기만 하였다.

더욱 힘든 것은, 남한에서 높은 사람들이 와서 좋은 말을 한마디씩하고 돌아가고 나면 북한 근로자들의 기대치가 매우 높아진다. 그러나 그것은 고스란히 내 몫으로 돌아와 나 경제적 상황이 더 어렵게 되는 원인으로 되어 버렸다. 그래서 나는 정치적 행사에 들러리 서는 것을 가장 싫어한다. 하지만 이번 행사는 내가 추진하는 남북 협력 방안에 대해 뜻이 같은 포럼이기에 조건 없이 적극 드왔다.

6·15 공동 선언 12주년 기념, 전국 직장인축구대회 개최

남북 공동 선언 12주년을 기념하는 2012 인천평화컵 전국 직장인·생활인 축구대회를 개최하였다. 작년 포천컵에 이어 내가 직장인 축구대회를 개최한 것은 올해가 두 번째이며 나는 남북체육교류협회를 통하여 매년 이 대회를 주최할 계획이다.

2012 인천 평화컵 전국 직장인 축구대회에 참가한 나이지리아 등 선수단, 송영길 인천광역시장 앞줄 중앙, 필자 앞줄 맨 왼쪽

우승팀 선수들과 기념사진

6월 16~17일 양일간 송도 LNG 경기장에서 개최된 이 대회에는 전국에서 직장인 30가 축구단과 30개의 생활인 축구단이 참가하였다. 나는 이 대회의 우승팀에게 북한 근로자 축구단과의 친선경기를 할 수 있는 기회를 부여하여, 이 대회를 통해 남북 근로자들의 스포츠 교류의 장으로 발전시킬 계획이다.

송영길 인천광역시장은 대회 격려사에서 매년 이 대회를 인천에서 유치하고 직장인들과 소통하는 인천, 남북 화해 협력을 주도하는 인천이 될 것이라며 인천을 찾아준 전국 직장인 팀에 대해 환영을 표했다. 또한, 개막전 시범경기에 참가한 베트남과 나이지리아 근로자 선수들을 격려하며 남북 협력 축구화인 아리축구화를 전달하였다.

이번 대회 준비 기간 동안 내가 중국에 출장 중인 관계로 두 명의 여직원이 모든 대회 준비를 해서 혹시 미흡한 부분이 많이 나오지 않을까 걱정했는데, 그동안 치른 대회 중에서 가장 준비를 잘하였다. 협회의 어려운 살림으로 늘 급여가 밀리고 자금난에 시달리는 이경남 간사와 이선임 차장이 역할을 해주지 못했다면 나는 벌써 하던 일을 중단하였을지도 모른다. 이번 대회를 통해 이러한 행사는 여직원 둘의 힘으로도 할 수 있는 계기를 만들었다. 그만큼 내가 다른 일을 전념할 수 있는 시간을 받을 수 있게 되었다.

대회는 무사히 잘 끝났고 (주)봉신팀이 우승을, 파주시청팀이 준우승을, 길병원 재단팀이 3위를 차지하였다. 직장인 축구대회지만 일부 선수들은 프로 선수 못지않은 기량을 갖고 있었고, 경영주가 대단히 큰 관심을 두고 있는 회사도 많았다.

사실, 축구는 공 하나만 있으면 남녀노소 누구나 쉽게 접할 수 있는 운동이다. 키가 크면 공중볼을 잘 다룰 수 있고, 작으면 드리블을 잘할 수 있고, 뚱뚱하면 몸싸움에 유리하기에 체격 조건이 다른 종목에 비해 그다지 중요하지 않다. 따라서 기업의 대표가 축구를 통하여 복지 향상을 한다면 비용도 절감하고 협동심과 애사심을 키울 수 있는 장점을 활용할 수 있다.

대회가 끝난 후, 나는 남북 관계가 개선되면 평양에서 이 대회를 개최해야겠다고 각오를 다졌다.

남북의 평화와 번영을 바라는 사람들

방송 출연과 강연을 통해 나의 바람을 전하다

2012년 6월 15일, CBS 라디오 프로그램 〈김미화의 여러분〉과 7월 13일 연합뉴스 TV 〈북한은 오늘〉 생방송에 출연하였으며, 7월 25일, 남북물류포럼 주최 〈남북 협력관계의 꿈과 비전 - 새롭게 가야 할 2013 남북 경협의 길〉에서 특별 강연을 통해 다음과 같은 취지의 발언을 하였다.

연합뉴스 〈북한은 오늘〉 생방송에 출연한 필자

대북 교류 사업은 책만을 통해서는 아무것도 얻지 못한다. 오로지 시련과 성과를 통해서만 얻을 수 있다.

탱고는 두 사람이 춤을 추는 것이다. 내가 아무리 좋은 것을 줄 테니 나오라고 프러포즈할 때 상대가 나오지 않으면 그것은 내게 좋은 것이지 상대가 원하는 것이 아니다.

학자들이 북한의 주요 인사들과 교류도 없이 그간의 지식과 정보, 판단만으로 정책을 제시하다 보면, 그것이 아무리 훌륭하고 주변 모두가 인정하는 정책이 되더라도 받아줄 상대에게 자극만 주는 경우도 있다는 것을 간과해서는 안 된다.

따라서 대북 협력사업에 대한 북한과 교류가 없었다면 직접 교류를 통해 성과와 시련을 겪은 나와 같은 사람을 통해 얻어야 한다.

교류가 없으면 정보도 없다. 교류가 없으면 상대의 생각도 감지하지 못한다. 교류가 없으면 제재할 수 있는 수단도 없다.

그러므로 우린 지금 교류를 해야 한다. 강대국 사이에서 갈등과 충돌을 피하고 화해와 평화를 유지하는 길은 교류이다.

교류는 민간 교류가 중심이 되므로 정치와 군사적 문제와 관계없이 유지할 수 있는 것이다. '5·24 조치' 이전엔 정치적·군사적 판단으로 민간 교류를 중단시키지 않았었다. 대만과 중국은 1992년 구두 합의 이후 정치적·군사적 판단으로 경제·사회 교류를 중단하는 일이 없었으며, 지금은 경제가 오히려 정치 문제를 해결하는 도구가 되었다.

내가 '5·24 조치' 속에서도 단둥 축구화 공장을 설립하여 남북 협력사업을 이어간 것은 이러한 이유에서이다. 남북은 어떠한 경우라도 경제·사회·문화 교류를 중단해서는 안 되며, 갈등과 충돌이 있더라도 오히려 더욱 확대하여 상대의 변화를 주도해야 한다.

지금 북한은 엄청난 속도로 변하고 발전하고 있으며, 경제 개혁 및 개방을 준비하고 있다.

남한과 북한, 미국과 중국은 지금 정권이 교체되었거나 교체 중인 시기이다. 이렇게 중요한 시점에 우린 기회를 놓치면 그만큼 뒤처지게 된다. 북한은 이미 새로운 지도자가 들어서서 변화를 지도하고 있고, 한·중·미도 새로운 정권으로 교체되는 시기이기 때문이다.

더욱이 북·중은 실질적으로 많은 것을 교류 협력하여 서로의 비중이 갈수록 커지고 있다. 이러할 때 우리는 우리가 나온 빈자리에 우리의 경쟁자들이 헐값에 들어가는 것을 지켜봐야만 하는가?

나는 눈물이 난다고 했다. 내가 단둥에 북한과의 협력사업인 축구화 공장을 만들지 않았더라면 내가 개발하던 평양공단마저 외국 기업에게 넘어가 남북 관계가 개선되더라도 우리 기업이 들어설 자리가 남지 않을까 우려했다. 그래서 나는 모든 것을 바치고 고난을 이겨내며 단둥에 축구

> 화 공장을 만들었다. 그리고 단둥 축구화 공장을 통해 남
> 북 협력사업을 이어나가고 북한과의 약속도 지킬 수 있었
> 던 것이다. 단둥 축구화 공장은 남북 관계 악화 속에서 핀
> 유일한 꽃이지만, 사실 평양공단 창구라는 거대한 의미가
> 있는 사업인 것이다.

방송과 강연을 통해 이러한 나의 바람을 전달하고 나니 왠지 허탈하고 눈물이 난다. 나의 고통은 참을 수 있지만, 나로 인해 힘들어 쓰러진 동지들이 더욱 간절하게 나를 슬프게 하였다. 내가 아무리 이것이 옳다 해도 주변 환경이 개선되지 않으면 아무 소용이 없다는 사실을 너무도 절실하게 알고 있기에 가슴속에 닫고 있을 땐 참고 있다가도 막상 표현하고 나면 쓸쓸해지고 슬퍼진다. 아마도 그간 나의 시련의 상처를 나 스스로 건드렸기 때문이었을 것이다.

일이 잘되고 나면 모두의 노력으로 성과를 이룰 것이고 잘못되면 모든 것이 내 몫으로 돌아와 혼자 책임을 지면서 지금 여기까지 왔다. 나는 조금만 약해지면 무너질지도 모른다는 두려움에 냉정해지고 강해지려고 수없이 다짐하고 노력하였다.

그러다 보니, 주변의 힘든 걸 보면서 못 본 체하고 앞만 보면서 가게 되었다. 한 번도 아내와 가족, 그리고 직원들에게 고생한다는 말을 못하였고 어려움에 대해 묻지를 못했다. 그러나 그들로 인해 어려워도 지금까지 살아 있을 수 있었고 이 사업 또한 유지할 수가 있었던 것이다. 머지않아 남북 관계가 개선되고

평양공단을 개발할 때 난 이들에게 고맙다고 말하고 싶다.

유엔사무총장 스포츠 특별보좌관과 만남

2012년 7월 11일, 서울 인터콘티넨탈호텔 아시아 라이브에서 조찬 모임을 가졌다. 이 자리에는 최문순 강원도지사와 강원도 대북 담당, 평창 동계올림픽 본부장 등과 유엔사무총장 스포츠 특별보좌관과 실무 담당 등이 참석했다.

월프레드 램케 유엔사두총장 스포츠 특별보좌관과 함께. 램케는 나에게 "스포츠는 국가, 단체, 개인 간 충돌과 분쟁을 해결하는 평화적 도구이자 창구라고 말하며 남북체육교류협회가 역할을 아주 잘하고 있다."고 격려하였다.

웰프레드 램케 특보는 독일 분데스리가 브레멘 프로축구단에서 단장을 12년이나 맡은 경력이 있어 축구에 대한 관심이 많은 분이었다. 독일 브레멘은 이동국이 진출했던 프로축구단으로 우리에게도 낯익은 팀이다.

그는 유엔사무총장 스포츠 특별보좌관을 맡으면서 아프리카 스포츠 발전을 위해 많은 지원 사업을 했다고 하였다.

렘케 특보는 아시아 지역에서 남북체육교류협회 같은 훌륭한 지원 단체가 있다는 것을 처음 알았다면서 나에게 관심을 두면서 많은 토론을 하였다. 특히 올 11월에 평양을 방문할 때 나를 유엔사무총장 스포츠 특보 고문 자격으로 초청할 테니 같이 가서 북한 스포츠 관계자들과의 협력사업에 대해 역할을 해달라고 부탁하였다. 또한, 강원도 평창동계올림픽에 북한이 참가할 수 있도록 유엔과 같이 노력할 것을 합의했으며, 내년 1월 한국을 다시 방문할 때 MOU 계약을 체결하기로 하였다.

나는 북·미 축구를 성사시키고 싶다는 의사를 밝히고 미국에서 북한 축구단을 초청하는 초청비자를 북한에 보낼 수 있는 역할을 부탁했으나, 렘케는 미국 국무성 일은 유엔이 나서지 않는 다며 이런 말을 덧붙였다. 독일 축구단과의 교류는 렘케 본인이 얼마든지 나설 수 있다고……!

북한 4·25 체육단과 인천유나이티드 프로축구단과 독일 브레멘 프로축구단이 같이 교류하면, 남북이 같이 유럽 축구 교류를 통해 축구 선진화를 이룰 수 있겠다는 생각을 했다. 강원도지사와 렘케 특보와 나는 유엔과 협력하여 남북 스포츠 교류를 증진시키고 평화적인 평창동계올림픽을 개최할 수 있도록 MOU 계약을 내년 1월에 체결하기로 하고 조찬 모임을 마쳤다.

강원도는 세계 유일한 분단 국가의 분단도

금강산 관광이 중단된 후 속초·고성·양양의 경제는 거의 초토화되다시피 죽어가고 있다. 경색된 남북 관계가 지역 경제를 마비시킨 것이다.

평창동계올림픽이, 북한이 참가하고 최대한 협력하는 평화적인 올림픽이 된다면 강원도는 전 세계 관광객이 몰려들어 지역 경제는 엄청난 효과를 보게 될 것이다. 더욱이 일부 종목을 북한에서 하게 되면 남북을 연결하는 강원도는 올림픽 특수로 크게 발전할 수 있을 것이다.

지금 강원도는 평화적인 올림픽의 성공을 위해 노력하고 있다. 나 역시 최대한 협력을 아끼지 않고 있다.

경기도 연천군의 소망

연천군은 경기도에서 가장 작은 군이다. 인구가 4만 밖에 되지 않으니 어쩌면 전국에서도 가장 작은 군일 수도 있다. 작년 2011년도에 '남북청소년교류센터'를 유치한 경기도 연천군은 지리적으로 한반도 중심에 있다.

임진강과 한탄강이 교차하는 연천군은 중부 전선 DMZ를 이루고 있으며, 지난 2009년 9월 6일 북한의 댐 방류로 임진강에서 6명의 야영객이 실종되었던 북한과 가장 인접한 지역으로 북한과의 평화적인 교류가 가장 절실하게 필요한 지역이라 할 수 있다.

연천군은 수도권으로 서울하고 인접하고 있으며 면적은 서울시의 1.2배 규모다. 이러한 지리적 우수성을 갖고도 연천군의 인구는 해마다 줄어들어 인구 5만이 되지 않은 작은 시골 동네가 된 것이다. 여름이면 말라리아모기 때문에 이 지역 주민들의 혈액은 받지 않는다.

한반도의 모든 물은 북에서 남으로 흐른다. 북에서 물을 언제까지 깨끗하게 내려보낼 수 있다고 생각할까. 우리는 그 점에 대해서는 아무것도 준비하지 않고 있다. 따라서 연천군의 입장처럼 북한과의 접경 지역에선 모두가 공감하고 북한과의 협력을 통해 강물을 관리해야 한다.

연천군에 들어서면 '남토북수'란 말이 눈에 띈다. 우선 연천군은 북한과 협력하여 여름 장마철에 북한댐 방류에 대해 긴밀히 대처하고, 북한강 상류 수질에 대해서도 지금은 깨끗한 물이 내려오지만 향후 오염에 대해 예방하고 대책 마련과 함께 북한과 종합적으로 물에 대한 문제에 대해 협력을 강화해야 한다.

연천군 비무장 지대에 600만 평의 기름진 평야가 있는데 이 중 2/3는 남한이, 나머지는 북한이 점유하고 있다. 이곳에 남북 공동 농장을 만들면 연천군과 북한의 인근 주민 10만 명이 평생 식량 걱정을 하지 않고 살아가면서 소득을 올릴 수 있다.

지금 연천군은 북한과 접경 지역이라는 지리적 단점으로 인구가 줄고 소득이 작은 군이지만, 북한과의 협력만 잘된다면 수도권의 편리한 교통에다 강원도 같은 맑은 공기와 풍부한 수

자원 등 전국에서 가장 살기 좋은 지역으로 발전시킬 수 있는 것이다. 즉 지금 갖고 있는 가장 큰 단점인 북한 문제를 잘 풀어 나간다면 가장 큰 장점으로 승화시킬 수 있는 것이다.

연천군수는 이것을 너무나 잘 알고 있었다. 누구보다도 연천군을 사랑하고 잘 아는 사람이었다. 연천군수는 남북청소년교류센터를 유치하고 나서 나를 초청하였다.

〈연천저널〉 보도자료. 좌에서 3번째 필자, 4번째 연천군수

나는 연천군 초청으로 연천군수와 수차례 미팅을 통해 연천군의 대북사업의 필요성을 충분히 교감하고, 성과 있는 일을 추진하기 위해 단계별 사업계획을 진행하기로 하였다.

연천군수는 지난 1월, 중국 쿤밍에서 열린 남북 친선축구에도 참여했고, 금년 10월엔 연천군에서 남북을 포함한 4개국 청소년 축구대회를 개최하기 위해 2억 원의 예산을 편성해 놓았다.

연천군수는 한반도의 가장 중심에 자리 잡고 있는 연천군이 북한과의 협력을 통해 통일의 배후 도시가 되는 길은 멀지만 아주 가까이 있다는 것을 잘 알고 있다. 나는 연천군이 추진하는 사업이 성공할 수 있도록 적극적으로 노력할 것이다.

2014 아시아경기대회 성공적 개최를 위한 남북 공동 TF팀 구성

인천시는 2014 아시아경기대회의 성공적 개최를 위한 남북 공동 TF팀을 구성하고, 남북 협력사업에 대해 성과를 내기 위해 비상체제를 구축하였다. 정무 부시장을 단장으로 대북 특보가 간사를 맡았으며, 관련 부서 실무 담당관들로 구성된 13명이 본격적으로 토론 및 지원 업무를 시작하였다.

나는 내가 할 수 있는 분야에 적극적으로 협력하고 있다. 또한, 단둥 축구화 공장의 운영에 대한 협조를 받기 위해 여러 가지 안을 제시하였다. 아시아경기대회 지원본부에서는 아리축구화를 구입하여 동티모르·아프칸 등에 지원하였는데, 북한에는 통일부에서 동의를 하지 않아 지원을 할 수 없다고 하였다.

아시아경기대회는 국제 대회인데 국제적 관례를 보면 이해가 가지 않는다. 아시아 국가들의 평화와 협력의 스포츠 축제에도 남북이란 이념의 틀을 통일부가 적용시키는 것이 너무도 아쉽다는 생각이 들었다.

인천의 남북 공동추진 TF팀은 다가오는 아시아경기대회의 개·폐막식에 남북 공동 입장 및 북한의 협력을 구하는데 상당한 역할을 할 것이란 생각이 들었다. 이러한 일들에 대해서 내가 할 수 있는 것은 어떤 일이든 협조를 할 것이다.

김진명 작가와 만남

 2012 런던올림픽이 한창인 8월 10일, 강남의 조그마한 일식당에서 C언론사 S기자의 중재로 김진명 작가와 만남을 가졌다. 이 자리에는 K잡지의 문화부 기자도 배석했는데, 주로 김 작가와 나와의 이야기가 대부분을 차지하였다. 나는 평소 김 작가의 책을 많이 읽으면서 대한민국의 작가 중 가장 존경하게 되었고, 늘 만나 보고 싶었다.

 나는 우리나라의 민족 작가로 최고의 위치를 확고하게 자리하고 있는 김진명 작가에게 존경과 경의를 표하면서 나의 대북사업의 노력을 말하였다. 김진명 작가는 내 말을 1시간 이상을 조용히 듣고서 나를 높이 평가해 주었다.
 김진명 작가는 《무궁화 꽃이 피었습니다》, 《천년의 금서》, 《최후의 경전》, 《카지노》, 《고구려》 등의 책을 통해 많은 독자에게 민족정신과 민족의 자긍심을 심어주었다. 김 작가는 내가 걸어온 길에 대해 책을 낼까 한다 했더니 대단히 재미있겠다고 하였다. 그리고 내게 "매우 특별한 김경성 선생님의 삶 그 자체가 민족의 소중한 자산입니다."라고 평가해 주었다. 또 많은 시련을 겪으면서 모든 재산이 다 사라져 지속적인 일을 추진하려는 동력이 떨어진 부분에 대해서도 좋은 사람들을 연결하여 나를 돕겠다고 하였다.

평소 존경하던 분을 만나는 것 자체가 설렘이고 내겐 큰 행운이라 생각했는데, 이러한 관심과 격려에 대해 고맙고 앞으로 더 열심히 해야겠다는 생각을 하였다. 2시간 이상 소주를 간단하게 나누면서 보낸 시간은 내게 아주 소중하고 귀한 인연이 시작될 것 같은 기대를 갖게 하였다.

김 작가의 역사 소설《고구려》에서 "칼을 이기는 게 어찌 칼 뿐이겠습니까? 진정으로 강한 것은 부드러움으로 이기는 것입니다."라는 글을 기억하며, 오늘날 남북의 대결 상황에 대해 우리가 모두 다시 한번 생각해봐야 할 대목이라 느꼈다.

김진명 작가와 함께.
김진명 작가는 "매우 특별한 김경성 선생님의 삶은 그 자체로 민족의 소중한 자산입니다."라고 존중해 주었다.

마지막 고비를 넘어서

단둥 축구화 공장 탄생을 바라지 않는 사람들

단둥 축구화 공장의 탄생은 나에게 새로운 희망을 주었으며, 동시에 나의 경제 상황을 더욱 어렵게 만들었다.

단둥 축구화 공장 탄생은 중단되었던 평양공단 개발사업을 재개할 수 있는 기틀을 만들었다. 그동안 개성공단을 제외한 북한에서 교류하던 모든 남한 기업 사업장들이 '5·24 조치'로 중단되면서 다른 외국인 기업들에 넘어간 사례를 볼 때 단둥 축구화 공장의 탄생은 평양공단 개발을 이어나가는 데 중요한 역할을 하게 된 것이다. 따라서 단둥 축구화 공장 탄생은 '5·24 조치' 속에서 유일하게 꽃을 피운 남북 경제협력사업 이상의 의미가 있는 사업이라 할 수 있다.

그러나 단둥 축구화 공장 탄생을 반대하고 방해하는 세력들이 생각보다 많았다. 그들은 아주 집요하고 조직적으로 거짓말을 만들어가며 악의적으로 공장 운영을 어렵게 하였다. 일부 언론과 연대하여 지속적으로 음해하다 보니 대론 인천시장도 오해한 적이 있었던 것 같았다.

어떤 때는 가장 많이 도와줘야 할 인천유나이티드 프로축구단이 단둥 축구화 공장에 대한 부정적인 문제를 자주 제기하여 공장 운영을 더욱 힘들게 하였다. 인천 축구단은 연간 5,000켤레 이상의 축구화를 구매해 주기로 하였으나, 한 켤레도 구매해 주지 않으면서 단둥 공장의 문을 닫아야 한다며 노골적으로 단둥 공장 탄생에 대한 불만을 표시하기도 하였다.

마지막 고비

인천시에서 투자한 4억 5,000만 원은 공장 설립 비용과 초기 6개월 동안의 운영자금이었다. 그 이후에는 생산된 축구화를 판매하여 원·부자재를 구입하고 운영자금으로 활용해야 했으나 판매가 계획대로 이뤄지지 않아 운영자금이 부족하여 날마다 자금의 대한 어려움을 겪어야 했다.

모든 제조는 생산과 판매가 균형을 이뤄야 하는데, 계획했던 판매가 연기되거나 무산되었을 때마다 자금의 어려움으로 연결되었다.

초기엔 공장을 안정시키면서 시행착오를 겪기도 하였으며 중국 관원과 건물주에게 속아서 많은 돈을 낭비하기도 하였다.

25명이 숙식하며 매일 축구화를 생산하는 공장 현장은 단 하루라도 돈이 떨어지면 문제가 심각해진다. 그러다 보니, 단둥 축구화 공장이 탄생하고 나서부터 운영자금이 부족할 때마다 나는 모든 방법을 동원하여 돈을 만들어 보내야 했다. 가족의 생활은 더욱 어려워지고 나에 대한 원망은 커져만 갔다.

  요즘 나는 밤마다 시달리고 있다. 눈을 감으면 귓가에 맴도는 소리 때문에 잠을 이룰 수가 없다.

  가족의 고통 소리!

  형제들의 원망 소리!

  주변의 비난 소리!

  동지들의 떠나는 소리!

  이러한 소리는 밤마다 비수가 되어 내 가슴을 파고든다. 나 혼자의 고통은 얼마든지 감수할 수 있다. 그러나 나로 인해 들리는 가족·형제·주변 동지들의 한숨 소리는 견딜 수 없는 고통으로 다가왔다.

  내가 어려움을 극복하고 단둥 축구화 공장을 안정되게 돈을 버는 공장으로 만들어야 하는 이유 중의 하나는 고통·원망·비난의 소리를 멈추게 하고 싶은 심정도 포함되어 있다.

  아주 오랜 시간 동안 고독하고 어두운 긴 터널에서 빠져나와 평양 공단 개발에 성공한다면 나는 깊은 산 속에서 수십 년간 도를 닦은 스님같이 해탈할 정도가 되어 있을 것이다. 이제 단둥 축구화 공장 운영의 어려움의 극복은 내가 대북사업에 성과를 내는데 마지막 고비란 생각이 든다.

  "어려움의 극복은 더 큰 성공의 시작이다."

  짧은 시간 동안 단둥 축구화 공장은 많은 시행착오를 겪었고, 방해세력도 극복하고 있으며, 기술 전수도 완벽하게 마무리하여 우수한 제품의 축구화를 생산하는 기틀이 마련되었다. 이제 판매로 이어지기만 하면 단둥 축구화 공장은 많은 성장과 수익을 낼 것이다.

다행히 인천시장의 적극적인 관심 속에 부정적이던 일부 단체들도 수제 축구화의 장점과 남북 협력사업의 필요성을 인정하며 판매에 협조하기 시작했다.

중국 청도와 심양에 축구화 판매 대리점을 준비하여 중국시장 진출에 어느 정도 여건을 만들어 놓았다. 국내에도 총판대리점을 개설하여 남북협력사업의 이해와 수제 축구화의 장점을 살려 아리스포츠를 국내 축구화의 최고 브랜드로 자리 잡을 수 있도록 준비하고 있으며 가능성 또한 매우 높다.

2012년 11월 7일은 단둥 축구화 공장 창립 1주년이 되는 날이다. 지금부터 계획했던 7,000 켤레의 축구화를 판매한다면 손익분기점을 넘어 영업 이익이 발생하는 시점이 된다. 이것은 남북협력사업의 경제적 가치를 대변해 줄 수 있는 중요한 역할이 될 것이다.

따라서 창업 1주년 만에 작은 투자를 통해 남과 북이 협력하여 경제적 이익을 창출하면, 이것이 새로운 모델이 되어 남북이 협력사업을 하는 중요한 계기가 될 것이다.

남한은 북한을 더는 지원 대상으로 생각하지 말고 협력의 대상으로 생각하고, 서로에게 이익이 될 수 있는 분야를 찾아서 협력사업을 시작할 수 있도록 깊은 고민을 해야 할 시기가 된 것이다.

나의 비전, 스포츠 그리고 평양공단

 올해엔 아무래도 현 정부에서 남북의 개선될 기미가 보이지 않는다. 따라서 새 정부가 들어서는 길목인 내년 1월에 인천시·강원도·경기도 등 지자체와 협력하여 중국에서 남북 축구를 할 계획이다.

 인천시는 제3회 인천평화컵 국제유소년축구대회를 정기적인 행사로 진행할 것이고, 강원도는 강원도립대와 북한 여자청소년대표와 친선 경기를 계획하고 있다. 또한, 경기도는 지난 2008년부터 3년간 남북 축구를 진행하다 중단되었던 것을 다시 시작할 예정이다.

 우선 서로에게 부담이 적은 제3국에서 남북 스포츠 교류를 진행하고, 내년 봄에 남한과 북한이 서로 방문하여 교환경기를 하는 유소년 축구 경기를 정기적 행사로 부활하는 것이 1차 목표이다.

 유소년 경기를 시작으로 2014 인천아시아경기대회를 남북 협력 평화대회로 추진하기 위해 숭의 아레나 축구전용경기장에 북한 4·25 축구 종합팀을 초청하여 친선경기를 하고, 강원도 동계올림픽 평화대회 추진을 위해 강원도 도립대 여자축구단이 평창올림픽 주경기장에서 북한 여자청소년대표팀을 초청하여 경기하고 평양을 방문하여 정기적 대회로 계승 발전시킨다면, 장기적으로 평창 동계올림픽에 북한이 참가하여 남북이 협력하는 진정한 평화 동계올림픽이 역사적 처음으로 강원도에서 전개될 것이다.

그렇게 되면, 강원도는 세계에서 유일한 분단 국가의 분단도라는 이미지를 극복하고 아름답고 평화로운 관광 도시로 거듭나게 되어 스포츠를 통해 도시 브랜드를 높이고 도민들의 소득을 올릴 수 있는 절호의 기회를 잡을 수 있을 것이다.

경기도는 먼저 북한과의 작은 교류의 성과를 통해 판문점을 통과하는 마라톤 대회를 추진한다면 반드시 성사시킬 수 있을 것이다. 작은 교류는 외면하고 정치적으로 큰 것을 교환하려는 생각으로 대북사업을 하려 하면 그것은 시간 낭비일 뿐만 아니라, 대북사업을 하려는 의도가 없는 것으로 생각된다.

다행히도 현재 경기도지사는 대북사업의 이해와 노력을 할 수 있는 분이라 임기 내에 판문점을 통과하는 마라톤 대회를 성사시킬 수 있으리라 생각한다.

나는 이러한 스포츠 교류에 대해 오랜 시간 동안 준비해 왔고 북한과도 많은 교감을 갖고 있으며, 또한 많은 성과를 이루었다. 정부의 반대만 없다면 단계적으로 추진하고 실천하는 데 차질이 없을 것이다. 단지 우리 민족의 최대 스포츠 행사인 경평

축구를 추진하는 데는 서울시가 너무 오랜 시간 동안 대북 교류가 없어 걱정스러운 부분이 있다. 전임 시장 때는 아예 북한과의 스포츠 교류에 대해 접근조차 없었으며, 현 시장도 언론에 공약은 해놓았지만 진행되고 있는 것은 전혀 없는 상태이다.

남북 스포츠 교류 사업은 남북 관계가 악화되었을 때 개선을 위해 창구 역할로 나서는 평화적 도구이다. 그런데 남북 관계가 좋아졌을 때 시작한다는 것은 스포츠를 정치적 도구로 사용하려는 의도와 마찬가지이다.

이렇게 남북 관계가 오랜 시간 동안 서로의 눈치를 보고 있을 때 국민의 마음을 스포츠 교류라는 민족 축제를 통해 우린 적이 아니라 형제라는 것을 일깨워주는 것이 스포츠의 의무이며 평화적 사명이다. 그것을 대한민국 중심의 도시 서울시가 하루빨리 나서줘야 한다고 생각한다. 서울시가 경평축구의 부활을 추진한다면 나는 조건 없이 최대한 협력할 것이다.

나는 스포츠를 통해 북을 만났고, 스포츠를 통해 남북 교류에서 많은 성과도 냈었다. 이제 이 꽁꽁 얼어붙은 남북의 분위기를 다시 스포츠 교류를 통해 개선해 보고 싶다.

나의 희망, 평양공단 개발

남북이 관계 개선을 하게 되면 많은 부분에서 협력해야 할 사업이 너무도 많을 것이다. 크고 작은 많은 사업들 중에 때론 중앙정부나 지방정부가 해야 할 일도 있을 것이고, 어떤 땐 대기업이나 중소기업 또는 개인이 할 것도 많을 것이다.

나는 남북이 서로 잘되는 길이라면 내가 할 수 있는 모든 역량을 발휘해서 조건 없이 나설 것이다. 그리고 내가 개발하다 중단된 평양공단 개발사업은 내가 마무리를 할 것이다.

그곳은 평양시 중심 지역에 있는 아주 좋은 위치의 공단으로 남북이 함께 잘살 수 있는 사업을 전개할 수 있는 모든 여건을 다 갖추고 있기 때문에 남북 관계가 개선되면 다른 별도의 절차 없이 공단개발을 시작할 수 있는 장점이 있다.

150m 앞에 기차역이 있으며 300m 앞에 대동강이 있고, 공단 입구까지 4차선 도로가 연결되어 있다. 오·폐수 처리도 기존 처리시설을 이용할 수 있으며, 전기도 특선을 받아 전기 질을 보장받을 수 있고, 근로자도 50%를 전문 인력으로 보장

받을 수 있는 담보도 되어 있다.

　지금 이곳에는 1,500평의 공장 건물이 완공 단계에서 중단되어 있으나 다시 재개하면 1개월 안에 건물이 준공되고, 기계 설비와 준비된 근로자를 투입하면 3개월 안에 생산할 수 있는 준비가 되어 있다.

　따라서 평양공단 가발을 재개할 땐 단동 축구화 공장을 바로 평양공단으로 이전할 계획이며, 나머지 시설은 스포츠 의류·공·각종 스포츠용품을 생산하는 스포츠 종합용품 생산공장으로 활용할 계획이다.

　그렇게 되면 북한에선 어떠한 스포츠용품도 수입하지 않고 내가 생산한 제품으로 모두 소비하게 될 것이다. 그리고 나는 아리스포츠를 통해 북한시장을 선점할 수 있으며, 북한은 수입가의 1/3 이하 수준으로 보다 품질 좋은 제품을 사용할 수 있게 되고 북한의 물가도 대폭 낮출 수 있게 된다. 나 또한 저렴한 인건비, 제경비를 통해 원가 절감을 할 수 있어 많은 판매이익을 보장받을 수 있게 된다. 이익금은 전액 송금을 통해 받을 수 있는 담보 조치가 되어 있다.

　나는 1,500평의 평양 스포츠 종합용품 생산공장을 성공적으로 정착시킬 것이다. 그리고 내가 운영하는 방식 그대로를 적용하여 평양의 10만 6,000평의 공단 개발을 통해 많은 남한 기업을 유치할 것이다.

　우선 북한에 필요한 생필품 중심의 사업에 대한 투자 유치를 하여 남한 기업의 우수하고 저렴한 제품들을 북한이 소비하게 하여 남한 제품을 인정하고 친숙하게 만들 것이다.

그렇게 되면 남한 기업은 북한시장을 선점할 수 있게 되고, 원가 절감을 통해 장기적으로 경제적 이익을 보장받을 수 있으며, 북한은 필요한 생산기반 시설을 갖추게 되고 물가를 대폭 낮출 수 있어 평양공단을 통해 추진하는 경제개발 계획을 실현시킬 수 있게 되는 것이다. 이렇게 되면 남북이 어떠한 정치적, 군사적 갈등이 있다 하더라도 경제 교류를 통해 완화할 수 있는 충분한 여건을 갖추게 될 것이다.

누구나 서로에게 이익이 되는 상대를 멀리 하고 싶지 않기 때문이다.

나는 스포츠 교류로 시작하여 평양공단 개발도 성공적으로 추진된다면 이러한 교류 협력 모델이 남북이 같이 가야 할 길이라 생각한다.

나는 지금까지 이러한 교류를 위해 어려운 고난의 길도 극복하고 모든 것을 준비하고 있다. 단지 내년엔 정부가 남북 민간 교류를 정치적 수단으로 막지 않기를 두 손 모아 간절히 바랄 뿐이다.

진달래꽃은 북상하고 단풍은 남하한다

"진달래꽃이 봄의 희망을 안고 남에서 북으로 올라가면, 단풍은 가을의 아름다움을 갖고 북에서 남으로 내려온다."

나는 그동안 북한과 스포츠 교류를 통해서 신뢰를 쌓았고 대북사업에 많은 성과를 냈다. 북한 4·25 체육단과의 만남을 통해 그들과의 작은 교류가 시작되었다.

작은 교류의 시작으로 4·25 체육단의 강경수와 만나게 되었고, 그 만남을 통해 작은 교류는 지속적으로 이어지면서 점차 확대되었다.

이제 그들과 나는 우정을 통한 깊은 신뢰를 갖게 되었고 흔들리지 않는 믿음으로 서로의 어려움을 해결하는 데 힘이 되어주는 동반자가 되었다.

나는 그동안 경제적으로 많은 어려움을 겪으면서도 4·25 체육단의 훈련 지원을 중단하지 않고 지금까지 계속 이어가는 중이다.

지난 8년간 내게 훈련 지원을 받은 선수들은 모두 4·25 체육단 소속의 선수들이며 축구, 마라톤(북한에선 마라톤을 마라손이라 표현), 탁구 등으로 짧게는 1개월에서 6개월 이상 장기적으로 지원받은 선수들은 1,000명이 넘는다.

내년부터 나는 배드민턴, 농구, 핸드볼, 유도, 레슬링 등의 종목도 확대 지원할 예정이다.

4·25 체육단은 북한 인민군 창설 기념일인 4월 25일을 표현한 것이며 북한군을 4·25 군대라 한다.

따라서 4·25 체육단은 선군정치를 하는 북한에서는 당연히 최고의 기구라 할 수 있으며, 이곳에 들어가는 것은 국가대표가 되는 것이라 할 수 있다.

나는 그동안 중국의 홍타 스포츠센터에서 9세의 남·녀 어린 아이부터 성인까지 북한 선수들의 훈련 지원을 통해 북한 스포츠발전에 기여해 왔다.

내게 훈련 지원을 받은 북한 대표단은 국제대회에서 두각을 나타내기 시작했으며, 그 결과 여자축구는 청소년월드컵에서 우승을 하는 등 세계 정상의 팀으로 올라섰으며, 남자축구는 44년 만에 월드컵 본선에 진출하는 등 아시아 무대에선 최고 수준의 팀으로 인정받게 되었다.

또한, 마라톤은 올림픽에서 금메달을 따는 등 세계적 수준으로 성장하였다.

이러한 국제 무대에서의 좋은 성적은 나에 대한 신뢰가 갈수록 북한 정부에 깊게 쌓이는 계기가 되었고, 더 사업에 대해 북한은 조건 없이 도울 수 있는 구조를 만들어 주었다.

평양 능라도엔 5·1 경기장 외엔 아무 건축물이 없었으나 김정일 국방위원장의 특별 지시에 의해 '김경성 체육인 초대소'를 만들어 주었으며, 남한 사람인 내게 유일하게 평양시내 한복판에 10만 평 이상의 토지를 주어 평양공단을 조성하는 계기를 만들어 주었다.

이것은 이명박 정부의 '5·24 조치'로 중단되지 않았으면 수천억 원의 경제적 수익을 보장받을 수 있는 엄청난 기회를 내게 제공한 것이었다.

만일, 내가 북한과 작은 교류를 통해 신뢰를 쌓지 않고 평양공단을 협상을 통해 한 번에 제공받으려 했다면 그것은 수천억 원을 북한에 제공하고도 얻기가 어려웠을 것이다.

북한은 또한 내가 '5·24 조치'로 평양공단 개발 수익을 내지 못하고 경제 제재 어려움에 처하자 나에게 다른 수익을 제공해주기 위해 북한 지하자원 무역 권한을 주기도 하였으며, 북한 선수단에 대한 게임매치 및 에이전트 행사 권한을 주어 경제적 이익을 창출할 수 있도록 노력하였다.

그리고 나에게 중국에 법인을 만들게 하고, 북한의 최고 기술자들을 보내주어 최고급 축구화를 생산하는 아리축구화 공장을 탄생시켜 수익 사업을 이어가게 하였다.

결국 북한은 나의 스포츠 지원으로 얻어진 결실의 보답으로 나의 경제적 어려움을 해소시켜 주기 위해 많은 노력을 제공한 것이다.

　나는 그간의 시련과 성과를 통해 얻어진 북한과의 신뢰와 믿음을 바탕으로 북한과의 사업에 대한 확신을 갖게 되었다.

　남·북 교류는 작은 것부터 성사시키고 신뢰를 얻고 확대 발전시켜야 한다.

　남북 교류는 한 번에 큰 것을 얻으려고 협상을 통해 큰 것을 주고받으려면, 그것은 정치적 목적으로 그간의 서로의 불신으로 갈등만 남길 수 있다.

　나는 단둥 축구화 공장을 운영하면서 북한과의 경제협력 사업에 대해 시행착오도 겪어 봤고 서로가 수익을 낼 수 있는 방법에 대해 확신을 갖게 되었다.

　따라서 남북 관계가 개선된다면 단둥 축구화 공장은 그동안 '5·24 조치'로 중단되었던 평양공단으로 들어가 더 많은 수익을 낼 수 있을 것이다.

　이렇게 되면 북한 시장을 선점하려는 남한 기업에게 좋은 사례를 보여주어 남한 기업들이 평양공단에 참여하는 효과를 줄 것이다.

　그렇게 되면, 남한 기업들은 북한 시장을 선점하면서 많은 경제적 수익을 얻게 될 것이며, 북한은 생산 시설을 늘리고 물가안정을 통해 새롭게 추진하는 경제개발 계획을 평양공단을 통해 부분적으로 달성하게 될 것이다.

　나는 평양공단 개발 수익금을 그동안 내가 지원해 오던 북한 스포츠 발전을 위해 사용할 것이다.

그러면 북한 스포츠는 더욱 발전할 것이며, 나에 대한 북한의 신뢰는 더욱 커질 것이다.

내가 북한과의 신뢰를 바탕으로 평양공단에 진출한 남한 기업들의 크고 작은 문제점들을 해결하고 개선하는 데 활용한다면 평양공단은 남북이 협력하여 서로에게 큰 이익을 제공하는 남북협력사업의 새로운 모델로 발전할 수 있을 것이다.

내가 계속해서 북한 스포츠를 지원하여 성장시키려는 이유는 남북 스포츠의 균형 있는 발전을 위해서이다.

2012 영국 올림픽에서 영국 축구팀은 단일팀(잉글랜드·스코틀랜드·웨일스·북아일랜드)을 구성하였으나 8강전에서 대한민국 축구팀에게 패했다.

영국 축구팀은 단일팀을 구성하여 금메달을 노렸으나 8강에 탈락하면서 큰 충격을 받았다. 영국의 여론은 단일팀이 오합지졸로 구성되어 지리멸렬하였다고 비난했으며, 다시는 단일팀을 구성하지 못할 만큼 큰 상처만 남긴 채 단일팀은 마감되었다.

아무리 좋은 목적이라도 남북 스포츠가 올림픽이나 각종 국제대회에서 단일팀을 구성하여 더 낮은 성적을 내지 못한다면 그것은 오히려 국민들에게 분란만 일으킬 것이다.

따라서 내가 그동안 북한 스포츠를 지원하여 북한 스포츠를 발전시킨 것은 민족 화합이나 평화 목적으로만 단일팀을 구성하지 않고, 남북이 갖고 있는 각각의 강점을 최대한 활용하여 단일팀을 구성한다면, 그것은 좋은 성적을 내는데 시너지 효과로 작용할 것이다.

그러면 남북 모든 국민의 응원과 함께 진심으로 지지를 얻게 될 것이다.

그렇게 되어야 남북이 협력하는 것이 서로에게 힘이 되고 도움이 된다는 것을 국민에게 확신시킬 수 있는 것이다.

우리는 그간 북한을 지원 대상으로만 여기고 북한과 협력사업을 강화하면 국민들의 세금만 늘어난다는 잘못된 인식을 갖고 있었던 것은 아닌지 생각해 보아야 한다.

북한은 더는 지원 대상이 아니다. 남한 기업에 돈을 벌 수 있는 기회를 주는 협력의 대상인 것이다.

북한 스포츠 발전이 결국 남북 단일팀을 구성하여 좋은 성적을 내는 시너지 효과를 주듯이 북한의 경제발전은 남한에 더 큰 경제적 이익을 제공하게 될 것이다.

이런 것들은 정부가 정치적으로 판단하여 단계적으로 진행할 수 없는 것들이며, 정부는 기업들이 북한과의 사업을 할 수 있는 제도적 지원을 하면서 정치적 갈등이나 군사적 충돌이 있더라도 기업가들의 남북 교류 활동을 규제하는 대상에서 제외해야 더욱 발전할 수 있는 계기가 마련될 것이다.

그렇게 되면 남북 교류를 통해 사회적 통합이 자연스럽게 이뤄질 것이며, 남북의 깊숙한 경제협력사업이 정치적 갈등을 해소하는 역할을 하면서 결국 경제가 정치를 이끌 수 있을 것이다.

현시점은 남북한·미국·중국·일본이 새로운 지도자를 맞이하는 매우 중요한 시점이다. 이러한 변화의 시대를 맞이하여 남북은 협력 시대를 만들어야 한다. 앞으로 더 좋은 기회는 없을 것이다.

나는 그동안 최악의 남북 관계 속에서도 북한과의 교류를 중단시키지 않고 후퇴시키지 않았다.

나는 새로운 변화 속에서도 남북의 균형 있는 스포츠 발전을 위해 북한 스포츠 지원을 확대할 계획이며, 평양공단 개발을 성공적으로 추진하여 북한 주민에게 남한 기업의 우수한 제품을 판매하고 우리 제품에 대해 친숙하게 만들 것이다 북한과의 협력사업은 북한을 돕는 것이 아니라 남한이 더 큰 이익을 얻고 더 좋은 기회라는 것을 확신시켜 줄 것이다.

나는 오늘도 '5·24 조치' 속에서 탄생한 남북 협력사업인 중국 단둥 축구화 공장에서 아리축구화의 생산량을 늘리면서 북한의 우수한 기술자의 고용을 늘릴 계획을 세우고 있다.

그러면서 생산·판매 관련 세금을 중국에 내는 현실을 아파하면서 평양으로 공장 이전을 희망하고 있다.

에필로그

물은 높은 곳에서
낮은 곳으로 흐른다
도랑을 지나
냇가를 거쳐
작은 강을 따라
큰 강을 지나고
가장 낮은 곳
바다로 흐른다
바다는 가장 낮은 곳에 있어
모든 물이 모인다
우리는 지금
도랑에서 냇가에서
더 낮은 곳으로 내려가지 못하고
다투고 있다.
언젠가
우린,
바다에서 만나 같은 곳에 머무를 텐데……

불굴의 아리랑

2012년 10월 24일 1판 1쇄 인쇄
2012년 10월 29일 1판 1쇄 발행

저　　자 | 김　경　성
펴 낸 이 | 박　정　태
펴 낸 곳 | **북 스 타**
등　　록 | 2006. 9. 8. 제 313-2006-000198호
주　　소 | 경기도 파주시 문발동 500-8
　　　　　파주출판문화도시 광문각빌딩 4층
전　　화 | 031-955-8787
팩　　스 | 031-955-3730
e-mail　 | kwangmk@unitel.co.kr
홈페이지 | www.kwangmoonkag.co.kr

• ISBN : 978-89-97383-06-1　　　　13040
• 값 : 13,000원

※ 이 책의 무단전재 또는 복제행위는 저작권법 제97조
　제5항에 의거, 5년 이하의 징역 또는 5,000만원 이하
　의 벌금에 처하게 됩니다.